모범택시 II

상권

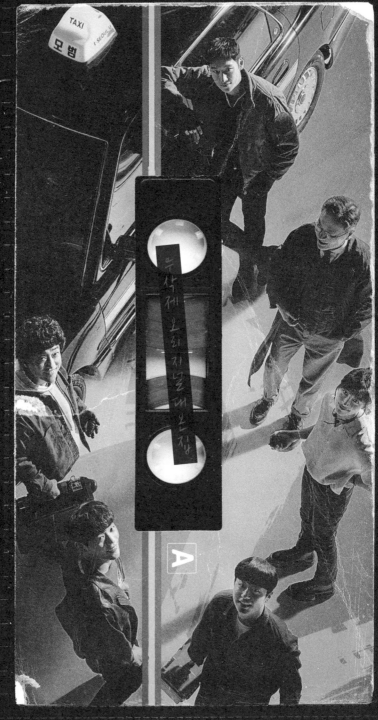

 **기획의도**

정의正義의 정의定義는 무엇인가?

바야흐로 '진짜' 정의의 시대가 도래하고 있다.
'비정상의 정상화' 진짜 정상은 '비정상화' 되고,
비정상이 '정상'으로 둔갑하는 이때,
정의正義의 정의定義가 궁금해진다.

> 정의: 사회나 공동체를 위해 마땅히 해야 할 옳고 바른 길

그러니까 정의의 시대가 도래하고 있다는 말은 곧
지금 우리 사회가 바른 길로 아주 잘 가고 있다는 뜻인 것 같다.

그런데… 정말 그런가?

정말 바른 길로 잘 가고 있다면
하루가 멀다 하고 넘쳐나는 저 이상한 뉴스들은 다 뭘까?
쫓겨나야 마땅한 성추행 교수들이
몇 달 뒤 복직해 다시 피해 학생을 가르치고,
타인에게 평생 남을 상처를 남기고도
술을 마셨다는 이유로 죄를 탕감 받고,
수백억을 횡령하고도 약간의 벌금과 집행 유예로

"Right is right only when entire."
(정의는 완전무결할 때에만 옳다.)

– Victor Hugo (빅토르 위고)

평생을 부유하게 사는,
법의 심판을 받아 마땅함에도
오히려 법의 보호와 사각지대 안에서 풀려나는,
피해자는 아직 용서하지 않은 가해자를
법의 이름으로 용서하고 있는,
저 이상한 뉴스들은 다 뭘까?
정말 정의의 시대가 도래하고 있다고 자신 있게 말할 수 있을까?

덧붙여야겠다.
정의의 시대가 도래하고 있지만 아직 그 속에 짙은 그늘이 있다고.
대한민국의 정의에는 아직 어두운 그늘이 있다.
그 그늘을 사이에 두고 정의와 부정의는
여전히 서로 맹렬히 충돌하며 앞서거니 뒤서거니
힘겨루기를 하고 있다.
정의와 부정의가 충돌하는 그 그늘 사이에
이 이야기의 주인공이 있다.

정의의 그늘 속에 모범택시 기사 도기가 있다.

TAXI
인물관계도

무지개운수

박진언 주임
엔지니어

장성철 대표
무지개운수 대표 &
파랑새재단 회장

안고은
해커

김도기
무지개운수
택시 기사

온하준
무지개운수
신입 택시 기사

최경구 주임
엔지니어

적대   의뢰

의문의 추격자

의뢰인들

 **등장인물**

김도기 (이제훈)
'무지개운수' 택시 기사.

前 육사, 특수 부대(육군특수전사령부 707특수임무단) 장교.
現 무지개운수의 택시 기사.

타고난 직관력과 냉철한 판단력,
그 어떤 위기 상황에서도 흔들리지 않는 담대함,
다수의 상대와 맞붙어도 결코 밀리지 않는 피지컬.
궁지에 몰렸을 때 당황하기는커녕 유머를 날리는 유연함.
눈앞의 적을 뼛속까지 허물어뜨릴 수 있는
적재적소의 한 점을 찾아내는 통찰력까지.
도기의 설계는 바로 이러한 기저에서 나온다.

김도기의 설계에 맞춰 택시 회사의 멤버들이 움직인다.
그리고 도기 자신도 설계에 최적화된 인물로 본인을 바꿔버린다.

상대를 완벽하게 무너뜨리기 위해 도기는 주저 없이
모든 장르를 넘나든다.

이에 도기의 설계에 따라 모든 판이 바뀐다.

그는 차갑게 따뜻하고 매혹적이면서 치명적이다.
의뢰가 없을 때의 도기는 같은 사람이라고
생각하기 믿기 힘들 정도로 다른 모습이 된다.

도기의 마음속을 끊임없이 괴롭히던,
어머니를 죽인 살인마에 대한 복수는 끝을 보았지만,
아픔은 한순간에 치유되지 않았다.
아직도 어머니의 마지막 순간을 떠올리게 하는
휘슬 소리에 현실은 악몽이 된다.

하지만 도기 옆에는 자기 안의 깊은 터널을
빠져나오게 해 준 소중한 사람들이 있다.
바로 무지개운수 식구들.

그들이 있기에 도기는 오늘도
택시 미터기를 켜고 운행을 시작한다.

장성철 (김의성)

'무지개운수'의 대표, 범죄 피해자 지원센터 '파랑새재단' 대표.
택시 회사 무지개운수 대표이자 파랑새 지원센터 회장.

택시 회사를 운영하는 지역 유지였던 부모님 덕분에
유복한 가정에서 자랐다.

어느 날, 부모님이 나이 든 사람과 약자만 노리던
연쇄살인범 오철영에 의해 살해당하는 비극을 겪는다.
장 대표의 법에 대한 불신은 거기서부터 비롯되기 시작했다.

아버지의 택시 회사를 운영하는 한편,
파랑새 지원센터라는 범죄 피해자 재단을 통해
자신과 같은 상처와 아픔을 가진 사람들을 돕는 데 힘쓴다.

파랑새 지원센터에서 끊임없이 범죄 피해자들의
울분과 억울함을 목격하게 되면서 장 대표는 이 사회의 법망에
생각보다 많은 구멍이 나 있고, 그 구멍을 활용하는 놈들이
있다는 것을 수도 없이 적나라하게 느낀다.

누군가는 그 구멍을 막아야 한다…
손가락질을 받더라도.

그때부터 장 대표는 택시 회사 안에
아주 특별한 또 다른 택시 회사를 만들고
특별한 일을 수행하기 위해 사람들을 모은다.

대외적으로는 파랑새 지원센터의 회장으로 활동하고,
피해자들을 위해 후원도 많이 하는 한편으로
공권력의 사각지대에서 불법을 저지르는 이들을
단죄하는 무지개 택시 회사를 진두지휘한다.

겉보기엔 자상하고 사교적이며
어떤 누구와도 친해질 수 있는 친화력.
그는 깊은 상처를 입고 아파하는 이들에게
누구보다 가까이 다가가 누구보다 따뜻하게
그를 보듬고 위로해줄 줄 아는 인물이다.

안고은 (표예진)
'무지개운수'의 경리과 직원. 자칭 IT전문가. 타칭 해커.

꿈 많은 평범한 고등학생이었다.
각별했던 친언니가 스스로 목숨을 끊기 전까진.

고은은 캐나다로 이민 가자는 부모님을 따라가지 않았다.
방 안에 틀어박혀 컴퓨터 해킹 기술들을 익혔다.

어느 날, 찾아온 파랑새 지원센터 대표이자
부모님의 친구인 장 대표의 스카웃 제의를 받아
모범택시 멤버로 합류한다.

언니를 죽음으로 몰아갔던 유데이터 일당에 대한
복수를 끝낸 후, 고은은 조금 더 성숙해졌다.

경찰 시험에 단번에 합격하여 경찰서 정보과에 취직.
고은은 무지개운수를 잠시 떠난다.
그런데 오히려 떠나고 보니 의문이 든다.

"도움이 필요한 사람이 눈앞에 있는데 그냥 참고 있으면…
 우린 왜 거기에 앉아 있는 거죠?"

최 주임 (장혁진)

이름 최경구. '무지개운수' 정비실 엔지니어.

자동차기업 신차개발팀 선임 연구원 출신으로
현재 무지개운수 정비실을 책임지고 있는 최경구 주임.

몸은 쉬어도 절대 입은 쉴 수 없는 전형적인 외유 구강형.
일반 택시 회사에서 그의 업무는 일반 택시 정비.
모범택시 운행이 시작되면 도기를 백업한다.

일이 없을 땐 모범택시를 업그레이드시킬 발명품을 개발하며
본인만 '무지개운수 브레인'이라고 생각하고 있다.

밝은 성격 탓에 상처 하나 없이 살아왔을 것 같지만
상처 없는 사람 없다고 최 주임의 마음속에 깊은 상처가 새겨져 있다.

무지개운수에 경찰이 들이닥치자 장 대표는 최 주임을 해고했다.
그 후 다시 신차개발팀으로 돌아가 잘 지내고 있는 것 같았다.

그런데 요즘 가끔 서글퍼진다.
나, 갱년기인가?

박 주임 (배유람)

이름 박진언. '무지개운수' 정비실 엔지니어.

유명 항공사 항공기 정비원 출신으로 똥차를 스포츠카로
만들 수 있는 뛰어난 손기술을 지닌 한국의 맥가이버.
여기저기 간섭하고 다니는 최주임의 전담 추노꾼.

박 주임 역시 주임이지만 과묵한 성격 탓에
정비, 수리, 세차, 운전… 등등 온갖 일은 다 하면서도 티가 안 난다.
언제까지나 모범택시 멤버들과 함께라면
비록 모든 공이 전부 최 주임에게 돌아가더라도 괜찮다.
최 주임이 옆에서 떠들든 말든,
개의치 않고 묵묵히 자기 일에 매진한다.

역시 장 대표에 의해 해고된 후 로켓 개발팀에 입사,
6차 발사체 성공 후 러시아로 발령 난다.
반가운 일이기도 한데 왠지 모르게 발걸음이 떨어지질 않는다.

온하준 (신재하)
'무지개운수'에 새롭게 취직한 신입 일반 택시 기사.

싹싹하고 해맑은 성격과 귀여운 외모 덕에
도기를 비롯한 동료들에게도 호감을 산다.

회사 근처 도기 집 아래로 이사 올 만큼 열정적인 하준.
그러나 열정만큼 일은 쉽지 않다.

운행에 나갔다 하면 사고를 치던 하준은 어느 날,
우연히 지하 정비실로 들어가는 비밀 통로를 발견하게 되는데…

미생물 2

TAXI DRIVER

두 번째 운행

1화

5283 운행
다시 시작합니다

S#1.   이미지 몽타주

검은 무지의 화면.

앵커1(E)   중증 치매를 앓고 있던 노인에게 접근해 강제로 혼인 신고를 한 뒤, 정신 병원에 입원시키고 재산을 가로챈 일당에게 법원이 징역 1년을 선고하면서 솜방망이 처벌이라는 지적이 나오고 있습니다.

앵커2(E)   최근 한 빵 공장에서 기계에 노동자가 끼여 사망한 지 단 3시간 만에 공장 가동을 재개하였다는 사실이 알려져 파장이 일고 있습니다. CPS 그룹은 개인의 실수였을 뿐 산재 사고는 아니라는 입장입니다.

앵커3(E)   불법 촬영 혐의로 입건된 20대 A 씨가 초범이라는 이유로 집행 유예를 선고받고 난 뒤 피해자를 보복 살인하여 경찰에 붙잡혔습니다.

화면이 밝아지며 TV 뉴스 앵커가 나온다.

앵커	불법 음란물 유포 혐의로 1심에서 징역 3년을 받은 공유방 운영자들의 항소심 판결을 앞둔 가운데 피해자 중 한 명이 극단적 선택을 했습니다.

병원 전경과 함께 응급실로 이송되는 환자의 모습이 자료 화면으로 나온다.

앵커(E)	주변 시민들의 도움으로 병원으로 옮겨진 피해자는 다행히 목숨에는 지장이 없는 것으로 알려졌습니다.

자료 화면 속 경찰 로비에서 나오는 곱슬머리 죄수1, 2, 3의 모자이크 모습.
죄수1, 카메라 위협하며 렌즈를 틀어막는다. 손가락에 도끼 문신이 보인다.

앵커(E)	가족의 증언에 따르면 피해자 이 씨는 가해자들의 지속적인 협박에 극심한 고통을 호소했다고 합니다.

툭 TV를 끄는 교도관의 손. 옆에 놓인 장총 가지고 밖으로 나간다.

S#2.   교도소 내 경비 초소. 낮
철탑 위 경비 초소에서 나오는 교도관. 장총 받쳐 들고 교도소 내려다본다.

높은 철조망으로 둘러쳐진 교도소 내부 전경.

S#3.   교도소 수감동. 낮

차갑고 고요한 정적이 감도는 수감동 내부.

수감동 위층, 굳게 닫힌 철문 하나가 육중한 기계음과 함께 자동으로 열린다.

열린 철창문 안 어두운 감방 내부.

어둠 속 누군가가 2층 침대 난간에 발을 걸어 놓고 윗몸 일으키기 하고 있다.

윗몸을 일으킬 때마다 등판에 문신과 근육들이 꿈틀거린다.

방송음(E)   5283번 출정. 호송장으로 나옵니다.

운동을 멈추고 내려오는 누군가. 수건 집어 들어 얼굴에 땀 닦으며 나온다.

어두운 감옥에서 나오자 비로소 헝클어진 머리에, 깎지 않은 수염의 도기가 보인다. 도기, 붉은 수의복 상의 입으며 계단 내려온다.

방송에서 다른 수감 번호들이 호명되고 도기 외에 3명의 죄수들도 각각의 감옥 문을 열고 밖으로 나온다. 모두 곱슬머리다.

복도 걸어가는 도기.

죄수1, 내려오며 다른 수감자들에게 쪽지를 슬쩍 건네받는 모습이 보인다.
손가락에 도끼 문신이 보인다.
놓치지 않고 그 모습 보는 도기, 무심히 지나쳐 걸어간다.

S#4.   교도소 내 호송장. 낮
            진입로에 호송 버스 한 대가 서 있다.
            호송장으로 들어오는 도기. 터벅터벅 호송차로 걸어간다.
            앞서서 걸어가는 곱슬머리 죄수1, 2, 3. 철망 안 재소자들과
            인사 나눈다.

재소자1   오늘 재판 받으면 집행 유예로 바로 나간다며?
재소자2   야 씨. 전관예우가 좋긴 좋다.
죄수1   (씨익) 좋아야지. 그거 때문에 쓴 돈이 얼만데. 나오면 연락해.
            니들 자리 내가 만들어 줄게.

            장난치며 호송차에 오르는 죄수 세 명.
            도기, 무심히 호송차에 탄다.
            문이 닫히고 출발하는 호송차.

S#5.   국도. 낮
            뒷자리에 도기와 죄수 세 명을 싣고 국도를 달리는 호송 차
            량 안.

죄수1	방폭하기 전에 촬영본은 다 챙겨 놨지?
죄수2	네.
죄수1	(수감자들에게 받은 쪽지 보여 주며) 이게 뭔지 아냐?
죄수3	뭡니까 형님?
죄수1	지하철 보관함 비밀번호. 그 안에 구독료 2년치 선금 들어 있다.
죄수2	(놀란) 이 쪽지가 돈이에요?
죄수3	(감탄) 감방에서도 구독자 모집했습니까 형님?
죄수1	돈 벌 준비는 미리미리 해야지 새끼들아.
죄수3	정말 존경스럽습니다, 형님.
죄수2	근데 나가더라도 집행 유예 기간인데 다시 해도 괜찮을까요 형님?
죄수1	바지 사장 하나 구해서 외국 서버로 돌려서 유료방 개설해.
죄수3	솔직히 저는 감방에서 몇 년 꼼짝없이 썩을 줄 알았어요. TV 에서 너무 떠들길래.
죄수1	그 이유가 뭔지 아냐?
죄수2	형님이 전관예우 변호사 써서 그런 거 아니에요?
죄수1	이미 우릴 다 잊었거든. 난 이래서 우리나라가 좋아.
죄수3	맞습니다. 형님!

자기들끼리 기분 좋게 웃는 죄수들.
뒷자리에 고요히 앉아 창밖 보고 있는 도기.
X 표시된 간이 표지판 하나가 지나간다.

도기	어이 거기.

돌아보는 죄수1, 2, 3.

도기	(안전벨트 매며) 벨트 매라.
죄수들	?
도기	안전벨트 매라고.

욱하는 죄수2, 도기에게 뭐라 하려는데, 죄수1이 말린다.

죄수1	막판에 사고 치지 말고 그냥 벨트 매 줘.

띠꺼운 표정으로 벨트 매는 죄수1, 2, 3.
한적한 도로를 달리고 있는 호송차.
죄수1, 안전벨트를 호크에 '딸깍' 끼우면 한적한 도로를 달리던 호송차가 갑자기 뭔가에 '쾅' 부딪히며 뒤집어진다.
놀라 비명 지르는 교도관과 죄수들. '뭐야!'
달리는 탄성 그대로 뒤집어진 채 쭉 미끄러지는 호송차.
사람 허리 높이로 도로에 가로질러 쳐져 있는 굵은 철근 줄.
그 뒤로 뒤집어진 호송차가 보인다.
지붕에 거꾸로 떠 있는 도기. 안전벨트 풀자 밑으로 떨어진다.
정신이 혼미한 교도관, 힘겹게 손 뻗어 버튼 누르고는 정신 잃는다.
호송차 내부에 최루 가스가 퍼진다.

핀셋으로 수갑 푼 도기. 죄수1, 2, 3 벨트 풀어 준다.
차례로 바닥에 떨어지는 죄수들, 고통스럽게 콜록거린다.

도기   (수갑 풀어 주며) 빨리!

호송차에서 내리는 도기.
풀숲 옆에 모범택시가 보인다.
3인조, 눈물 콧물 흘리며 뒤따라 호송차에서 내리면.
이들 앞에 모범택시가 멈춰 선다.

도기   (조수석 문 열며) 시간 없어. 빨리 타!

상황 파악 안 되는 죄수들 서둘러 택시에 탄다.
바로 출발하는 도기의 모범택시.
모범택시가 떠나자, 도로 양쪽에 있던 풀무더기 두 개가
'스윽' 움직이며 어디론가 사라진다.

S#6.   달리는 모범택시 안. 낮
운전하고 있는 도기. 운전대 '탕탕' 치며 환호한다.
눈물 콧물 닦아 내는 죄수1, 2, 3은 아직 상황 파악이 안 된다.

죄수1   아 목이 너무 따가워.

도기, 수납함 열어서 박카스 네 병 꺼낸다.

도기   성공 기념 건배부터. 내 것도 하나 따 줘.

조수석에 죄수3, 박카스 따서 도기에게 건네준다.

도기   (박카스 들며) 갇혀 있느라 고생 많았어. 자, 건배.

목이 따가운 죄수들, 박카스 들이킨다. 이제야 좀 살 거 같다.

죄수1   (그제야 도기 보며) 근데 누구…
도기   나? 구독자.
죄수1   ?
죄수2   구독자?
도기   당신들이 만든 그 공유방의 아주 열렬한 구독자.

죄수들, 이게 뭔 소린가 싶은.

도기   지금 이대로 법정 가면 다 끝난다면서.

도기, 죄수들 돌아본다.
죄수1, 2, 3, 어느새 쓰러져 자고 있다.

도기   그건 너무 간단하지 않아?

도기, 들고 있던 박카스 다시 내려놓는다.

반대쪽 차선에서 경찰차 몇 대가 달려온다.

도기, 버튼 누르면 창문이 서서히 썬팅 되며 내부가 가려진다.

경찰차들을 지나쳐 빠르게 도로를 달리는 모범택시.

S#7.   모텔방 안. 낮

부스스 눈 뜨는 죄수1, 머리가 아프다. 죄수2, 3은 아직 자고
있다.

죄수1   (발로 툭툭 치며) 야, 일어나 봐.

뒤늦게 차례로 눈뜨는 죄수2, 3, 똑같이 머리가 아프다.

죄수3   아우 머리야. 야. 뭐가 어떻게 된 거야.

무음 상태인 TV에서 뉴스 속보가 나오고 있다.

'가출 청소년 협박해 유료 단체방 운영 일당. 교도관 무기 탈
취해 탈출'

속보 자막과 함께, 죄수1, 2, 3 얼굴이 모자이크로 나온다.

죄수3   (이상하다) 저거 우리 같은데?

죄수1   뭔 소리야. 무기 탈취했다잖아. 우린 아니지.

죄수2, 무심히 바지에서 뭔가를 꺼낸다. 총이다.

죄수1   (기겁) 뭐야! 그걸 네가 왜 갖고 있어!

죄수2   나도 몰라요.

'사안의 중대성과 긴급성 감안해. 탈주범 얼굴 공개'
자막과 함께 차례로 죄수1, 2, 3 얼굴이 공개된다.

죄수3   봐 봐! 저거 우리 맞잖아요. 내가 뭐랬어.

죄수1   (벗어날 수 없는 혼란스러움) 이게 지금 뭐가 어떻게 돌아가는 거야?

전문가 '교도관 폭행 및 무기 탈취 혐의. 최고 무기 징역' 자막이 뜬다.
멍하게 보고 있는 죄수1, 2, 3.

죄수2   무기 징역??

그제야 번뜩 정신이 드는 죄수1.

죄수1   이런 씨! 야, 빨리 경찰에 전화해. 전화해서 자수한다 그러라고!

허둥지둥 모텔 전화기 집어 드는 죄수2.

죄수1   오늘 재판만 받으면 끝나는 걸 대가리 총 맞았냐? 탈옥을 하

	게? 빨리 전화 안 하고 뭐해!
죄수2	(마음이 급하다) 하고 있어요.

죄수3, TV 볼륨 소리 올리면.

| 앵커 | 긴급 소식입니다. 한 시민의 제보로 현재 탈주범들의 은신처 가 확인되었습니다. 지금 경찰 특공대가. |

죄수2, 112 누르고 통화 버튼 누르기 직전, 모텔 창문 와장창 깨며 안으로 들어오는 SWAT팀.
동시에 모텔 방문 부수며 들어오는 경찰들.
비명 지르는 죄수1, 2, 3.

| 앵커 | 진입을 시도하고 있습니다. |

| S#8. | 모텔 앞. 낮 |
| | 줄줄이 연행되어 나오는 죄수 세 명을 에워싸는 취재진. |

| 죄수2 | 우리 탈옥 안 했어요! |
| 죄수1 | 우리 아니라고! 진짜 억울하다고! |

죄수1의 우렁찬 절규가 맞은편 건물을 타고 '쭈우욱' 올라가면.

S#9.	맞은편 건물 옥상. 낮

연행되고 있는 죄수 세 명을 물끄러미 내려다보고 있는 택시 멤버들. 도기, 고은, 그리고 풀무더기(길리슈트) 복장의 최 주임과 박 주임이다.

최 주임	저놈들이 감옥에서 편안하게 지내는 것도 좀 별론데.
도기	그러진 못 할 거예요.

도기, 죄수1이 갖고 있었던 쪽지 꺼내 고은에게 건넨다.

도기	교도소 안에 있는 쪽지 주인들이 2년치 구독료가 사라진 걸 알면 가만있진 않을 거거든요.
박 주임	2년치 구독료?
고은	우리 택시비. 장 대표님이 벌써 수금하러 가셨어요.

인서트 지하철 보관함
비밀번호 누르고 보관함 여는 장 대표. 돈 가방이 보인다.
장 대표, 전화 통화 중이다.

장 대표	김도기 기사가 감옥에 잘 넣어 주셔서 고마웠다고 전해 달랍니다. 나오는 건 저희가 알아서 나와야죠. 외국에서 공부하시는 분한테 그거까지 신세 질 순 없죠. 더 뵙지는 못하지만 어느 곳에 계시든 항상 응원하겠습니다. 건강하세요. 강하나 검사님.

전화 끊고 돈가방 둘러메는 장 대표.

장 대표   택시비 받았어.

옥상에 고은, 활짝 웃는다.

고은   기름값도 못 건질 줄 알았는데! 역시!
장 대표(E)   이제 그만들 갈까?

돌아서서 나란히 걸어오는 택시 멤버들.
하이파이브 하는 박 주임과 최 주임, 사탕 입에 무는 고은. 담
담한 도기.
(분할 화면) 돈가방 둘러메고 지하도 걸어오는 장 대표.

S#10.   타이틀 시퀀스 몽타주. 낮
           도로를 달리는 모범택시와 그 뒤로 콜밴. 그리고 장 대표 차.
           모범택시에 선글라스 낀 도기.
           콜밴에 고은, 박 주임, 최 주임과 장 대표. 여전히 그 자리를
           지키고 있다.
           택시 차고로 들어오는 모범택시.
           바닥이 회전하며 내려가기 시작한다.
           지하 정비실로 내려오는 모범택시.
           여전한 모습의 지하 정비실 풍경.

모범택시가 지하 정비실에 완전히 안착한다.
라이트가 꺼지고 암전되면, 화면 가득 큼지막하게 '땅' 뜨는
<자막: '2년 전'>
자막은 사라지지 않고 화면 한쪽으로 슬금슬금 이동해 계속
떠 있다.

S#11.   **몽타주. 낮. 2년 전**
          도로.
          사이렌 울리며 달려오는 여러 대의 경찰차들.

          지하 정비실.
          지하 정비실, 앉아 있는 장 대표를 중심으로 뱅 둘러 서 있는
          모범택시 멤버들.
          장 대표를 비롯한 모든 멤버들의 표정이 편안해 보인다.

장 대표   그동안 고생들 많았어. 어떻게 다음 계획들은 있어?

          무지개 택시 회사 안.
          택시 회사 안으로 들어와 거칠게 멈춰 서는 경찰차들.

          지하 정비실.

최 주임   (머리 긁적긁적) 전 원래 있던 곳으로 돌아가기로 얘기됐어요.

박 주임	저도요, 다행히 자리가 비어 있어서.
장 대표	야, 일들 잘 했었나 보네.

무지개 택시 회사 안.
차량에서 내리는 경찰들 사방으로 뛰어간다.
외부 경리실, 정비소, 휴게실, 사무실 안으로 들어가는 경찰들.
당황스럽게 보고 있는 서 기사를 포함한 일반 택시 기사들.

지하 정비실.

장 대표	고은이는?
고은	저는 다음 주에 경찰 공무원 시험 봐요.
박 주임	그거 몇 년은 걸리는 거 아니니?
최 주임	연습으로 봐 보는 거야?
장 대표	가만있어 봐, 우리가 무슨 엿이라도 사 줘야 하는 거 아닌가?

택시 회사 계단.
계단 뛰어 올라가는 경찰들.

지하 정비실.

장 대표	김 군은 앞으로 계획이 어떻게 되나?
도기	당분간 발길이 닿는 곳으로 여행을 좀 다녀 보려고요.

장 대표실 앞 복도.
장 대표실 앞으로 모여드는 경찰들.

지하 정비실.

장 대표   자기 자리로 돌아가는 사람. 새롭게 시작하는 사람. 모두 행복하고 평화롭길 바라. 이제 여기는 싹 잊고.

편안하게 서로를 바라보는 박 주임, 최 주임, 고은, 도기, 장 대표.
장 대표, 자리에서 일어나 멤버들에게 허리 숙여 인사한다.

장 대표   그동안 고마웠어.

장 대표실 앞 복도.
지휘관, 장 대표실 문 앞으로 뚜벅뚜벅 걸어온다.

지하 정비실.
지하 정비실에 가구들 위로 흰 천들이 덮인다.
정비실 내에 불이 꺼진다.

장 대표실 앞 / 안.
문 '벌컥' 열고 들어가는 지휘관.
책상에 앉아 담담하게 업무 보고 있던 장 대표. 고개 들어 지휘관을 본다.

택시 회사 주차장.
수갑 찬 채 밖으로 연행되어 나오는 장 대표.

형사1   다른 사람들은 다 어디 있습니까?
장 대표   무슨 말씀이신지. 모두 저 혼자 했습니다. 그게 뭐든.

장 대표를 경찰차에 태우는 경찰들.
순순히 차에 탄 택시회사 돌아보는 장 대표. 지그시 눈 감으면, 화면 암전.
구석에 있던 '2년 전' 자막이 다시 커지며 슬금슬금 중앙으로 온다.
'2년 전'에서 '1년 전'으로 '떵' 바뀌는 자막. 이번엔 사라진다.

S#12.   무지개 택시 회사 안. 낮
          도기의 일반 택시가 무지개 택시 회사 안으로 들어온다.
          택시에서 내리는 도기. 외부 경리실 앞을 지나간다.
          굳게 닫혀 있는 경리실 창문에 '용무가 있으신 분은 정비실로 문의하세요' 문구가 적혀 있다.
          무심히 지나가는 도기.

S#13.   무지개 택시 회사 정비소. 낮

장 대표, 택시 밑으로 들어가 수리하다가 손가락을 다친다.
기름때 묻은 장갑 벗고 티슈 뽑아 다친 손가락 지혈하는 장
대표.

서 기사   일전에 부탁한 재직 증명서 다 됐을까요?

장 대표   (차 밑에서 나오며) 아차. 갖다 준다는 걸 깜빡하고, 잠깐만요.

장 대표, 책상에 어지럽게 쌓아 놓은 서류들 헤집으며 찾는다.
마치 경리실 업무를 여기서 보는 거 같다.

서 기사   그러지 말고 사람을 좀 더 쓰는 게 어때요? 여기 직원들 다
그만둔 지가 언젠데.

장 대표   손주 어린이집 제출용 맞죠?

서 기사   혹시 작년 그 소란 때문에 사람이 안 들어오는 건가? 그 일은
벌써 죄가 없는 걸로 다 끝났잖아. 엄한 사람 잡아다가. 에휴.

장 대표   (서류 건네주며) 바쁘면 좋지요. 운동도 되고.

서 기사   (딱한) 운동이 아니라 고생하는 거처럼 보여서 그러지.

장 대표   (웃는)

나가는 서 기사와 가볍게 인사하며 들어오는 도기. 다친 장
대표 손가락 본다.

도기   다치셨어요?

장 대표	조금.

도기, 구급함 가지고 와 장 대표 손가락 치료한다.

장 대표	연식들이 워낙 오래돼서 쉽지가 않네. 한 번 더 해 보고 안 되면 전문 카센타로 보내야 될 거 같아.
도기	(상처 크기에 맞춰 붕대 자른다) …
장 대표	진언이랑 경구랑 이런 차들을 어떻게 정비했나 몰라. 하면서도 내 욕 많이 했을 거야.
도기	(미소) 보고 싶으세요?
장 대표	행여나 연락하지 말아. 각자 자기 일터로 돌아가 잘 살고 있을 텐데.
도기	(담담히 장 대표 손가락에 붕대 감아 주는) …
장 대표	더 이상 보고 싶지 않아. (다친 손가락 보며) 누가 다치는 거. 누가 아픈 거… 더는 못 볼 거 같아.
도기	그래서 다시 찾아왔을 때 그렇게 모질게 쫓아내셨어요?
장 대표	내가 모질게 했어? (씁쓸한 웃음) 어지간히 보내고 싶지 않았나 보네.
도기	그럼 저는 왜 안 쫓아내셨어요? 불공평한데.
장 대표	그래봤자. 김 군 자네는 어딘가에서 혼자 할 거 아냐. 그럴 바에 내가 옆에서 한 손이라도 도와주는 게 낫지.
도기	(웃으며 반창고 붙이는) 다 됐어요.
장 대표	(애써 담담하게 반창고 보며) 그래. 다들 더 이상 나 때문에 손해 보는 일은 없어야지.

다시 기름때 묻은 장갑 끼고 정비용 롤러판에 눕는 장 대표.

장 대표 (정비등 들다가) 괜찮으면 지하에 정비등 좀 찾아서 갖다 줄 수
있겠나? 이것도 오늘 내일 하네.

도기 (끄덕끄덕) 네.

S#14. 무지개 택시 회사 안. 낮
외부 경리실 문 여는 도기.
오랫동안 사람이 쓰지 않은 듯 먼지가 쌓여 있는 의자.
책상에 빈 추파춥스 통.
삭막하게 느껴진다.
도기, 무심히 입구 옆에 걸려 있는 열쇠 꾸러미 집어 든다.

S#15. 무지개 택시 회사 낡은 창고 앞 / 안. 낮
'관계자 외 출입 금지' 문구가 붙어 있는 낡은 창고 앞으로 오
는 도기.
열쇠 꾸러미에서 열쇠 찾아 문 연다.
창고 안으로 들어오는 도기.
캐비닛 양쪽 문 열고 책장 밀면 빈 공간이 나온다.
도기, 캐비닛 문 닫고 버튼 누른다.
빈 공간이 밑으로 내려가며 지하 정비실 통로가 나온다.

S#16.	지하통로. 낮

동굴 같은 지하 통로를 터벅터벅 걸어가는 도기. 스산해 보인다.

S#17.	지하 정비실. 낮

도기, 문 열고 들어와 불을 켜면.

곳곳에 흰 천이 덮여 있는 지하 정비실 풍경이 보인다.

공구함 위에 나란히 놓인 절연장갑에 이름이 쓰여 있다. '내 꺼' '경구 행님 꺼'

도기	…

모범택시 옆에 놓인 정비등 집어 든다.

도기가 정비등 스위치를 켜자, 전구에 불이 번쩍 들어오면.

S#18.	과학관 기자 회견장. 낮

플래시가 번쩍 터지자, 눈부셔 하는 박 주임.

가슴팍에 우주선 마크가 새겨진 가운 입은 채, 기자들 앞에서 브리핑한다.

간간히 플래시 세례가 이어진다.

박 주임	이번 6차 발사체 성공으로 지금까지의 가장 난제였던 3차 분

리체의 안정적인 연료 분사 및 산화제 탱크 압력 문제를 해결했습니다.

기자들, 여기저기 손을 들고 질문을 이어 가고 있다.

기자	이번 성공의 소감을 간단히 말씀해주시겠습니까?
박 주임	아직 실감은 나질 않는데. 뭐랄까. 갑자기 숙제가 없어져서 허전하기도 하고… 주요 핵심 부품들도 외국에 의존하지 않고 국산화하는 데 성공했고… 특히 1단 분리할 때 충돌 방지용 고성능 역추진 모터가 무게도 가볍고 소형이라 모범택시 앞뒤에 1개씩만 달아도 출력이 달라질 텐데…
기자	(?) … 모범택시요?
박 주임	(다시 정신 차리고) 질문이 뭐였죠?

S#19.   최 주임의 실험실. 낮

실험용 더미가 타고 있는 자동차가 허공에서 공회전한다.

RPM 소리가 빨간불 근방까지 올라간다.

전광판 보고 있는 최 주임과 연구진들. RPM 수치가 낮아지며 공회전이 멈춘다.

출력되는 수식들 취합하는 최 주임.

연구진 한 명, 책상 서랍 열어서 스테이플러 꺼내다 옆에 놓인 삐삐 본다.

연구진	(꺼내 보며) 이거 팀장님 거예요?
최 주임	어. 맞아.
연구진	(신기한) 진짜 오랜만에 보네. 요즘도 돼요 이게?
최 주임	(받아 들며. 미소) 그냥 갖고 있는 거야.

스테이플러 가지고 가는 연구진.
최 주임, 입가에 미소 지은 채 손에 든 삐삐 보는데, 누가 어깨
툭툭 친다. 박 주임이다.

최 주임	언제 왔냐?
박 주임	점심시간 맞지?

S#20. 식당 안. 낮
마주 앉아 밥 먹고 있는 박 주임과 최 주임.

박 주임	행님은 요즘 어때?
최 주임	다 좋지. 맛있는 것도 많이 먹고, 돈도 잘 벌고. 다 좋아.
박 주임	나두 그래.

그런데 말과 달리 둘 다 건조한 표정에 힘도 없어 보인다.

최 주임	입맛이 없다. 갱년기인가 봐, 나.
박 주임	어? 행님도 그래? 나두.

최 주임	아직 한창때인 놈이.

TV에서 '폭력 범죄 증가. 매번 나오는 솜방망이 처벌 논란'
이라는 자막 뉴스가 나오고 있다.

최 주임	(TV 보며 한숨) 저런 놈들 다 따끔하게 혼을 내야 되는데. 이제 전화 걸 곳도 없잖아.
박 주임	(애써 미소) … 나 러시아 쪽으로 발령 났어.
최 주임	뭐? 너 사고 쳤어?
박 주임	아 진짜. 내가 잘해서 보내 준대.
최 주임	아… 얼마나?
박 주임	5년. 이번 프로젝트 끝나면 바로.
최 주임	기네. (끄덕끄덕) 길다.
박 주임	가기 전에 장 대표님한테 인사는 해야 하지 않을까?
최 주임	장 대표님? 어우. 갔다가 또 무슨 욕을 더 들으려고.
박 주임	장 대표님이 형한테 욕을 했어?
최 주임	말도 마. 표정은 또 얼마나 살벌했는데.

플래시 인서트 택시 회사 정비소. 낮. 회상
모진 표정의 장 대표.

장 대표	다신 오지 말라고 몇 번 말해! 해고가 뭔지 몰라? 두 번 다시 여기 오지 말라고! 내 말 알겠어! 해고라고!
최 주임	(놀란 표정)

최 주임, 깊은 한숨 쉰다.

박 주임   그래도 형한테는 장례식장 얘기는 안 했네.
최 주임   장례식장?

플래시 인서트 정비소. 낮. 회상
얼굴에 기름때 묻은 모진 표정의 장 대표.

장 대표   절대 찾아올 생각하지 마! 혹시 내가 죽었다 그래도 장례식
                 장 올 생각도 하지 마! 내 말 알겠어!
박 주임   (놀란 표정)

카운터 앞에 서 있는 최 주임과 박 주임.
박 주임, 깊은 한숨 쉰다.
최 주임, 카운터에서 계산하고 있다.

박 주임   너무 하지 않아? 장례식장 올 생각하지도 말라는 건.
최 주임   (착잡한) 정 떼라고 그렇게 말씀하신 거지. 정 떼라고.
박 주임   알지… 아는데… 그래도 찾아뵈는 게 낫겠지?
최 주임   (무겁게 고개 끄덕이는) …

최 주임, 카드 건네받다가 신문지 위에 놓인 실종 전단지가
'툭' 떨어진다.
실종 전단지 내려다보는 박 주임과 최 주임.

S#21. 경찰서 안. 밤

떨어진 실종 전단지 주워 드는 손. 경찰 복장의 고은이다.

고은   이거 떨어뜨리셨어요.

중년 남 감사합니다…

눈물로 범벅된 남루한 복장의 중년 남(동재 부), 실종 전단지
받아서 터벅터벅 밖으로 나간다.
고은, 갈까 말까 망설이다가 중년 남에게 다가가는데, 누군가
의 팔이 고은을 낚아챈다. 정보 과장(여)이다.

고은   과장님…

여 과장   안 순경. 혹시 또 남의 부서일 참견하려는 건 아니지?

고은   저분 1년 넘게 아들 찾고 있는 민원인이에요.

여 과장   (고개 절레절레)

고은   소재 파악만 해 줘도 도움 될 거예요.

여 과장   오지랖 그만. 퇴근 준비해. 저녁 회식 무조건 참석이야.

고은   과장님.

여 과장   내가 분명히 얘기했지. 정보과는 요청한 건만 처리해 주면 된
다고. 빨리 가서 가방 가지고 나와.

고은   …

S#22. 포장마차. 밤

포장마차에서 왁자지껄 수다 떨며 회식하고 있는 정보과 직
원들.
끝자리에서 조용히 우동 먹고 있는 고은. 입맛이 없다.
여 과장, 고은 자리에 소주잔 놓고 술 따른다.

여 과장   아까 안 순경이 알아봐 주려고 했던 그 사람. 아들이 이미 성
          인이야. 실종이 아니라 가출이고.
고은   …
여 과장   가출인의 소재는 당사자 동의가 없으면 알려 줘선 안 돼. 가
          정 폭력 가능성도 배제할 수 없거든.
고은   과장님한텐 그렇게 보였어요? 저한테는 그냥 자기 아들 찾아
          다니는 아빠로 보였는데…
여 과장   (으쓱) 그럴지도 모르지. 근데 확실한 근거 없이 판단하면 안
          되니까.
고은   도움이 필요한 사람이 눈앞에 있는데 그냥 참고 있으면… 우
          린 왜 거기에 앉아 있는 거죠?
반장(E)   원칙이니까.
고은   (돌아보는) ?

타 부서 반장, 냉장고에서 소주 꺼내 가고 있다.

여 과장   벌써 취하셨어, 반장님?
반장   할 수 있다고 해서 원칙 무시하고 선을 넘어 가면 그때부턴
          경찰이 아니라 범법자지. 그리고 또 하나 잊지 말아야 할 원

칙. 우린 직장인이야. 해고 조심. 감봉 조심. 인사 고과 점수
조심.

소주병 들고 자기 팀 자리로 가 앉는 반장.

여 과장   남의 부서에 웬 참견. 신경 쓸 거 없어, 안 순경.
고은   …

그냥 힘없이 미소 짓는 고은. 들고 있던 수저 내려놓는다.

S#23.   거리. 밤
고은, 터벅터벅 걸어가고 있다. 기운이 없어 보인다.
갓길에 모범택시 한 대가 '끼익' 멈춰 선다.

고은   !

고은, 자기도 모르게 모범택시로 뛰어간다.
모범택시 기사가 차에서 내려 트렁크에 손님 짐 꺼내 준다.
실망스런 표정의 고은. 우두커니 서서 모범택시 본다.

고은   …

S#23-1.   **공중화장실 안 / 앞. 밤**

아무도 없는 공중화장실 안.

칸막이 화장실 안에서 누군가가 부스럭거리는 소리가 들린다.

장 대표, 칸막이 화장실 변기 위에 올라가 벽면에 모범택시 스티커 붙이고 있다. (천장에 목매달고 자살하려는 사람의 눈에 잘 보일 법한 높이)

칸막이 화장실에서 나오는 장 대표, 잘 붙였나 다시 한 번 확인한다.

장 대표   이쪽 공원은 다 돌았고.

장 대표, 쇼핑백 들고 공중화장실 밖으로 나오는데, 들고 있던 종이 쇼핑백 끈이 '툭' 끊어지며 쇼핑백 안에 모범택시 스티커들이 쏟아진다.

흙먼지 대충 털어 내고 다시 주워 담는 장 대표. 쇼핑백 둘둘 말아서 간다.

장 대표가 떠난 화장실 앞 흙바닥에 모범택시 스티커 한 장이 떨어져 있다.

그 모범택시 스티커 위로 빗방울이 뚝뚝 떨어지기 시작한다.

S#24.   **한강 다리 위. 밤**

보름달이 떠 있는 밤하늘 아래 한강 다리 위, 경찰서에서 봤었던 남루한 복장의 중년 남(이하 동재 부로 표기)이 서 있다.

손에 쥔 '사람을 찾습니다' 전단지에 20대 중반의 동재 사진
이 찍혀 있다.

특이하게 한글과 함께 베트남어도 전단지에 적혀 있다.

동재의 전단 사진을 어루만지는 손 옆으로 눈물방울이 뚝뚝
떨어진다.

동재 부, 그리움 가득한 눈물이 쉴 새 없이 흐른다.

손에 쥐고 있던 전단지가 바람을 타고 날아간다.

동재 부, 난간을 넘어간다.

환한 보름달 올려다보는 동재 부. 난간을 놔 버린다.

다리 아래로 '훅' 사라지는 동재 부.

가까이 다가가 보면, 다행히 떨어지지 않았다.

난간 아래 돌출 부위에 배낭이 걸려 허공에 떠 있는 동재 부.

동재 부, 다리 아랫부분에 붙어 있는 명함 크기 스티커가 눈
에 띈다.

다리에서 뛰어내린 사람만이 볼 수 있는 위치에 붙어 있는
명함 스티커.

'죽지 말고 전화하세요. 대신 해결해 드립니다. 080-XXX-
XXXX'

동재 부   ?

동재 부, 다리 난간을 따라서 길게 붙어 있는 수백 장의 명함
스티커들을 본다.

가까스로 다리 위로 올라오는 동재 부. 힘이 빠졌는지 바닥에

쓰러진다.

동재 부, 손에 꼭 쥔 명함 스티커를 다시 펴 본다.

'죽지 말고 전화하세요. 대신 해결해 드립니다.'

동재 부, 명함 스티커 뒷면으로 돌려 본다.

'우리는 당신의 억울함을 듣고 싶습니다.'

동재 부   ...

스티커 문구 보며 다시 눈물이 차오르는 동재 부. 엎드려 오열한다.

S#25.   무지개 택시 회사 장 대표실. 밤

무거운 표정으로 전화 끊는 장 대표.

다시 전화기 들어서 번호 누른다.

S#26.   무지개 택시 회사 정비소. 밤

선반에 삐삐가 울린다.

차량 정비하고 있던 도기. 다가와 삐삐 집어 든다.

S#26-1.   지하 정비실. 밤

지하 정비실로 들어오는 도기.

장 대표, 각종 집기들 덮어 놓은 흰 천 위에 먼지를 가볍게 툭 툭 털어 내고 있다.

장 대표   사람이 없다 보니까 먼지가 잘 쌓이네.
도기   신경 쓰이시면 차라리 걷어 놓을까요?
장 대표   (절레절레) 쓰던 물건들 보이면 계속 생각날 거 아냐. 이렇게 가 려 놓는 게 차라리 마음 편해.

도기, 책상에 놓인 무지개 로고가 찍힌 봉투를 집어 든다.

도기   다녀오겠습니다.

봉투 들고 모범택시 타는 도기.

S#27.   한강 다리 초입. 밤
          검은색 모범택시 한 대가 다리 위로 천천히 다가온다.
          짙게 선팅 되어 있어 내부는 보이지 않는다.
          초입에 서 있는 동재 부 옆에 스르르 다가와 멈춰 서는 모범 택시.
          택시 옆면에 무지개 그림과 함께 무지개 모범택시 로고가 새 겨져 있다.
          창문이 살짝 내려가자 선글라스 낀 도기가 보인다.
          '딸깍' 열리는 뒷문.

동재 부   …

S#28.   달리는 모범택시 안. 밤
            도기, 말없이 운전하고 있다.
            뒷자리에 앉아 차 내부 둘러보는 동재 부.
            도기, 녹음 버튼 누른다.

도기   얘기해 주시겠습니까? 누가 당신을 다리 위에 세웠는지.
동재 부   …

            동재 부, 막상 말을 시작하려고 하니 눈물부터 앞선다.
            도기, 묵묵히 운전하고 있을 뿐이다.
            모범택시가 어두운 터널로 들어가자 사방이 어두워진다.

동재 부(E)   눈에 넣어도 아프지 않을 아들놈 하나가 있습니다.

S#29.   몽타주. 과거
            동재 치킨집 앞.
            유리에 '동재 치킨' 간판이 붙어 있는 문 열고 초등생 동재가
            나온다.

동재 부(E)   애 엄마가 사고로 일찍 죽고, 가게 일하면서 동재를 키웠어요.

치킨 봉지 들고 급하게 뒤따라 나오는 동재 부.

동재 부   이거 갖고 가서 친구들이랑 같이 먹어.
동재   (뿌리치고 뛰어가는) 싫어. 치킨을 누가 학교에 싸 가.
동재 부   알림장 잊지 말고 꼭 챙겨 와.

봉지 들고 가게 앞에 서 있는 동재 부. 다시 가게로 들어가려
는데, 동재, 어느새 뛰어와 아빠 손에 치킨 봉지 가지고 간다.

동재 부   (웃는) 잘 다녀와~!

흐뭇하게 동재 뒷모습 보고 있는 동재 부.

동재 부(E)   어린 마음에 많이 힘들었을 텐데도.

동재 치킨집 안.
케이크에 촛불 꽂은 채 생일 축하하고 있는 고등학생 동재와
친구들.
동재, 촛불 후 불어 끄면, 생맥주 한 잔이 '탁' 놓인다.

동재   나 아직 학생이야.
동재 부   아빠가 주는 술은 먹어도 돼. 생일이라 특별히 주는 거야.

맥주 살짝 마셔 보는 동재, 인상 확 찌푸리며 괴로워한다.

웃음 터트리는 동재 친구들과 동재 부.
인상 찌푸린 동재 얼굴이 찰칵 찍히며 액자 사진에 담긴다.

동재 부(E)   동재는 정말 착하고 대견하게 잘 자라주었어요.

S#30.   양복점 안. 낮. 과거
         은색 양복 입고 탈의실에서 나오는 동재.

동재   교환 학생 가는데 뭘 이런 걸 사 줘요.
동재 부   너도 이제 성인인데. 번듯한 양복 하나 있어야지. 전부터 하
          나 해 주고 싶었어.
직원   소매에 이니셜도 하나 새겨 드릴까요?
동재   (손사래) 아뇨, 괜찮아요.
동재 부   아니에요. 새겨 주세요.

         동재, 가방에서 작은 선물 상자 하나 꺼내 동재 부에게 준다.

동재 부   뭐야 이건?

         동재 부, 뜯어서 보면 디지털시계다.

동재   아까 준다는 걸 깜빡했어. 아빠 약 먹는 시간에 알람 맞춰 놨
          어요.

동재 부	(웃는)
동재	매일 하루 한 번씩 꼭 전화할게요.

동재 부, 대견스레 동재 머리 쓰다듬는다.

S#31.   인천 공항 로비. 낮. 과거
동재 배웅하는 동재 부.
여행 가방 끌고 들어가는 동재. 양복 소매에 'Lee. D J' 들어
보이며 손 흔든다. 같이 손 흔들어 주는 동재 부.

동재 부(E)	그런데 얼마쯤 지나면서 뭔가 이상했어요.

S#32.   동재 치킨집. 낮. 과거
손님 없는 가게에 앉아 전화 거는 동재 부. 신호만 갈 뿐 전화
를 안 받는다.
동재에게서 메시지가 온다. '바빠요 나중에 연락할게요.'
동재 부, 문자 메시지 보낸다. '궁금해서 전화했어. 밥 잘 먹고
있지?'
서운하지만 그래도 연락 왔으니 됐다. 다시 장갑 끼고 설거지
하는 동재 부.
걱정이 앞서 일도 손에 안 잡힌다.

동재 부(E)   매일같이 연락하던 아이가 갑자기 보름이 다 되어 가도록 문
            자 메시지에 답장도 안 하는 게 이상했어요. 그런데 어느 날
            인가…

가게 앞으로 건물주가 지나간다.
동재 부, 장갑 벗고 황망히 뛰어나가 맞이한다.

동재 부   (미안한) 오셨습니까.
건물주   아니. 나 지나가던 길인데.
동재 부   조금만 기다려주시면 돈은 제가 어떻게 해서든 준비하겠습
           니다.
건물주   괜찮아요.
동재 부   네?
건물주   받았으니까 괜찮다고요.
동재 부   (?) 받았다니요?
건물주   내가 거짓말은 못 하겠고. 그쪽 아들이 줬어요.
동재 부   (어리둥절) 우리 아들이요?
건물주   (가던 길 가려는데)
동재 부   (붙잡으며) 돈을 주다뇨? 우리 아들이 뭔 돈이 있다고…
건물주   그건 나도 모르지. (가던 길 간다)
동재 부   …
동재 부(E) 그때서야 알았어요. 동재가 교환 학생으로 외국을 간 게 아니
            었단 걸.

S#33.	대학교 공터. 낮. 과거

동재 친구1, 2 만나고 있는 동재 부.

친구1	동재 휴학했어요. 취업됐다고.
친구2	등록금도 환불받아 갔다고 들었는데.
동재 부	(놀라) 취업을… 공부하러 간 게 아니라?
친구1	2년 동안 바짝 돈 모아서 올 거랬어요.
친구2	근데 일자리도 좀 급하게 구해서 간 거 같았어요.
동재 부	(혼란스런) …

S#34.	동재 집 안. 낮. 과거

동재 책상 서랍 뒤지고 있는 동재 부. 양복 입고 찍은 증명사
진, 프린트한 이력서와 근로 계약서가 나온다.
동재 부, 막상 보니 화가 난다. 핸드폰 꺼내 문자 메시지 입력
한다. '아빠한테 거짓말해서 일부러 연락도 안 하고 있었…'

인서트 동재 치킨. 과거

건물주	주변이 다 올랐는데 나도 시세 맞춰야죠. 안 되시면 그냥 계
	약 해지하세요.
동재 부	그러면 저희 당장 길거리에 나앉아야 됩니다.

건물 밖에 건물주에게 쩔쩔매는 동재 부 보며 마음이 무거워

지는 동재.

지우고 다시 쓰는 동재 부. '당장 일 그만 두고 짐 싸서 돌아와'

동재 부(E)   나 때문이에요. 내가 동재를 그리로 떠민 거예요.

동재 부, 메시지 보다가… 지우고 다시 쓴다. '미안하다 동재
야. 아빠가 갈게.'
서둘러 짐 싸는 동재 부. 근로 계약서 하단에 주소를 핸드폰
으로 찍는다.

인서트 코타야 공항 앞. 낮
하강하는 비행기 아래로 공항에서 나오는 동재 부. 공항 앞에
택시 잡아탄다.

S#35.   (코타야) 외곽 축사 앞. 낮. 과거
               길가에 멈춰 서는 택시.
               동재 부, 충격 받은 표정으로 택시에서 내린다.
               택시 기사에게 핸드폰으로 찍은 주소를 보여 주자, 현지 택시
               기사, 고개 끄덕이며 '여기가 맞다'는 제스처 취한다.

동재 부(E)   아들이 일한다는 회사를 찾아갔는데 거기엔… 아무 것도 없
               었어요.

건물 하나 없는 소 축사가 보인다.
동재 부, 멍한 표정으로 보고 있는데, 핸드폰 벨이 울린다. 낯선 번호다.

동재 부   여보세요.

상대방이 말이 없다.

동재 부   여보세요? 동재냐?

전화기 너머 먼 음성으로 낯선 남자 목소리가 들린다. '거기 뭐야!'
이어지는 또 다른 남자의 떨리는 다급한 목소리, '죄송합니다.' 끊기는 전화.

동재 부   여보세요! 동재… 동재야 동재야!
동재 부(E)   작아서 또렷하게 들리진 않았지만 그건 분명 동재 목소리였어요.

S#36.   경찰서 안. 낮. 과거
             형사1, 관련 서류 뽑아서 보고 있다.

형사1   해외로 취업 나간 아들 연락이 안 된다고 다 실종 신고가 되는 건 아니에요. 나이도 스물다섯이면 성인인데. 좀만 더 기다려 보시죠.

동재 부 제가 전화도 받았다니까요. 동재한테 무슨 일이 생긴 거예요. (핸드폰으로 소 축사 사진 보여 주며) 이거 좀 보세요.

형사1 아까 다 보여 주셨어요. 근데 주소를 잘못 적었을 수도 있잖아요.

사무실로 들어오는 형사2, 형사 반장에게 서류 건네준다.
형사 반장, 동재 부 흘끔 보며 서류 훑어보고 있다.

동재 부 (애써 차분하게) 매일 전화한다고 했으면 꼭 하는 아입니다. 무슨 일이 있지 않고서야 이렇게까지 연락이 안 될 리가 없어요.

동재 부를 다독이며 흥분 가라앉히는 반장.

반장 아버님 심정 충분히 이해가 갑니다. 같은 나라에 있는 것도 아니고. 저희가 알아보고 연락드리겠습니다.

동재 부 …

형사1 네. 일단 돌아가 계시면 저희가.

동재 부 (애써 참으며) 왜 자꾸 돌아가라고만 해요. 내 말은 듣지도 않고.

형사2 (참다못해) 진짜 너무 하시네 거! 그쪽 아드님 연락 안 하는 걸 왜 우리한테 뭐라 그러세요?

동재 부 무슨 말이에요? 동재가 연락을 안 하는 거라니.

반장 (한숨) 일들 봐. 내가 얘기할게.

동재 부	혹시 우리 동재랑 연락이 닿은 건가요?
반장	(어쩔 수 없이) 전에 말씀하셨을 때 저희가 바로 수소문을 했었는데 아드님이 직접 대사관으로 전화를 했어요. 더 이상 찾지 말아 달라고.
동재 부	…?
반장	성인인 당사자가 연락을 거부한 이상 저희가 해 드릴 수 있는 건 더 이상 없는 거 같습니다.
동재 부	도대체 왜 내 말을 안 믿어요!
형사2	(듣다못해) 아니 도대체 우리가 뭘 안 믿는데요.
동재 부	아들 목소리도 못 알아듣는 애비가 세상에 어딨어. 내가 들었다는데. 회사가 거기 없는 걸 내가 봤는데. 왜 내 말을 안 믿어 왜!

반장과 주변 형사들, 지친 기색이다.
자리에서 일어나는 동재 부. 더 이상의 대화는 의미가 없다.

동재 부	당신들이 찾아 주지 않으면 내가 직접 찾을 거야.

돌아서서 나가는 동재 부.

S#37.   인쇄소. 낮. 과거
한글과 베트남어가 같이 쓰여 있는 동재 실종 전단지를 배낭에 꾹꾹 눌러 담는 동재 부. 힘겹게 등에 메고 일어나 나간다.

| S#38. | 지하 정비실. 밤 |
| | 동재 실종 전단지 들어서 보는 장 대표. |

장 대표	아들 찾으려고 이거 가지고 10개월 넘게 외국을 돌아다닌
	건가?
도기	초반 소재 파악됐을 때 바로 알려만 줬어도 괜찮았을 텐데요.
장 대표	경찰은 그냥 원칙대로 하는 거야. 18세 이상 어른은 별다른
	범죄 혐의가 없으면 실종이 아니라 가출로 신고가 되기 때문
	이지.
도기	…
장 대표	가출 상태면 경찰이 카드 내역 조회하는 것도 쉽지 않아. 당
	사자의 인권 때문에.
도기	…

장 대표, 다시 녹음기 재생 버튼 누른다.
돌아가는 녹음기에서 다시 동재 부의 목소리가 나온다.

| 동재 부(E) | 집에 돌아오니 바로 그 우편물이 와 있었어요. |

S#39.	동재 집 앞. 낮. 과거
	낡은 등산복 차림에 허름한 배낭을 멘 동재 부. 우편함에서
	편지를 꺼낸다.
	해외 소인이 찍혀 있는 항공 우편이다. 동재가 보낸 편지다.

뜯어서 보면, '사는 게 너무 힘들어요. 죄송합니다.' 동재의 유서다.
굳어진 표정으로 서 있는 동재 부.

S#40.   경찰서 안. 밤. 과거
         반장, 전화 통화하고 있다.
         동재 부, 초조한 표정으로 기다리고 있다.
         전화 끊는 반장. 무거운 표정으로 동재 부를 본다.

반장   필적 감정 결과 동일인이 맞답니다.
동재 부   (믿겨지지 않는) 그럴 리가 없어…
반장   그때 미처 말씀드리지 못했었는데, 아드님께서 연락했었던
         곳이 외국인 불법 도박장 밀집 지역이었습니다.
동재 부   …
반장   이런 소식 알려 드리게 되어서 뭐라 드릴 말씀이 없습니다.
         죄송합니다…
동재 부   우리 아들이… (무너지며) 그럴 리가 없어요…

         우두커니 서서 전단지 속 동재 사진 보는 동재 부. 눈물이 차
         오른다.

S#41.   지하 정비실. 밤

'툭' 꺼지는 녹음기.

장 대표	근데 정말 아들이 쓴 유서라면… 우리가 할 일이 없지 않아?
도기	필체 감정도 일치했으니 진짜일 거예요. 근데 본인 의지는 아니에요.
장 대표	본인 의지가 아니라고?

도기, 손에 든 유서 장 대표에게 건넨다.
유서 들어서 보는 장 대표. 봐도 잘 모르겠다.

도기	맨 아래쪽. 아마 낙서처럼 보여서 그냥 놔뒀을 거예요.

장 대표, 유서 맨 밑단에 낙서처럼 가는 점선들이 보인다.
그냥 봐선 안 보일 정도로 맨 밑단에 희미하게 그려져 있다.
그냥 낙서라고 하기엔 규칙성이 있다.
도기, 장 대표가 잘 보이게끔 불빛에 비춰 준다.

도기	군대 시절 이동재가 맡았던 보직이 사단 작전병… 통신병이었어요. 모스 부호에 익숙했을 거예요.
장 대표	모스 부호?

도기, 컴퓨터에 모스 부호 변환기 띄워서 유서에 적힌 모스 부호 입력한다.
엔터키 누르는 도기.

모니터에 뜨는 글자 '살 려 주 세 요' 확인하고 놀라는 장 대표.
도기, 글자를 물끄러미 보고 있다.

장 대표   (어리둥절) 살려 주세요… 저게 뭐야?

도기   저 유서는 누군가의 강요로 쓰여진 거고, 강요한 놈들이 있다
    는 거죠.

플래시 인서트 천금 휴게실. 과거
마구잡이로 동재에게 몽둥이질하는 상만과 부하1, 2.

상만   맨날 모른다고만 하면 어떡하냐. 공부해서 알아낼 생각을 해
    야지. 살아서 엄마 보러 가야지.

동재   (울컥) 엄마…

상만, 옆에 앉아 있는 청년들 돌아보면.

청년1   (덜덜 떨며 노트북 내미는) 저… 여기까지 만들었어요…

상만   (받아 보며) 이것 봐. 공부하니까 되잖아. (청년1 머리 쓰다듬으며)
    얘 먹을 거 좀 줘라.

부하1, 2 테이블에 먹다 남은 치킨 청년1 앞에 '툭' 던져 준다.

동재   …아빠.

상만과 부하1, 2는 노트북에 프로그램 살펴보고 있다.

의자에 놓인 상만의 핸드폰 보는 동재. 뭔가에 홀린 듯 다가가 집어 들어 번호 누른다. 신호가 흐르다가 전화 받는다. 동재 부다. '여보세요… 동재냐?'

동재, '아빠' 부르려는데 목이 메여 말이 안 나온다.

부하1, 2가 휴게실로 들어오다가 핸드폰 들고 있는 동재를 본다.

부하1   (날선) 거기 뭐야!

동재   (다급하게 끊으며) 죄송합니다!

전화기 너머로 들리는 동재 부 목소리 '동재야! 동재야!'

다가와 동재 구타하는 상만과 부하1, 2.

다시 지하 정비실에 도기, 날선 눈빛으로 모니터 본다.

도기   메시지를 받았는데. 우리도 답을 해야죠.

장 대표, 굳은 표정으로 모니터에 '살려 주세요' 메시지를 바라본다.

S#42.   '인생 한 컷' 스티커 사진관. 밤

인적 없는 '인생 한 컷' 스티커 사진관 앞.

동재 부, 모범택시 도장이 찍힌 봉투 손에 든 채 사진관으로
들어온다.
봉투 안에 '2번' 안내 문구대로 2번 스티커 룸으로 들어간다.
동전 넣는 동재 부. 봉투 문구 보며 사진 매수 선택에 '88' 누른다.
택시가 무지개 뜬 화면에 나타난다.
캐릭터가 택시에서 내려 상냥한 목소리로 하단 자막과 함께
안내한다.

목소리   안녕하세요. 먼저 저희 무지개 택시 서비스를 찾아 주셔서 감
사해요. 이용자님의 안전과 편의를 위해 몇 가지 주의 사항을
말씀드릴게요. 의뢰가 진행되는 동안 택시 미터기는 계속 켜
져 있을 예정이에요. 운임은 모든 의뢰가 종료된 뒤 후불 정
산되며 경우에 따라 추가 할증이 붙을 수 있고요. 그리고 택
시 기사님 요청 사항이 있을 경우 이용자님께서는 꼭 협조해
주셔야 해요. 약속하실 수 있죠?

동재 부   …

목소리   택시를 이용하신 후 이용자님께서는 가족, 친지, 친구 등 다른
이들에게 무지개 택시에 관한 일을 언급해서는 안 돼요. 또한
각종 SNS와 일기장에도 써서는 안 돼요. 꼭 부탁드릴게요.

산들바람에 흔들리는 해바라기 위로 떠 있는 무지개 화면.

목소리   자 이제. 모범택시에 의뢰를 맡기고 싶다면 파란 버튼을, 맡기고 싶지 않다면 빨간 버튼을 눌러 주세요.

화면 하단에 화살표가 나타나 빨간 버튼과 파란 버튼을 가리킨다.

동재 부   …

플래시 인서트 양복점. 과거
동재, 가방에서 작은 선물 상자 하나 꺼내 동재 부에게 준다.
동재 부, 뜯어서 보면 디지털시계다.

동재   아까 준다는 걸 깜빡했어. 아빠 약 먹는 시간에 알람 맞춰 놨어요.

동재 부, 눈가에 눈물이 고인다.

플래시 인서트 동재 치킨집. 과거
함께 치킨 튀기고 있는 동재와 동재 부.

스티커 사진 룸 안에 서 있는 동재 부.
디지털시계 알람이 울린다.

동재(E)   아빠. 약 먹는 거 안 잊었지? 지금 바로 먹어~ 아빠. 약 먹는

거 안 잊었지? 지금 바로 먹어~

디지털시계 보고 있는 동재 부. 흐르는 눈물 닦아 낸다.
알람을 끈다. 파란 버튼 '꾹' 누른다.
기계에서 스티커 사진이 나온다.
동재와 동재 부가 다정하게 함께 찍은 사진이다.

S#43.   출동 시퀀스. 낮
             장 대표 집 차고.
             차고 셔터 문 수동으로 올리는 도기.
             모범택시 타고 밖으로 나온다.

             콜 밴 주차장.
             콜 밴 운전석에 앉아 시동 거는 장 대표. 걸릴 듯 하며 계속
             안 걸린다.
             차에서 내리는 장 대표. 손에 나무 막대기로 익숙하게 콜 밴
             밑판 '퉁퉁' 때리고는 다시 차에 탄다.
             이번엔 시동이 걸린다. 서서히 출발한다.

S#44.   도로. 낮
             도로를 달리는 모범택시.

장 대표(E)   어디부터 가 볼 참인가?

도기(E)   이동재 씨가 이력서 넣었던 국내 본사부터 가 봐야죠. 대표님
은 사무실에 계셔도 될 것 같은데요.

장 대표(E)   무슨 소리야. 바늘 가는데 당연히 실이 가야지.

모범택시 뒤로 콜 밴이 '스윽' 붙는다.
도로를 달리는 모범택시와 콜 밴.

S#45.   공사 중단된 건물 앞 / 콜 밴 안. 낮
도기, 골조만 덩그러니 올라간 건물 올려다본다.

도기   해외 지사는 축사고 국내 본사는 공사 중이네요?

장 대표   몇 년 동안 방치된 곳 주소를 그냥 마구잡이로 사용한 거 같
아. 최근에 이 주소로 올라온 구인 광고가 있는지 한번 살펴
봐야 되겠어.

장 대표, 프로그램 매뉴얼 한 손에 든 채 컴퓨터 기기들 다루
고 있다.
속도가 턱없이 느리다.

장 대표   혹시 나 기다리는 건 아니지?

도기   인터넷 모집 공고 사이트에서도 회사랑 관련된 자료들은 이
미 모조리 지웠을 거예요.

장대표	모집 공고가 이미 다 지워졌으면 이놈들 꼬리 잡는 것도 쉽지 않겠는데?
도기	그렇지만도 않죠.
장대표	?
도기	꼬리는 다 지울 수 있지만, 습관은 지우기 쉽지 않으니까요.

S#46. 지하 정비실. 밤

모니터 보고 있는 도기. 옆으로 장 대표가 '스윽' 다가온다.

장대표	이게 그놈들이 올린 구인 광고란 말이지?
도기	회사 이름만 다르고 글자 간격, 서체, 스타일까지 다 똑같아요.
장대표	자네 말대로 습관은 지우기 쉽지 않은 모양이구먼.

도기, 핸드폰 문자 메시지 보여 준다. '귀하의 최종 합격을 축하드립니다.'

장대표	이건 뭔가?
도기	이동재 씨 이력서와 같은 경력으로 올렸더니 하루도 안 돼 연락이 왔어요.
장대표	이력서?
도기	조건도 이동재와 같은 해외 파견 근무 형식이에요.

놀란 표정의 장 대표.

장 대표	잠깐만. 김 군 설마… 해외로 직접 나가려고?
도기	네.
장 대표	(난감한) 국내도 아니고 해외면. 생각보다 제약이 많을 거 같은데…
도기	선택의 여지가 없으니까요.
장 대표	…

인서트 천금 감금방. 밤
어두운 감금방 안. 동재가 허공에 거꾸로 매달려 있다.
핏물이 뚝뚝 떨어지는 옆으로 축 늘어진 두 손.
양복 소매에 'Lee. D J'가 보인다.

동재	아빠… 도와주세요…

S#47.   인천 공항 로비 / 콜 밴 안. 낮
전화 통화하며 어딘가를 뚜벅뚜벅 걸어가는 도기.

장 대표(E)	김 군 지금 어딘가?
도기	들어가는 중입니다.
장 대표(E)	생각할수록 이번 의뢰는 여러 가지로 쉽지 않아. 준비를 철저히 하지 않으면 오히려 김 군이 위험할 수도 있을 거 같아.
도기	저도 그렇게 생각하고 있습니다.

장 대표, 매뉴얼 보며 컴퓨터 조작하고 있다.

장 대표   오케이. 그럼 들어와서 구체적으로 어떤 방법이 좋을지 함께
          찾아 보자고.
도기   알겠습니다 대표님. 지금 바로 들어가겠습니다.

          전화 끊는 도기, 공항 직원에게 티켓 보여 준다.

공항 직원   네. 지금 바로 들어가시면 됩니다.

          출국장으로 바로 들어가는 도기.

          인서트 활주로
          비행기가 한 대가 공항을 이륙한다.

S#48.   동재 치킨집. 낮
          불 꺼진 동재 치킨집 앞으로 경찰복 차림의 고은이 다가온다.
          '개인적 사정으로 당분간 쉽니다'라는 문구가 닫힌 셔터에
          붙어 있다.

고은   …

          무거운 발걸음으로 돌아서는 고은.

S#49.   무지개 택시 회사 앞 / 안. 낮

하늘에 떠 있는 비행기 아래로 박 주임과 최 주임, 홍삼선물
세트 손에 들고 무지개 택시 회사 안으로 들어온다.
정비실 앞에 '잠시 자리를 비웁니다' 안내판이 걸려 있다.
외부 경리실로 가는 박 주임과 최 주임.
외부 경리실 창문에도 부재중 팻말이 걸려 있다.
고개 갸웃하는 박 주임과 최 주임.

S#50.   장 대표실. 낮

노크하고 문 열고 들어오는 박 주임과 최 주임.

박 주임   (전화 끄며) 대표님 전화도 안 받아. 뭔 일 있는 건가?
최 주임   (씁쓸) 다른 직원들도 안 보이는 거 보니까. 우리 나가고 쭉 혼
          자 관리하시나 보네.

박 주임, 책상 서랍 사이로 삐져나온 종이 하나를 무심코 빼
낸다.
이동재 실종 전단지다.

박 주임   …형님 이거 봐 봐.
최 주임   (보곤) 실종 전단지잖아. 이게 왜?
박 주임   대표님 서랍에 있었어.
최 주임   이게 서랍에 있는데… 왜?

박 주임	보통 이런 거 서랍에 잘 안 두지 않아?
최 주임	그렇지. 서랍에는 보통 중요한 걸 보관하지. (가만) 그렇다는
	건… 지금 이게 몹시 중요하다는 거?
박 주임	밖에도 다 부재중 팻말 걸려 있었고.
최 주임	전화도 안 된다는 건.
박 주임	그렇다면… 설마!
최 주임	설마!

후다닥 뛰어가는 박 주임과 최 주임.

S#51.   지하 통로. 낮
          승강기 타고 내려오는 박 주임과 최 주임.
          지하 통로를 뛰어간다.
          숨이 차오르는 두 사람의 표정에 자기도 모르게 미소가 지어
          지고 있다.

S#52.   지하 정비실. 낮
          문 '벌컥' 열고 들어오는 박 주임과 최 주임.

| 최 주임 | 대표님! |
| 박 주임 | 김도기 기사! |

그런데 예상과는 달리 텅 빈 지하 정비실 안.

모범택시도 그 자리에 서 있다. 흰 천들도 그대로다.

박 주임   (급실망) 모범택시가 그대로 있네… 아닌가?

최 주임   (기운 빠지는) 그러네…

힘이 쪽 빠지는 두 사람.

그때 문 열고 정비실로 들어오는 장 대표.

돌아보는 박 주임과 최 주임.

장 대표   아니 자네들!

순간 반가운 미소 짓는 장 대표. 곧바로 얼굴 쓸어내리며 표
정 바꾼다.

장 대표   (정색) 뭐야. 여긴 또 왜 왔어.

최 주임   잘 지내셨어요?

장 대표   내가 잘 지내든 말든. 찾아오지 말라고 알아듣게 얘기했을
텐데.

박 주임   제가 5년간 러시아로 발령 받아서 인사드리려고요.

장 대표   아니 뭔 사고를 쳤길래… (하다가 급정색) 그게 나랑 무슨 상관
이야!

박 주임   …

장 대표   더 얘기 할 것도 없어. 그만들 가. 다신 찾아오지 말아!

박 주임	(눈치 보며) 네. 가 보겠습니다.
최 주임	건강하세요. 대표님.

팔짱 낀 채 매섭게 보기만 하는 장 대표.
박 주임과 최 주임, 장 대표 등지며 나간다.
장 대표, 두 사람이 나가자 그제야 표정이 풀린다.

장 대표	둘 다 살이 빠졌네… (측은한 한숨) 잘들 좀 지내라니까…

S#53.   택시 회사 앞. 낮
          택시 회사 밖으로 걸어 나오는 박 주임과 최 주임.

최 주임	(은밀히) 혹시 너도 느꼈어?
박 주임	어. 완전 어색했어.
최 주임	내 말이. 뭔가 숨기고 있는 게 틀림없어.
박 주임	숨기고 있는 거. (실종 전단지 들어 보이며) 이거 같은데.

확신에 찬 표정으로 나가는 박 주임과 최 주임.

S#54.   코타야 공항 / 공터. 낮
          도기, 여행 가방 끌고 가며 전화 통화한다.

장 대표(E)   (받자마자 한숨) 국제전화구만…
도기   무사히 잘 들어왔습니다.

              공터 걸어가며 전화 통화하는 장 대표.

장 대표   얼마나 위험한지도 모르는데, 혼자 가면 어떡해. 준비해서 같
              이 가자니까.
도기   얼마나 위험한지 모르니까 혼자 움직이는 게 더 나을 거 같
              아서요. 대표님이 거기서 도와주세요.

              공항 밖으로 나오는 도기.
              길 건너 '㈜천금 인터내셔널' 팻말 든 가이드가 이동하는 게
              보인다.

장 대표(E)   정말 괜찮겠어?
도기   여기서 만나는 사람들 전송하면, 대표님이 그 사람들 신원 좀
              알아봐 주세요.
장 대표   알았어. 금방 다시 연결하지.

              전화 끊고 콜 밴 문 여는 장 대표. 뒷자리에 앉아 컴퓨터 전원
              켠다.

S#55.   코타야 공항 뒷길 / 콜 밴 안. 낮

길 건너 가이드 보고 있는 도기. 전화벨 울린다.

장 대표(E) 이쪽은 준비됐네.

도기, 전화 끊고 뿔테 안경 꺼내 쓴다.

도기 (안경테 끝부분 살짝 누르며) 화면 보이세요?

모니터에 도기의 뿔테 안경 시점으로 해외 공항 뷰가 들어온다.

장 대표 어. 어. 보이네. 근데 지금 어디 가는 길인가?
도기 공항 앞에서 픽업하면 될 텐데 군이 약속 장소를 딴 곳에 잡
았네요. (카메라 올려다보며) 저기서부터가 카메라 사각지대인가
봐요.
장대표 (걱정이 앞선다) 각별히 몸조심해. 최대한 눈에 안 띄게. 알았지?
너무 웃어 주지도 말고.
도기(E) 네, 그럴게요.

길 건너가는 도기. 일행에 합류한다.
양복 차려 입은 신입1, 2와 인사하는 도기.

가이드 인사는 나중에 천천히 하고, 출발합시다.

차에 짐 싣는 가이드. 신입들, 차에 타려는데.

가이드	사람은 뒤차에 타시면 됩니다.

뒤차로 가는 신입들.
짐차 보며 지나가는 도기, 뿔테 안경을 '스윽' 올려 쓴다.
차량 번호와 운전자가 안경에 '찰칵' 찍힌다.

인서트 콜 밴 안
모니터에 차량 번호와 가이드 얼굴이 뜨면, 매뉴얼부터 펼쳐
드는 장 대표.

S#56.	경찰서 내 휴게실. 낮

탁자에 이동재 실종 전단지 '탁' 내려놓는 최 주임.
전단지가 반으로 접혀 있어서 동재 얼굴은 보이지 않는다.

최 주임	오랜만이야 고은아. 그동안 잘 지냈지?
고은	말이랑 행동이랑 몹시 안 맞는 거 알죠?
박 주임	우리가 장 대표님 방에서 찾은 거야.
고은	?
박 주임	이상하지?
고은	뭐가요?
최 주임	아무래도 대표님이랑 김도기 기사, 몰래 뭐 하고 있는 게 틀림없어.
박 주임	나도 행님 의견에 한 표.

고은	?

고은, 실종 전단지 펴 보려는데 휴게실로 여 과장이 들어온다.

여 과장	안 순경 지금 바빠? 처리할 게 좀 밀렸는데.
고은	아! 네. 지금 바로 가겠습니다. (일어나며) 미안해요. 일하다 중간에 나와서. 나중에 다시 얘기해요.
최 주임	어어. 그래. 바쁜데 어서 들어가.
박 주임	몸 잘 챙기고.

고은, 실종 전단지 내려놓고 급하게 나간다.

최 주임	많이 바쁜가 본데.
박 주임	고은이는 잘 지내고 있는 거 같은데. 방해하지 말고 가자, 행님.
최 주임	(결심한 표정) 안 되겠다. 우리 둘이 직접 나서자.
박 주임	?
최 주임	정면 승부다.
박 주임	정면 승부?
최 주임	(단호한 표정) 나한테 생각이 있어. 따라와.

자신감 넘치게 가는 최 주임.
멍하게 보고 있다가 뒤따라가는 박 주임.

박 주임	행님 지금 설계하는 거야? 너무 멋있어.

S#57.   고은의 정보과 안. 낮
             자리에 앉는 고은. 일이 손에 안 잡힌다.
             자판 끌어당겨 타이핑하면, 모니터에 이동재 실종 전단지가
             뜬다.

고은   …

             정보과에 앉아 있는 고은. 실종 전단지를 보다가, USB를 컴
             퓨터에 꽂는다.
             모니터 화면 속에 또 다른 모니터 화면이 작게 뜬다.
             주변 살짝 둘러보고는 빠르게 타이핑하는 고은. 심란한 한숨
             내쉰다.
             출입국 관리 화면에 '김도기. 출국' 상태로 표시되어 있다.

고은   …

S#57-1.   2부 3씬 (코타야) 배 안. 낮
             더없이 맑고 푸른 바다와 하늘과 이국적인 풍경에 감탄하는
             신입들.
             가이드, 쉴 새 없이 수다 떨고 있다.

가이드   스킨스쿠버, 서핑, 주말마다 배우기 싫어도 하게 될 거예요.
신입1   공고에는 숙식 제공이라고 되어 있던데 따로 내는 돈은 없는

거예요?

가이드　　　없죠. 제공인데. 해산물 좋아해요? 샥스핀, 캐비어 같은 거 반
　　　　　　찬으로 매일 먹게 될 거예요.

　　　　　　신입들, 듣기만 해도 마음이 부풀어 오른다.
　　　　　　도기, 무심히 바다 보고 있다.

S#57-2.　　2부 4씬 (코타야) 선착장 / 콜 밴 안. 낮
　　　　　　신입 두 명, 선착장 배경으로 사진 찍고 있다.
　　　　　　도기, 일행들과 거리를 두고서 안경테 끝에 장착된 전화로 통
　　　　　　화하고 있다.

장 대표　　혼자서 정말 괜찮겠어?
도기　　　　이동재는 분명 이쪽 루트를 타고 왔을 거 같아요.

　　　　　　도기, 누군가와 통화하며 껄껄 웃고 있는 가이드 본다.

도기　　　　이제부터 알아봐야죠. 이동재가 여기에 왔었는지. 왔었다면
　　　　　　무슨 일이 있었는지.
장 대표　　가이드 신원은 내가 한 번 알아보지.
도기　　　　너무 무리하지는 마세요.
장 대표　　이런 거 옛날에는 다 내가 알아보고 다녔어. 무시하지 말라고.
도기　　　　(꽉) 무리하지 마시라고 한 건데.

가이드	다들 모이세요.

전화 끊고 일행들에 합류하는 도기.

가이드	짐 실은 차가 엉뚱한 곳으로 갔다네요? 아 참 귀찮게 됐네. 핸드폰 다들 주세요. 현지 말 할 수 있는 사람이 받아야 되니까.

신입들, 가이드에게 핸드폰 준다. 도기 역시 순순히 핸드폰 건넨다.

S#58.	(코타야) 비포장길. 낮

비포장길 달리는 낡은 픽업트럭.
가이드만 트럭 조수석에 앉고, 신입 세 명은 짐칸에 앉아 있다.
조금 전과는 달리 인적이라곤 찾아 볼 수 없는 길.

도기	아까랑은 경치가 많이 달라졌네요?
가이드	일할 때는 또 이런 곳이 더 좋아. 공기부터 다르잖아.

맞은편에서 봉고차 한 대가 온다.
길 한가운데 차 세우는 가이드.

가이드	자아, 모두들 나를 보세요. 내가 여러분들에게 주는 마지막 꿀팁!

픽업트럭 옆에 멈춰 선 봉고차에서 괴한들이 내리더니 신입
1, 2와 도기에게 복면을 '확' 씌워 버린다.
놀라는 신입1, 2와 도기.

가이드   (씨익 웃는) 공부 열심히들 해!

괴한들, 신입1, 2와 도기를 봉고차에 태우고는 자리를 뜬다.
각자 왔던 길로 유턴해 돌아가는 픽업트럭과 봉고차.

S#59.   콜 밴 안. 낮
            도기와 통신이 안 되는 장 대표.

장 대표   김 군 내 말 들리나? 김 군! (불안한) 이게 갑자기 왜이래…

            표정이 굳어지는 장 대표.

S#59-1.   천금 복도.
            상만 일당들에게 이끌려 천금 복도 걸어가는 도기와 신입들.

상만(E)   공부 열심히 하면 아무 일도 일어나지 않아. 근데 열심히 안
            하면 옛말에도 있잖냐. 공부 못하면 몸이 고생한다고.

복도 걸어오는 도기.

감금방 하나를 흘끔 보면 감금방 책상에 앉아 열심히 작업하고 있는 청년. 몸을 살짝 돌리자, 한쪽 바지가 펄럭인다. 발 한쪽이 없는 사람처럼.

반대쪽 방을 보는 도기.

또 다른 감금방에도 청년 하나가 반쯤 넋이 나간 채 공부하고 있다.

한쪽 발목에 피가 베인 붕대를 감고 있다.

도기   …

상만(E)   그러니까 다들 공부 열심히 하자!

어금니 질끈 물며 걸어가는 도기의 날선 표정 위로.

1화 끝.

TAXI DRIVER

두 번째 운행

2화

저도 장담할 수가
없어요

S#1.   경찰서 내 휴게실. 낮

탁자에 이동재 실종 전단지 '탁' 내려놓는 최 주임.

전단지가 반으로 접혀 있어서 동재 얼굴은 보이지 않는다.

최 주임	오랜만이야 고은아. 그동안 잘 지냈지?
고은	말이랑 행동이랑 몹시 안 맞는 거 알죠?
박 주임	우리가 장 대표님 방에서 찾은 거야.
고은	?
박 주임	이상하지?
고은	뭐가요?
최 주임	아무래도 대표님이랑 김도기 기사, 몰래 뭐 하고 있는 게 틀림없어.
박 주임	나도 행님 의견에 한 표.
고은	?

고은, 실종 전단지 펴 보려는데 휴게실로 여 과장이 들어온다.

여과장	안 순경 지금 바빠? 처리할 게 좀 밀렸는데.
고은	아! 네. 지금 바로 가겠습니다. (일어나며) 미안해요. 일하다 중간에 나와서. 나중에 다시 얘기해요.
최 주임	어어. 그래. 바쁜데 어서 들어가.
박 주임	몸 잘 챙기고.

고은, 실종 전단지 내려놓고 급하게 나간다.

최 주임	많이 바쁜가 본데.
박 주임	고은이는 잘 지내고 있는 거 같은데. 방해하지 말고 가자 행님.
최 주임	(결심한 표정) 안 되겠다. 우리 둘이 직접 나서자.
박 주임	?
최 주임	정면 승부다.
박 주임	정면 승부?
최 주임	(단호한 표정) 나한테 생각이 있어. 따라와.

자신감 넘치게 가는 최 주임.
멍하게 보고 있다가 뒤따라가는 박 주임.

박 주임	행님 지금 설계하는 거야? 너무 멋있어.

S#2. 고은의 정보과 안. 낮
자리에 앉는 고은. 일이 손에 안 잡힌다.

자판 끌어당겨 타이핑하면, 모니터에 이동재 실종 전단지가
뜬다.

고은   …

정보과에 앉아 있는 고은. 실종 전단지를 보다가, USB를 컴
퓨터에 꽂는다.
모니터 화면 속에 또 다른 모니터 화면이 작게 뜬다.
주변 살짝 둘러보고는 빠르게 타이핑하는 고은. 심란한 한숨
내쉰다.
출입국 관리 화면에 '김도기. 출국' 상태로 표시되어 있다.

고은   …

S#3.   (코타야) 배 안. 낮
            더없이 맑고 푸른 바다와 하늘과 이국적인 풍경에 감탄하는
            신입들.
            가이드, 쉴 새 없이 수다 떨고 있다.

가이드   스킨스쿠버, 서핑, 주말마다 배우기 싫어도 하게 될 거예요.
신입1   공고에는 숙식 제공이라고 되어 있던데 따로 내는 돈은 없는
            거예요?
가이드   없죠. 제공인데. 해산물 좋아해요? 샥스핀, 캐비어 같은 거 반

찬으로 매일 먹게 될 거예요.

신입들, 듣기만 해도 마음이 부풀어 오른다.
도기, 무심히 바다 보고 있다.

S#4.　　　(코타야) 선착장 / 콜 밴 안. 낮
　　　　　신입 두 명, 선착장 배경으로 사진 찍고 있다.
　　　　　도기, 일행들과 거리를 두고서 안경테 끝에 장착된 전화로 통
　　　　　화하고 있다.

장 대표　　혼자서 정말 괜찮겠어?
도기　　　이동재는 분명 이쪽 루트를 타고 왔을 거 같아요.

　　　　　도기, 누군가와 통화하며 껄껄 웃고 있는 가이드 본다.

도기　　　이제부터 알아봐야죠. 이동재가 여기에 왔었는지. 왔었다면
　　　　　무슨 일이 있었는지.
장 대표　　가이드 신원은 내가 한 번 알아보지.
도기　　　너무 무리하지는 마세요.
장 대표　　이런 거 옛날에는 다 내가 알아보고 다녔어. 무시하지 말라고.
도기　　　(픽) 무리하지 마시라고 한 건데.
가이드　　 다들 모이세요.

전화 끊고 일행들에 합류하는 도기.

가이드   짐 실은 차가 엉뚱한 곳으로 갔다네요? 아 참 귀찮게 됐네. 핸
드폰 다들 주세요. 현지 말 할 수 있는 사람이 받아야 되니까.

신입들, 가이드에게 핸드폰 준다. 도기 역시 순순히 핸드폰
건넨다.

S#5.   (코타야) 비포장길. 낮
비포장길 달리는 낡은 픽업트럭.
가이드만 트럭 조수석에 앉고, 신입 세 명은 짐칸에 앉아 있다.
조금 전과는 달리 인적이라곤 찾아 볼 수 없는 길.

도기   아까랑은 경치가 많이 달라졌네요?
가이드   일할 때는 또 이런 곳이 더 좋아. 공기부터 다르잖아.

맞은편에서 봉고차 한 대가 온다.
길 한가운데 차 세우는 가이드.

가이드   자아, 모두들 나를 보세요. 내가 여러분들에게 주는 마지막
꿀팁!

픽업트럭 옆에 멈춰 선 봉고차에서 괴한들이 내리더니 신입

1, 2와 도기에게 복면을 '확' 씌워 버린다.
놀라는 신입1, 2와 도기.

가이드   (씨익 웃는) 공부 열심히들 해!

괴한들, 신입1, 2와 도기를 봉고차에 태우고는 자리를 뜬다.
각자 왔던 길로 유턴해 돌아가는 픽업트럭과 봉고차.

S#6.   **콜 밴 안 / 고은의 정보과. 낮**
도기와 통신이 안 되는 장 대표.

장 대표   김 군 내 말 들리나? 김 군! 이게 갑자기 왜이래…

점점 불안감이 커지는 장 대표.
급하게 매뉴얼 펼쳐 놓고 이것저것 눌러본다. 계속 안 된다.
장 대표, 핸드폰 꺼내 고은에게 전화 걸려다가… 발신 버튼까지 진 누르지 못한다.
이러지도 저러지도 못하고 있는데, 핸드폰이 울린다.
발신자 '고은'

장 대표   !

장 대표, 받을까말까 하다가 받는다.

고은	대표님.
장 대표	내가 전화하지 말라고 했을 텐데.
고은	모니터 옆에 보면 하얀 버튼 보이시죠? 그거 누르면 돼요.
장 대표	어?
고은	하얀 버튼이요. 그거 눌러야지 제대로 작동돼요.
장 대표	(얼떨결) 하얀 버튼? (버튼 꾹)
고은	누르셨어요?
장 대표	그래도 안 되는데?
고은	대표님, 지금 제자리에서 뭐 하세요?
장 대표	(당황) 어? 나 지금 사무실인데.
고은	사무실 아니잖아요! 지금 제자리에 앉아 계신 거잖아요!
장 대표	…

전화 '툭' 끊어 버리는 장 대표. 분할 화면 사라진다.

고은, 의심이 확신으로 바뀐다. 벌떡 일어나 나간다.

S#7.   경찰서 안. 낮

박 주임, 형사1과 대화 중이다.

뒤에서 팔짱 낀 채 담담히 듣고 있는 최 주임.

형사1이 이동재 관련 서류를 들고 있다.

형사1	이동재 씨 건 저희 담당은 맞는데. 무슨 일 때문에 그러십니까?
박 주임	(이동재 관련 서류 보며) 그 서류 좀 복사해 갈 수 있을까요?

형사1	그건 곤란한데요.
박 주임	(최 주임과 몇 마디 주고받고는) 그럼 여기서 잠깐만 보여 주세요.
형사1	죄송하지만 담당 반장님 허락 없이는 안 됩니다.
박 주임	반장님 언제 오시는데요?
형사1	휴가 중입니다.
박 주임	부탁 좀 할게요. 확인할 게 있어서 그래요.
형사1	(짜증스레) 근데 두 사람 누구요? 변호사라도 됩니까?

박 주임, 최 주임과 뭔가 귓속말 주고받고는.

박 주임	제가 변호사면 볼 수 있는 겁니까?
형사1	??
박 주임	절 변호사라 생각하시고 잠깐만 봅시다.
형사1	이것들 뭐야?

최 주임, 크게 숨 들이마시곤.

최 주임	이봐요 아저씨!

깜짝 놀라는 박 주임과 형사1.

최 주임	(팔짱 스윽 풀고 앞으로 나서는) 그냥 보여 줘요. 내가 허락할게요.
형사1	(기가 찬) 당신은 또 누군데?
최 주임	누구냐고? 이 아저씨가 지금 큰일 날 소리하고 있어. 내가 여

기 서장이랑 어! 지난주에도 같이 밥 먹고! 어! 사우나도 같이
가고 어! 할 거 다한 사람인데 날 몰라?

형사1   (놀라 입이 안 다물어지는) …

최 주임   (기세등등) 서장 나오라 그래!

너무 놀라 할 말을 잇지 못하는 형사1.

<시간 경과>

유치장 문이 철컹 닫힌다.

철창에 바짝 다가와 서는 최 주임.

박 주임, 최 주임 앞으로 터벅터벅 다가와 선다.

형사1   (한심한) 나도 매일 서장님이랑 밥 먹는다. 구내식당에서.

돌아서서 가 버리는 형사1.

철창을 사이에 두고 마주 보고 있는 박 주임과 최 주임.

박 주임   행님…

최 주임   (주변 살피며) 잘 챙겼지?

박 주임   (뒤춤에서 이동재 서류 꺼내며) 이거 때문에 그렇게까지 한 거야?

최 주임   잘 갖고 있어. 부디 나의 희생이 헛되지 않게…

두 사람 사이로 손 하나가 불쑥 들어오더니 이동재 서류 낚
아챈다.

형사1	이건 또 언제 챙겨 갔어? 참 나.

이동재 서류 가지고 가 버리는 형사1.

최 주임	(애타게 손 뻗으며) 잠깐만요 형사님. 잠깐만요~!

다리에 힘 풀려 털썩 주저앉는 최 주임. 이 상황이 절망스럽다.

박 주임	(옆에 앉으며) 너무 걱정 마. 며칠 내로 풀려날 거야.
최 주임	(낙담) …
박 주임	(핸드폰 화면 보여 주며) 그리고 저 안에 있는 것들은 내가 다 찍었어.
최 주임	…?

최 주임, 박 주임 핸드폰 화면 휙휙 넘겨 본다. 정말 다 찍혀 있다.

최 주임	…이거 언제 다 찍었어?
박 주임	행님이 아까 형사랑 둘이 얘기 할 때.
최 주임	왜 진작 말 안 했니? 그랬음 나 여기 안 들어와도 되는 거였잖아.
박 주임	이렇게까지 할 줄 몰랐지.
최 주임	(원망의 눈빛) 가. 네가 더 나쁜 새끼야.

벽 쪽으로 휙 돌아눕는 최 주임. 등짝만 봐도 삐진 게 느껴진다.

박 주임   나오면 전화해. 배고프면 사식 좀 넣어 줄까?

대답 대신 벽 쪽으로 더 붙는 최 주임. 등짝만 봐도 단단히 삐진 거 같다.

S#8.   **인천 공항 로비. 밤**
박 주임, 여행 가방 옆에 둔 채 연신 시계 보고 있다.

박 주임   비행기 시간 다 돼 가는데 왜 안 와.

최 주임, 하와이안 남방에 태그도 떼지 않은 선글라스 끼고 잡화점에서 나온다.

박 주임   행님… 아, 왔으면 왔다고 얘기를 해야지. 무슨 일 생긴 줄 알고 걱정했잖아.
최 주임   시끄러. 너도 말 안 했잖아. 내가 복수한 거야.
박 주임   (말을 말자) 아유. 알았어 그래.
최 주임   파일은 다 뽑아 왔어?
박 주임   (파일 넘겨주며) 근데 정말 우리가 가는 게 최선일까?
최 주임   (갑자기 진지) 아직도 모르겠어? (이동재 파일 들어 보이며) 김도기 기사 지금 여기 혼자 있어. 무슨 일을 당하고 있을지 몰라.

박 주임   우리가 가서 김도기 기사 찾을 수 있을까?

최 주임   무조건 찾아야지. 나쁜 놈들한테 붙잡혀서 짐도 다 빼앗기고,
           밥도 못 먹고 있다고 생각해 봐. 우리가 빨리 가서 도와줘야
           된다고.

박 주임   …계획은 있는 거지?

최 주임   자세한 건 비행기 안에서. 가자!

           출국장으로 들어가는 박 주임과 최 주임.

S#9.   (코타야) 천금 철문방 안. 밤
           물세례 맞고 깨어나는 도기. 대롱대롱 거꾸로 매달려 있는 도
           기와 신입1, 2. 모두 물세례 맞고 깨어난다.
           도기, 철문방 안 둘러본다.
           핏물 베인 톱날과 쇠사슬, 각종 둔기들.
           정육점에서나 입을 법한 낡은 가운이 갈고리에 걸려 있다.
           의자 끄는 소리가 들려온다.
           도기, 몸을 움직이려 애쓰지만 쇠사슬이라 꿈쩍도 안 한다.

상만   (의자에 앉으며) 어지럽게 왜 매달아 놓고 그래. 고기도 아니고.
           내려.

           공중에 매달려 있던 신입1, 2, 도기, 바닥으로 살짝 내려진다.
           도기, 주변에 안경 찾는다. 선반에 놓인 복면들 사이에 안경

이 보인다.

무서워 눈치만 보고 있는 신입들.

부하1, 상만 앞에 의자 가져다 놓는다.

상만   (이력서 넘겨 보며) 오느라 고생 많았어. 이력서들 보니까 좋아
         아주.

도기   …

상만   (태블릿 꺼내 들며) 지금부터 설문 조사를 할 테니까. 해당되는
         사람 바로바로 손 들도록. (손 들며) 바카라 할 줄 아는 사람.

신입들   …?

상만   (내렸다가) 바둑이 할 줄 안다. (다시 들며) 부끄러워 말고 손 번쩍.

신입1   (눈치 보며 손 드는) …

상만   (고개 끄덕) 그 다음 포커 할 줄 안다. 손.

멀뚱멀뚱 보고만 있는 신입들.

상만   나만 얘기하고 있네. (뒤로 가며) 얘네 말하는 법 좀 가르쳐야
         겠다.

다시 허공에 끌어올려지는 도기와 신입들.

부하들, 신입들과 도기에게 마구잡이로 몽둥이질한다.

퍽퍽 맞으며 비명 지르는 신입1, 2.

상만, 물 한 잔 마시고 손짓하면 다시 바닥으로 내려지는 도
기와 신입들.

도기, 날 선 눈빛으로 상만과 부하들 노려본다.

상만 자아. 다시 한 번 물어볼게. 한 번이라도 온라인 게임 해 봤다. 손.

손 드는 신입1, 2. 도기도 뒤따라 손든다.

상만 (만족) 이제야 말이 통하네. (차분하고 친절하게) 그럼 지금부터 너희들은 인터넷에서 쌩쌩하게 돌아가게끔 각종 도박 게임을 만든다.

당황하는 신입1, 2.

상만 다 컴퓨터 전공이니까 잘할 거야.

부하1, 신입들 앞에 두꺼운 책들 던져 준다. 컴퓨터 프로그램 책들이다.

상만 혹시 모르는 거 있으면 책에서 찾아보고. 아침마다 검사할 거야.

신입1 … 혹시 지금 불법 도박 프로그램을 만들란 말씀인가요?

상만 아이고 똑똑하다.

신입1 저는 그냥 그래픽 디자인 전공이에요. 그런 프로그램은 몰라요.

| 상만 | 모르면 알려 줘야지. |

부하들, 바로 몽둥이로 신입1 후려친다. 픽 쓰러지는 신입1.

| 상만 | (빙긋) 처음엔 다들 모른다 그러다가 나중에 보면 다 잘하더라. |

도기, 강하게 몸을 틀어 보지만 풀리지 않는 쇠사슬.

| 도기 | … |
| 상만 | 자아. 각자 방으로 가서 공부 시작! |

부하들, 기절한 신입1 넥타이 잡아당기며 질질 끌고 나간다.
끌려 나가는 도기. 복면 속에 들어 있는 안경 돌아본다.

#천금 복도.
상만 일당들에게 이끌려 천금 복도 걸어가는 도기와 신입들.

| 상만(E) | 공부 열심히 하면 아무 일도 일어나지 않아. 근데 열심히 안 하면 옛말에도 있잖냐. 공부 못하면 몸이 고생한다고. |

복도 걸어오는 도기. 감금방 하나를 흘끔 보면 감금방 책상에 앉아 열심히 작업하고 있는 청년. 몸을 살짝 돌리자, 한쪽 바지가 펄럭인다. 발 한쪽이 없는 사람처럼.
반대쪽 방을 보는 도기. 또 다른 감금방에도 청년 하나가 반

쯤 넋이 나간 채 공부하고 있다. 한쪽 발목에 피가 배인 붕대
를 감고 있다.

도기   …

상만(E)   그러니까 다들 공부 열심히 하자!

어금니 질끈 물며 걸어가는 도기의 날선 표정.

S#10.   (코타야) 천금 독방. 밤
          최소한의 살림살이만 있는 감방 안으로 밀쳐지는 도기.
          두꺼운 책 하나가 옆에 '툭' 던져진다.
          밖에서 문 걸어 잠그는 부하1.
          창문에 쇠창살 흔들어 보는 도기. 제법 단단하게 박혀 있다.

도기   완전 감옥이네.

          바닥에 떨어진 낡은 컴퓨터 책 주워 드는 도기. 책 넘겨 본다.
          열심히 공부한 흔적이 가득한 중간 중간에 피 묻은 손으로
          책을 넘긴 흔적이 선명하게 남아 있다.

          플래시 인서트 천금 독방. 과거
          피 묻은 손으로 덜덜 떨며 책장 넘기며 공부하는 동재.
          눈물방울이 책장 위로 뚝 떨어진다.

책장 위에 말라붙은 눈물 자국 만져 보는 도기.

도기   …

복도에서 소란스러운 소리가 들린다.
문밖 상황 살피는 도기. 복도가 잘 안 보인다.
방 안 둘러보는 도기. 수건 집어 들어 벽 거울에 갖다 대곤 귀
퉁이 깨트린다.
소리 없이 세면대로 떨어지는 작은 거울 조각들.

S#11.   (코타야) 천금 독방 / 복도. 밤
독방으로 끌려 들어가던 신입2, 부하2 밀치고는 도망친다.
넘어진 부하2, 아파서 욕지거리만 할 뿐 쫓아가질 않는다.
뒤늦게 계단 내려온 부하들, 키득거리며 넘어진 부하2 핀잔
준다.
철사에 묶인 작은 거울 조각이 철창문 사이로 삐져나와 있는
게 보인다.
독방 안에 도기, 작은 거울 이용해 복도 상황 보고 있다.

도기   도망쳤는데 쫓아가질 않는다…

인서트 천금 건물 앞. 밤
의자에 앉아 잡지 보고 있는 한국인 문지기 옆으로 허둥지둥

도망치는 신입2.
한국인 문지기, 한숨 쉬며 일어나 어디론가 어슬렁 걸어간다.

S#12.   (코타야) 현지 식당. 밤
         무작정 식당 안으로 뛰어 들어오자마자 '쿵' 쓰러지는 신입2.
         식당 직원, 신입2 부축하며 뭐라 말하지만, 현지어라 무슨 말
         인지 모르겠다.

신입2   한국 대사관에 연락해 줘요! 코리아 앰버시!
직원   (못 알아듣겠다는 제스처) …

         한국인 식당 주인이 다가온다.

주인   누구세요?
신입2   살려 주세요! 저 지금 납치당했어요!
주인   (진정 시키며) 진정하시고, 제가 지금 바로 대사관에 연락할게요.

         식당 주인, 신입2 다독여 주며 핸드폰 꺼내 바로 전화 건다.

S#13.   콜 밴 안. 밤
         콜 밴 안에 컴퓨터들 전원이 일제히 들어온다.
         매뉴얼 보며 이것저것 눌러 보고 있는 장 대표.

| 장 대표 | 이상하다. 새로 부팅했는데 이게 왜 계속 안 되지? |

장 대표, 콜 밴 시동 걸 때처럼 막대기 가지고 컴퓨터를 '퉁퉁' 쳐 본다.

'파팍' 스파크가 튀며 전체 전원이 다 꺼진다.

장 대표, 어쩔 줄 몰라 하고 있는데, 콜 밴 문이 '벌컥' 열리며 고은이 문 앞에 서 있다.

화들짝 놀라 돌아보는 장 대표.

| 고은 | (콜록콜록) 이게 무슨 연기에요? |

S#14. (코타야) 천금 독방 / 복도. 밤

문틈 사이로 철삿줄 넣어 당기는 도기의 손.

조용한 복도에 방문 하나가 딸깍 열린다.

도기, 철창에 가는 철삿줄 걸쳐 놓고 밖으로 나온다.

마치 옛 수도원처럼 낡고 허름한 건물 복도 안.

도기, 성큼성큼 복도 지나 철문방 들여다보는데, 안경이 없다.

| 도기 | …? |

가까운 방 안에서 상만의 경박한 웃음소리가 들린다.

S#15.   (코타야) 천금 휴게실 안 / 밖. 밤
               대화 소리가 들리는 휴게실 앞으로 조용히 다가오는 도기. 문
               을 살짝 연다.
               상만과 부하들, 둘러앉아 술 마시며 카드 게임하고 있다.

상만   (술잔 내려놓고) 다음에 한국 들어가면 소주 좀 사 와라!
부하1   저도요. 향수병 올라 그래요.
부하2   형님. 그냥 우리도 한국 들어가면 안 돼요? 얘기 들어보니까
               보이스 피싱하는 애들은 한국 많이 들어간다더만.
상만   우린 다르지 새끼야. 피싱하는 애들이야 치고 빠지면 끝이지
               만, 우린 하루 종일 돌려야 되는데, 뭐 나 잡아가십쇼 할 일
               있냐?

               테이블 근처에 복면과 도기 안경이 아무렇게나 놓여 있는 게
               보인다.

S#15-1.   지하 정비실.
               장 대표와 고은, 테이블에 앉아 도박하고 있는 상만 일당을
               보고 있다.

부하2(E)   소식 들으셨어요? 형태 형님 쪽에서 만든 사이트 대박쳤다는
               데요. 300개 돌파했대요.
고은   이거 지금 온라인 도박 얘기하는 거 같은데요.

장 대표	불법 도박 사이트를 만드는 조직이라면… 점조직으로 이루어 져 있을 가능성이 커. 지금 김 군이 본 게 다가 아닐 수 있어.
고은	그 얘긴 김도기 기사님이 더 위험할 수 있다는 거잖아요.
장 대표	(근심 섞인 한숨) …

도기, 선반 위에 복면과 안경을 본다.

도기	…
부하1	부럽다. 300개… 우리가 저번에 거의 다 만든 거 형님이 날리 지만 않았어도 지금쯤.
상만	그 얘기 왜 또 꺼내, 이 새끼야.
부하1	아니 뭐. 속상해서 그렇죠. 속상해서.
상만	(눈 부릅) 아이고. 속상하게 해서 어쩌지? 졸라리 미안하다, 이 새끼야.
부하1	(화제 전환) 그 가이드 새끼한테 뒷돈이라도 찔러 줘야 되는 거 아니에요? 우리한테만 맨날 찐따들만 배달해 주는 거 같은데.
도기	…

갑자기 누군가 현관문을 '쾅쾅' 두드린다.
소리에 놀라 돌아보는 도기.

상만	두식이 형님 오셨나보다 나가 보자.

부하1, 2, 벌떡 일어나 도기가 있는 문 쪽으로 다가온다.

주변 둘러보는 도기. 숨을 곳이 안 보인다.
부하1, 손잡이 확 잡아 돌리며 문 열고 나오는데, 문 앞에 아
무도 없다.
창문 하나가 열려 있다.
부하1, 무심히 가서 창문 닫는다.

S#16. (코타야) 천금 현관 앞. 밤
도축한 고기 들 듯, 기절한 신입2를 어깨에 들쳐 멘 두식.
경박한 상만과는 차원이 다른 섬뜩한 느낌. 덩치도 제법 단단
해 보인다.
바닥에 연신 핏방울이 툭툭 떨어지고 있다. 신입2의 피다.

두식 문을 왜 이리 늦게 열어?

S#17. (코타야) 천금 휴게실 안 / 밖. 밤
기절한 신입2 바닥에 널브러져 있다.
간간히 경련 일으키는 신입2.
두식, 가죽 소파에 앉아 맥주 마신다.

두식 아직 성과 하나 못 낸 새끼들이. 애가 없어졌는데 카드놀이나
하고 있고. 화목한 집안이야.

상만과 부하들, 난간 위에 나란히 발 걸친 채 원산폭격 하고
있다.

상만   죄송합니다. 단도리 제대로 하겠습니다.

          한심한 표정의 두식, 뒤춤에 칼 빼들어 날린다.
          빠르게 날아가 상만 바로 옆 나무 장식장에 꽂히는 칼.
          원산폭격하던 상만 놀라 옆으로 쓰러진다.

두식   내일 이 새끼 발모가지 하나 못 쓰게 만들어. 시범 케이스로.

          휴게실 나가는 두식. 산통 깨진 상만과 부하들도 뒤따라 나간다.
          부하2, 나가다가 말고 휴게실에 창문이 열려 있는 걸 뒤늦게
          돌아본다.

부하2   언제 열어 놨지?

          부하2, 무심히 다가와 창문 닫고 나간다.
          선반 위 아무렇게나 놓인 복면 속 안경이 보이지 않는다.

S#18.   (코타야) 창문 밖 외벽 / 지하 정비실. 밤
          창문 밖. 사람이 겨우 서 있을 만한 외벽 난간에 서 있는 도기.
          안경 쓴다.

도기	대표님 들리세요?
고은(E)	어쩌죠. 대표님 지금 안 계세요. 아까 도망치셨거든요.
도기	고은 씨? (미소) 오랜만에 듣는 목소리네요.
고은	어떻게 된 거예요? 계속 연락이 안 됐다면서요.
도기	지금은 괜찮아요.
고은	지금 이동재 씨 때문에 거기 가 있는 거 맞죠?
도기	역시 고은 씨는 속일 수가 없다니까.
고은	(불안한) 근데 정말 괜찮은 거죠?

가볍게 웃음 짓는 도기. 안경 벗어서 자신을 비춘다.
고은의 모니터 화면에 도기의 모습이 나온다.

도기	괜찮은 거 확인했죠?

고은, 다치지 않은 도기 모습 보곤 입가에 미소가 지어지다가
뭔가 이상하다.

고은	(휘둥그레) 기사님 지금 어디에 서 있는 거예요??

문 열고 컴퓨터 부품들 가지고 들어오는 장 대표.

장 대표	김 군이랑 연락된 거야?
도기	(다시 안경 쓰며) 이놈들 목적은 처음부터 불법 도박 프로그램을 만드는 거였어요. 국내에서는 여의치 않으니까, 취업을 미끼

삼아 외국으로 공대생들을 꾀어내고 있었어요.

장대표   일단 철수했다가 준비해서 다시 가는 건 어때. 생각보다 위험
          할 거 같은데.

고은   내 생각도 그래요.

도기   지금 여기서 제가 사라지면 같이 온 다른 사람들이 위험해요.

고은   기사님 혼자서 어떡하려고요.

도기   고은 씨 프로그램 소스 하나 지금 나한테 전송해 줄래요?

고은   그건 어렵지 않죠.

콜 밴에 고은, 해킹용 키보드 꺼내 연결한다.
머리를 뒤로 묶고. 사탕 하나 입에 물고서 빠르고 경쾌하게
타이핑한다.

인서트 감금방. 밤
기절한 신입2를 거꾸로 매달아 놓은 두식.

두식   오늘 밤은 이러고 자라. (발모가지 만지며) 여기 피가 안 통해야
          내일 덜 아프다.

무덤덤하게 돌아서서 나가는 두식.

S#19.   (코타야) 현지 야시장 인근. 밤
         박 주임과 최 주임, 현지 야시장 거리를 캐리어 끌며 걸어온다.

최 주임, 가지고 온 지도 보며 건물 앞에서 멈춰 선다.
입구부터 어두침침한 것이 느낌이 좋지 않다. 볼수록 음산
하다.

최 주임	여기야.
박 주임	(주저하는) 여기… 확실해?
최 주임	봐 봐, 지도를 보면 이름이 같잖아.
박 주임	오, 행님 베트남어도 할 줄 알아?
최 주임	이거 영어 아니었어?
박 주임	…
최 주임	일단 들어가 보자. 뭐라도 있겠지.

마음 독하게 먹고 씩씩하게 건물 안 어둠 속으로 들어가는
두 사람. 얼마 지나지 않아 사색이 된 표정으로 다시 뛰쳐나
와 도망친다.
어두운 건물 안에서 '스윽' 모습을 드러내며 나오는 림 여사.
아우라가 여전하다.

림 여사	이 쌔스깨는 도착했니?

차 한 대가 건물 앞에 멈춰 선다.
부하들, 남자 하나를 끌어내려 림 여사 앞에 데리고 온다.
림 여사, 남자의 뒷머리채를 확 움켜잡는다.

림 여사	이 얼빤한 아가, 나를 속일 수 있다고 생각했니?
남자	내 두 번 다시는 안 그러겠소. 믿어 주오 림 여사.
림 여사	(차디찬) 잘 들으라. 나는 절대로 남자 따위 믿지 않는다. 이 쌔 쓰개 집에 가서 돈 될 만한 거 다 가져오고. (남자 보며) 이건 없 애라.
남자	(끌려가며) 살려 주오, 림 여사! 림 여사!

무심히 시장 쪽을 돌아보는 림 여사.
숨어서 보고 있던 박 주임과 최 주임, 황급히 몸을 낮춘다.
건물 안으로 들어가는 림 여사와 부하들.

박 주임	행님 도대체 어디를 찾아온 거야. 저 여자가 왜 저기 있어?
최 주임	나도 몰라…
박 주임	지도 줘. 내가 볼 게.
최 주임	그게 좋겠어. (뒤적뒤적) 그게 좋겠는데… 우리 짐 저기 놔두고 왔나 봐.
박 주임	(뜨헉) 우리 짐을? 전부 다?
최 주임	어… 돈이고 뭐고 전부 다… 네가 가서 가져와라.
박 주임	미쳤어! 행님이 갔다 와.
최 주임	나도 못 갈 거 같은데… (결심한 표정) 그냥 가자.
박 주임	우리 짐 안 찾고. 그냥 가자고?
최 주임	어차피 짐이야. 지도는 내 머릿속에 있으니까 최대한 빨리 가자.

최 주임, 일어나 바쁘게 출발한다.
긴가민가하면서 뒤따라가는 박 주임.

박 주임   (걱정) 행님 진짜 믿어도 돼?
최 주임   (재촉하며) 서둘러! 김도기 기사가 위험해!

S#20.   (코타야) 천금 독방. 낮
                독방 쇠창살 사이로 싱그러운 햇빛이 비친다.
                옆방에서 구타 소리와 함께 비명 소리가 들린다.
                상만, 부하1, 2 데리고 기분 좋게 독방 안으로 들어온다.

상만   좋은 아침이야. 숙제는 다 했냐? 보나마나 안 했지 뭐.

                도기, 김이 모락모락 나는 머그컵을 들고 창밖 풍경 보며 티
                타임 즐기고 있다.
                너무나도 여유로운 모습에 오히려 당황하는 상만과 부하1, 2.

상만   이 방은 분위기가 사뭇 다르네. 너 뭐하냐?
도기   여기는 공기가 참 좋네요. 그래서 그런지 오랜만에 푹 잤어요.
상만   (멍…) 저 새끼가 지금 나 놀리는 거 같은데. 이거 기분 탓 아
                니지?
부하1   (컴퓨터 화면 보며) 형님 여기 좀.

상만, 노트북에 작동되는 프로그램 보고는 역시 놀란다.

상만   뭐야? 이거 네가 한 거 맞아?
도기   아직 다 완성된 거 아니라 막 만지시면 안 돼요.

차 한 모금 음미하는 도기.
상만과 부하1, 2, 프로그램 보며 점점 환한 미소가 지어진다.

부하1   이거 대박인데. (나가며) 두식이 형님한테도 얘기할게요.
상만   (감동) 너 이 새끼… (보고 또 감동) 이야, 너 이 새끼!

S#21.   (코타야) 천금 휴게실 / 콜 밴 안. 낮
         휴게실 안으로 들어와 소파에 앉는 두식.

부하1   (노트북 세팅하며) 대박입니다 형님.

앞에 담담하게 서 있는 도기, 안경 만지작거리며 두식 사진
찍는다.
콜 밴 안에 고은. 능숙하게 두식 얼굴 캡처 한다.
노트북에 도박 게임 프로그램 메인 화면이 뜬다.

두식   (도기 보며) 이걸 네가 만들었다고?
도기   그럼 편의점에서 사 왔겠어요? 나가지도 못하게 해 놓고선.

두식	허허. 웃기는 새끼네.
도기	이런 거 안 하려고 여기 들어왔는데 (한숨) 또 이거 하고 있네.
두식	이런 거 만든 적 있어?
도기	전에 다니던 회사에서 잠깐.
두식	전에 어디서?
도기	있어요. 그 유데이터라고.
상만	유데이터… 아아! 유데이터! 거기 사장 폭탄 터져서 죽었잖아.
부하1	죽어요? 아닌데. 거기 사장 7년에서 최근 5년으로 감형 받았을 텐데.
상만	(갸웃) 박양진이 안 죽었어?
부하2	(갸웃) 박씨? 양씨 아니에요?

프로그램 보던 두식, 엔터키를 '탁탁' 친다.

두식	이거 안 되는데?

다가가 조작해 보는 상만. 프로그램이 안 된다.

상만	이상하다. 조금 전까지 분명히 됐는데. (도기 보며) 야 이거 왜 안 돼?
도기	아까 가져가셨을 때 잘 됐잖아요.
상만	봐 봐. 안 돼 이거.

도기에게 노트북 가져가서 보여 주는 상만.

도기, 몇 번 조작해 보더니 인상 찌푸린다.

도기   도대체 뭘 만진 거예요?

상만   내가 만지긴 뭘 만져 새끼야?

도기   핵심 코드가 몇 개 지워진 거 같은데. 일부러 지운 거 아니
         에요?

상만   듣자 듣자하니까. 내가 이걸 왜 지워 새끼야!

물끄러미 보고 있던 두식, 부하1, 2 쳐다본다.
바로 긴장하는 부하1, 2.

부하1   거짓말 아닙니다. 분명히 작동됐었습니다. 형님.

부하2   저도 확인했습니다. 형님.

두식   …

상만   이 새끼가 지금 대들어? 확 씨 그냥!

상만, 도기에게 손찌검하려는데 노트북이 날아와 상만 얼굴
에 '퍽' 맞는다.
노트북이 바닥에 떨어져 부서진다. 분위기가 순식간에 얼어
붙는다.

두식   어이 웃기는 친구. 프로그램 다시 만들어.

도기   …

두식   (상만 보며) 내가 너한테 뭐 하라고 그랬었냐?

상만   네 형님. 시범 케이스 준비하겠습니다.

상만, 아픈 얼굴 부여잡고 부하들에게 손짓하면.
부하1, 2, 갑자기 신입2 끌고 와 한쪽 다리를 꽉 붙든다.
상만, 두식이 던졌던 칼 빼든다.

도기   !

신입1, 너무 놀라 털썩 주저앉는다.

두식   도망치지 말고 성실하게 일하라고 보여 주는 거야. 알았어?
        필요한 거 있으면 말하고.
신입2   다신 안 도망칠게요! 한 번만 살려 주세요! 죄송해요!

상만, 신입2 앞에 앉아 발목 움켜잡고 칼 내려치면.
도기, 칼이 발목에 닿기 전에 달려가 상만을 밀친다.

상만   (열 받는) 죽고 싶나 이 새끼가!
도기   (버럭) 필요한 게 있으면 얘기하라면서요!
두식   ?
도기   (신입1, 2 가리키며) 저 두 사람 그래픽 전공이란 말이에요.
두식   …
도기   나 혼자 다 완성하려면 한참 걸린단 말이에요!
상만   (멱살 잡고) 새끼가 건방지네, 이거!

두식	됐다. 놔줘
상만	형님…!
두식	저 친구 필요하다는 거 해 줘. (도기 보며) 나도 약속은 지켜야지.

상만, 괘씸하지만 도기 멱살 놔주는데.

두식	다들 가서 일하고. (상만 보며) 넌 잠깐 있어.
상만	(?) 저만요?

도기와 신입1, 2 끌고 나가는 부하들.
두식, 겉옷 벗으며 자리에서 일어난다.

두식	지난번에도 그러더니. (다가오며) 혹시 일부러 장난질하는 거냐?
상만	아닙니다, 형님. 저 진짜 장난 안 쳤습니다, 형님.
두식	왜 그랬냐?
상만	아닙니다, 형님. 오해십니다, 형님!

S#21-1. **무지개 택시 회사 안. 낮**

고은	(가방 메며) 저 가서 제 장비 좀 갖고 올게요.
장 대표	(자판기 커피 건네며) 커피 한 잔하고 가.
고은	(받아 들며) 감사합니다.
장 대표	그러고 보니 오랜만에 만났는데 그동안 어떻게 지냈는지 물

어보지도 않았네?

고은	김도기 기사님이랑 이렇게 지내시면서 왜 저한텐 연락 안 하셨어요?
장 대표	그야… 잘 살고 있을 줄 알았지. 그러길 바랐고.
고은	(커피 들어 보이며) 대표님이 주시는 커피 오랜만에 마셔 봐요. (한 모금 마시고) 맛있어요.
장 대표	(미소)
고은	근데 박 주임님이랑 최 주임님은 어디서 뭘 하길래 연락이 안 될까요?
장 대표	아니야. 연락하지 말아. 아무것도 모르고 잘 살고 있을 테니까.
고은	알고 있던데요. 저한테도 왔다 갔어요. 한참 전에.
장 대표	(깜짝) 그래? 그럼 두 사람 지금 어딨어?

S#21-2.   **비포장도로. 낮**

짐을 실은 트럭이 비포장도로를 달리고 있다.

박 주임과 최 주임, 짐 뒤에 무임승차 한 채 가고 있다. 초췌해 보인다.

박 주임	행님 대체 우리 어디 가는 거야? 김도기 기사한테 가는 거 맞아?
최 주임	사실 나도 몰라. 이번에 서면 내리자.
박 주임	행님, 나 배고파. 사실 아까부터 많이 배고팠어.
최 주임	그래. 서면 꼭 내리자.

덜컹거리며 비포장길을 계속 달리는 트럭.

S#22.   (코타야) 천금 큰 감옥방. 낮

            각자 노트북 들고 도기 방으로 들어오는 신입 1, 2.

부하1   앞으로 여기서 같이 먹고 자고 하면서 만들어.

            문이 '퉁' 닫힌다.
            도기, 힘겨워하는 신입2를 침대에 눕힌다.

도기   괜찮아요?

신입2   나는 그냥 (울컥 눈물 쏟아 내며) 취직됐다 그래서 왔을 뿐인데요.

            도기, 신입1, 2 다독여 주고는.

도기   걱정 말아요. 우리 모두 무사히 집으로 돌아갈 수 있어요. 그
            러려면 두 사람이 나를 좀 도와줘야 돼요.

신입1, 2   …?

S#23.   경찰서 안. 밤

            고은, 자리에서 자신의 장비 챙기고 있다.
            형사1과 반장, 커피 마시며 고은 앞을 지나간다.

형사1	요즘 외국 나가서 유서 남기고 자살하는 사람들이 부쩍 늘지 않았어요? 뭔가 있는 거 같은데 인터폴에 공조 요청이라도 해 볼까요?
반장	강력 범죄도 아니고 유서까지 쓰고 자살한 건을 인터폴에서 퍽이나 해 주겠다. 안타까운 마음은 마음으로 끝내. 쓸데없이 일 키우지 말고.
고은	…

가방 둘러메고 나가는 고은.

S#24.   (코타야) 천금 복도. 밤
복도 순찰 도는 부하2, 창살 사이로 큰 감옥방 안을 들여다
본다.
신입1, 2, 도기를 중심으로 책상에 모여 앉아 열심히 작업 중
이다.
다시 가던 길 가는 부하2.
도기가 있어야 하는 자리에는 옷 뭉텅이가 있다.

S#25.   (코타야) 천금 건물 앞. 밤
술에 취해 잠들어 있는 문지기가 보인다.
문지기 뒤로 도기가 잠깐 보였다가 사라진다.

S#26.   (코타야) 천금 휴게실 안. 밤
             얼굴이 퉁퉁 부은 상만, 액정 깨진 노트북 USB 뽑아 PC에 연
             결한다.

상만   이상하다 이게 분명 잘 됐는데… 진짜 내가 뭘 잘못 만진
             건가…

             상만, 독수리 타법으로 컴퓨터에 타이핑한다.

상만   무식한 깡패 새끼… 사이트 완성되기만 해 봐.

             프로그램 다운 표시가 뜬다. 상만, 엔터키를 '탁' 치면.

             인서트 콜 밴 안
             콜 밴 안 고은의 모니터들에 일제히 데이터들이 '좌르륵' 들
             어온다.

고은   김도기 기사님. 지금 정보들 들어오고 있어요.

S#27.   (코타야) 달리는 택시 안. 밤
             비포장도로를 달리는 현지 택시 안.
             도기, 뒷자리에 앉아 있다.

도기	데이터에 이동재와 연관된 정보가 있는지 확인해 주세요.
고은(E)	네.

운전수가 휘파람 불며 운전 중이다.
조수석에 타고 있는 합승 손님도 운전수와 함께 휘파람 불고
있다.

고은(E)	그리고 그 대장으로 보이는 사람이 권두식이라고 조폭 출신 이에요. 살인 혐의로 인터폴에도 적색 수배 내려진 상태에요.
도기	(수긍이 간다) 다른 놈들이랑은 느낌이 다르긴 했어요.

도기, 택시미터기를 물끄러미 보고 있다.
미터기가 무슨 태엽 감듯 미친 듯이 올라간다.

도기	(영어) 저 택시미터기 고장 난 거 같은데.
운전수	(도기 스윽 돌아보며 서툰 영어) 어디서 왔어요? 중국? 일본? 한국?
도기	(영어) 한국.
운전수	(만면에 반가운 미소, 서툰 한국말) 오, 한국! 나 한국말 초큼 알아.
도기	…?
운전수	(택시미터기 가리키며) 이커 고장? 아니다. 청상. 맞다. 이 택시. 모범. 모범택시. 요큼 비싸.
도기	이게 모범택시라고? 아닌 거 같은데. 저 미터기도 조작된 거 같고.

도기, 조수석 앞에 붙은 택시기사 면허 사진과 운전수를 번갈아 본다.

도기   이제 보니 사람도 다른데.

갑자기 갓길에 멈춰 서는 택시.
조수석에 합승 손님, 품에서 흉기 '스윽' 꺼내 보이며 도기 노려본다.

운전수   (같이 흉기 꺼내며) 택시비 육팩만 원 나왔다! 요큼 내놔. 쌔키야!
도기   …

<시간 경과>
운전석에 도기, 택시 시동 걸고 출발한다.
만신창이 상태로 갓길에 앉아 있는 운전수와 합승 손님.
눈물 콧물 훌쩍이며 찢어진 옷 조각들 주섬주섬 챙기고 있다.

S#28.   (코타야) 도로 / 콜 밴 안. 밤
        현지 도로를 달리는 택시 안.

고은   김도기 기사님. 무슨 일 있어요?
도기   별일 아니에요. 혹시 이동재 관련 자료 나온 게 있어요?
고은   아직요, 데이터 대부분 그냥 프로그램들이었어요. 만들다가 만

	미완성 프로그램들… 이 사람들은 지금 다 어디로 갔을까요?
도기	어디로 갔는진 아직 모르지만, 여기 온 이유는 모두 하나죠.
고은	?
도기	귀하의 최종 합격을 축하드립니다… 모두 이 문자를 받고 온 사람들이에요.
고은	…
도기	공항에서 길 안내했다던 그 가이드 신원은 알아냈어요?
고은	진즉에 찾아 놨죠. 사무실까지 번듯하게 차려 놨던데요?
도기	…

비포장길을 달리는 도기의 택시.

S#29.   (코타야) 가이드 사무실 앞. 밤
두툼한 전대를 앞에 멘 채 사무실에서 나오는 가이드. 갓길에 택시 탄다.

가이드   (뒷좌석에 타며, 현지어) 시내로 갑시다.

출발하는 택시.

S#30.   (코타야) 달리는 택시 안. 밤
뒷자리에 앉자 전대 여는 가이드. 여권들이 수북하다.

여권 하나 꺼내 펼친 채 전화 거는 가이드.

가이드   거기 한국 대사관이죠? 실종 신고 때문에 전화했습니다. (여
               권 슬쩍 보며) 제 이름은 최영진이고요, 주민번호는 9.9.0.5.2.4.
도기   …

가이드   집에서 하도 두들겨 맞아서 제가 가출한 거거든요. 가정 폭력.
               (잠깐 전화기 막고 운전수에게 현지어) 이쪽 방향 아닌 거 같은데?
도기   …

가이드   그러니까 집에는 알려 주지 않으셨으면 좋겠어요. 이제 저는
               가정 폭력에서 벗어나 자유를 찾아 떠납니다. 아디오스.

               가이드 통화 마치고 전대 열어서 전화기와 여권을 집어넣고
               는 유난히 번쩍거리는 자신의 핸드폰을 꺼내 전화 건다.

가이드   야, 아직 판 안 끝났지? 금방 간다, 기다려!
도기   …
가이드   (창밖 보고는, 현지어) 이 방향 아니라니까. 진짜 혼나 볼래!

S#31.   (코타야) 외진 숲속. 밤
               택시, 헤드라이트가 켜지면 나무에 거꾸로 매달려 있는 가이
               드가 보인다.
               가이드 앞에서 전대 열어 내용물을 확인하고 있는 도기.
               여권 뭉치들 사이에서 동재 여권 찾아낸다.

도기	이런 식으로 실종 신고를 가출로 바꾸고 있었구나.
가이드	야, 너 뭐야! 당장 이거 안 풀어!
도기	(동재 여권 사진 보여 주며) 이 사람 어디로 갔지?
가이드	몰라! 그게 누군데!
도기	어디로 보냈어?
가이드	너 내가 얼마나 무서운 사람인지 모르지? 좋은 말 할 때 풀 어라!
도기	(한숨) 그래. 무서워서 풀어 준다, 내가.

도기, 칼 꺼내 나무에 묶어 놓은 밧줄 자른다.
굵은 밧줄 가닥이 조금씩 '툭툭' 끊어진다.
뒤늦게 바닥을 보고 소스라치게 놀라는 가이드. 바닥이 천길
낭떠러지다.

가이드	으아악! 잠깐… 잠깐만! 풀지 마 풀지 마!
도기	풀어 달라며.

칼질(?) 멈추고 택시 보닛에 걸터앉는 도기.
그런데 가닥이 풀린 밧줄이 알아서 조금씩 '투툭' 끊어진다.

가이드	으악! 저거 왜 저래! 묶어! 다시 묶어! 묶어 주세요!
도기	(동재 여권 들어 보이며) 이동재 어디로 보냈지?
가이드	난 몰라요! (투툭) 중간 지점까지 애들 배달만 했어요, 진짜예요!

밧줄 가닥이 끊어질수록 가이드는 조급해지고 도기는 차분하다.

도기   여기 모두 몇 팀이 운영되고 있지?

가이드   네 팀? 다섯 팀? 늘었다 줄었다 해서 나도 몰라요. 그냥 본사에서 시키는 대로 할 뿐이에요.

도기   …본사?

가이드   빨리 줄 잡아 줘! 끊어지겠어!

도기   (택시에 타며) 모르면 더 볼 일 없겠네.

가이드   이봐! 그냥 가면 어떡해!

도기   하나만 더 물어볼게. 너네 본사는 어디에 있냐?

가이드   (울고 싶다) 그걸 내가 어떻게 알아! 나도 전화 받고 하는 건데!

도기   그럼 내가 직접 알아봐야겠네. (번쩍거리는 핸드폰 챙기며) 아디오스.

도기, 정말 택시 타고 가 버린다.
밧줄 끊어지는 속도가 빨라진다.

가이드   야! 이봐! 진짜 간 거 아니지? 이봐요!

도기의 택시가 정말 멀리 가고 있다.
밧줄 가닥이 '투투툭' 끊어진다.

가이드   사람 살려! 사람 살려! 안 돼!

완전히 뚝 끊기는 밧줄. 공포에 질려 비명 지르는 가이드.
그런데 안 떨어졌다. 알고 보니 다른 밧줄이다.
눈물 콧물 흘리며 안도하는 가이드. 그런데 정신 차려 보니
아무도 없는 숲속에 여전히 거꾸로 매달려 있다. '아무도 없
어요? 사람 살려!'
야생 동물의 울음소리가 들려온다.

S#32.   (코타야) 현지 인적 드문 길. 밤
             인적 드문 어두운 밤길을 달리는 도기의 택시.

도기   …!

             도기, 순간 갓길에 뭔가를 봤다. 멈춰 서서 후진 기어로 바꾼다.
             살살 뒤로 후진하는 도기의 택시.
             서로에게 의지한 채 비몽사몽 나란히 걸어가는 박 주임과 최
             주임이다.

도기   …?

             박 주임, 바로 옆 택시 운전석에 도기를 흘끔 본다.

박 주임   형님… 나 헛것이 보이는 거 같아.
최 주임   그래? 나도 보이는 거 같은데…

하다가 화들짝 놀라는 박 주임과 최 주임. '김도기 기사!'

(코타야) 현지 식당 안 / 콜 밴 안. 밤

허겁지겁 밥 먹는 박주임과 최 주임. 몰골이 말이 아니다.

최 주임   괜찮아? 어디 다친 데는 없고? (허겁지겁) 밥은 먹고 다닌 거야?

박 주임   혹시 김도기 기사 어떻게 되진 않을까 해서 도와줄라고 왔어.

최 주임   우리가 왔으니까 김도기 기사 걱정 안 해도 돼.

도기   …

콜 밴 안 고은 모니터에 후줄근한 박 주임과 최 주임이 보인다.

고은   어쩐지 계속 연락 안 된다 했다. 도대체 언제 거기까지 간 거예요?

박 주임   오다가 중간에 림 여사 만나가지고 죽을 뻔 했어.

도기   ?

박 주임   어우 생각만 해도 소름 끼쳐. 도대체 그 여자는 왜 여기 있는 거야?

도기   …

S#34.   림 여사 거처.

왕따오지 사진에 도끼 던지는 림 여사.

S#35.	(코타야) 현지 야시장 / 콜밴 안. 밤

현지 야시장 입구에 주차된 택시에 도기.

도기	이동재는 분명 저들이 운영하고 있는 한 곳에 있을 가능성이 커요.
고은	위치가 어딘지도 모르고, 개수도 늘었다 줄었다 하면 우리가 어떻게 찾아낼 수 있죠?
도기	못 찾죠. 어딘지도 모르는데.
고은	그럼요?
도기	자기들이 스스로 한곳에 모이게끔 해야죠.
고은	사방에 흩어져 있는 어딨는지도 모르는 그놈들을 한곳으로 모은다고요? 그것도 자기들 스스로?
도기	그렇죠.
고은	그 사람들 송년회라도 한대요? 그게 어떻게 가능하냐고요!
도기	가능하게 해야죠.
고은	기사님 혼자서 그걸 어떻게 해요.
도기	혼자 못 하죠.
고은	(답답) 기사님 거기 혼자 있잖아요!
도기	나도 그런 줄 알았는데. 든든한 조력자가 있었어요.
고은	박 주임, 최 주임님이요? 아니 뭐 물론 도움이야 되겠지만…

도기, 옅은 미소 머금으며 시장 한 편을 주시한다.
뒷골목에서 수금하는 림 여사가 보인다.
도기, 택시에서 내려 트렁크 연다.

림 여사, 수금 끝내고 야시장 거리로 나오는데, 멀리 양주 가게 앞에 그 모습 그 자태로 서 있는 왕따오지가 보인다.

림 여사   !!!

왕따오지, 메모지에 뭔가를 적어서 주인에게 준다.

림 여사   와…왕따오지!

림 여사, 바로 손도끼 꺼내 쥐며 뛰어온다.
유유히 택시에 오르는 왕따오지.

림 여사   왕따오지!

택시가 이미 시장을 빠져나가고 있다.
림 여사, 택시를 쫓기엔 너무 멀어졌다.

림 여사   (통역하는 부하에게) 저 남자 여기서 뭐 하고 갔는지 물어 보라!

통역 담당 부하, 주인에게 질문하자 눈치 보며 쪽지를 건넨다.

부하   이 주소로 술 두 궤짝 배달해 달라고 했답니다.

쪽지 받아 드는 림 여사. 증오에 이글거리는 표정.

S#36.　　　　(코타야) 몽타주. 밤

현지 식당 앞.

오토바이에서 내리는 한국인 주인, 신입2가 찾아갔었던 그 식당 주인이다. 골목에서 작은 돌멩이 하나가 날아와 주인의 허벅지를 '툭' 맞춘다.

식당 주인, 한국말로 거칠게 소리 지르며 골목 안으로 들어간다.

잠시 투닥거리는 소리가 들리더니, 골목 밖으로 '툭' 쓰러지는 주인의 상반신.

안에서 누군가가 잡아당기자, 다시 골목 안으로 '휙' 들어가는 식당 주인.

천금 건물 앞.

문지기, 맥주 한 병 가지고 문 앞의 의자에 앉아 잡지책 펴든다.

편안하게 등받이에 기댄 채 맥주를 입으로 가져가는데, 누군가의 손이 문지기의 입을 막으며 '휙' 끌어당긴다.

어둠 속으로 속절없이 끌려 들어가는 문지기.

다시 조용해진 숙소 앞. 엎어진 맥주병에서 맥주가 '쫄쫄쫄' 흘러나오고 있다.

도기, 품속에서 핸드폰을 꺼내는데, 반짝이 장식의 가이드 핸드폰이다.

'형님 큰일 났습니다' 문자 메시지 보내고는 '휙' 던져버리는 도기.

천금 건물 안.

상만과 부하들, 술병들 사이에 아무렇게 널브러져 자고 있다.

S#37.   (코타야) 천금 건물 전경 / 복도. 낮

지붕 위로 햇빛이 눈부시게 떨어지는 아침.

부하들, 상기된 표정으로 뭐라 소리 지르며 허둥지둥 복도 지

나간다.

뭔 일인가 싶어 큰 방 문 철창을 통해 부하들 보는 신입1, 2.

S#38.   (코타야) 천금 휴게실 안. 낮

상만, 안절부절못하며 계속 전화 붙들고 있다.

안으로 들어오는 부하2, 3.

부하1   어디서 술 퍼마시고 뻗은 거 아닐까요?

부하2   (문 벌컥 열고 들어오며) 공항에도 안 나오고 연락이 안 된답니다.

상만   아 진짜 사람 열 받게! 가이드 이 새끼는 밤에 이상한 문자질

이나 하고… (문득 이상한 느낌) 야. 잠깐만.

조심스레 창가에서 거리 내려다보는 상만.

S#39.   (코타야) 천금 큰 감옥방. 낮

도기, 여유롭게 커피 잔을 들고 철창문 너머 거리 내려다본다.

신입1   (복도 보며) 다들 왜 저렇게 안절부절못하죠?

신입2   무슨 큰일이라도 난건가?

도기   …

S#40.   (코타야) 천금 위층 거실 / 큰 감옥방. 낮
         위층 거실.
         상만, 거리에 지나다니는 사람들을 유심히 보고 있다.
         다들 일상적으로 움직이는 사람들 사이에 뭔가 낯선 사람들
         이 보이는데 림 여사와 부하들이다.

상만   (망원경 빼앗아 보며) 뭐야, 저것들은?

         림 여사와 일당들을 보고 있는 상만과 부하들.
         림 여사, 주소가 적힌 명함을 들여다보고는 천금 건물 쪽을
         쳐다본다.
         순간적으로 몸을 숨기는 상만과 부하들.

부하1   형님, 저것들 아무래도 이쪽으로 오는 것 같은데요?

상만   야, 당장 내려가서 현관문 잠궈!

         큰 감옥방.

도기   우리 림 여사님은… 날 어떻게 생각하시려나?

       천금 건물 앞.
       림 여사의 일갈과 동시에 천금을 공격하는 십수 명의 일당들.

림 여사   왕따오지. 내 오늘 반드시 널 찢어 죽이고 말겠어!

       위층 거실.
       림 여사와 일당들을 지켜보던 상만, 핸드폰 다시 꺼내 문자
       빤히 본다.
       '형님 큰일 났습니다'

상만   (표정 확 굳어지며) 이런 개 씨! 야 빨리 튀어!

       림 여사의 부하들 일제히 연장으로 잠긴 문을 때려 부수기
       시작한다.

상만   연락 끊긴 애들 벌써 저 새끼들한테 당한 게 틀림없어!
부하1   (사색) 어떡하죠, 형님!
상만   (서둘러 짐 챙기며) 본사로 간다. 다른 팀한테도 바로 연락해!
부하1   다른 팀들한테요?
상만   가이드 새끼까지 잡혔다면 우리 조직 위치 들통 나는 건 시
       간문제야!

문이 부서지고 잠금쇠 푸는 림 여사 일당.

부하1   회장님 허락 없이 본사 들어가도 될까요? 혼날 거 같은데요?

상만   저 새끼들한테 잡혀 죽는 거 보단 혼나는 게 백번 나아! 빨리 애들 데리고 뒷문으로 나가!

큰 감옥방.
복도 뛰어오는 발소리. 잠긴 문이 '벌컥' 열린다.

부하1   전부 당장 나와!

도기   …

아래층.
문 부수고 안으로 들어오는 림 여사 일당.

건달1   우리 어떤 놈을 잡소?

림 여사   (빠드득) 여기서 제일 잘생긴 쌔스개를 찾으라!

사방으로 흩어지는 건달들.
'제일 잘생긴 쌔스개를 잡아라', '잘생긴 쌔스개를 잡아라!'

감옥 복도.
복도로 성큼성큼 들어서는 림 여사. 모든 감옥방 문들이 다 열려 있다.

건달1   아무래도 다 튀고 없제요.

            큰 감옥방으로 들어서는 림 여사. 책상에 왕따오지가 썼던 안
            경 집어 든다.

림 여사   왕따오지… 내가 꼭 따져 물어볼 게 있었는데… (절규) 왕따
            오지~!!

S#41.   (코타야) 비포장길 / 폐공장. 낮
            케이블 타이에 손이 묶인 채 달리는 트럭 뒤에 앉아 있는 도
            기와 신입들.
            도기, 전방에 낡은 폐공장을 본다.
            다른 차량들도 속속들이 폐공장으로 모여든다.

고은(E)   다른 팀들도 도착한 거 같아요.
도기   …

            입구에 검은 양복들, 기다리고 있다가 도기와 신입들 끌고
            간다.

S#42.   (코타야) 폐공장 앞마당. 낮
            폐공장 앞마당에서 기다리고 있는 두식과 열댓 명의 조직원들.

다가와 꾸벅 인사하는 상만.
두식, 상만이 고개 들자마자 연거푸 따귀 올려붙인다.

두식   허락 없이 여기 오지 말라고 했더니. 다른 팀들까지 다 불러
          들였어?

          주변에 부상당한 신입들을 강제로 안으로 끌고 가는 조직원들.
          부상당한 신입들 중엔 목발을 짚은 이도, 신입2처럼 머리에
          붕대 감은 이도 몇 명 보인다.

상만   죄송합니다. 상황이 너무 급해서.
회장(E)   상황이 급했다…

          두식, 꾸벅 인사하며 한발 물러선다.

두식   소란스럽게 해서 죄송합니다. 회장님.

          도기, 안경 올려 쓰며 회장을 찰칵 찍는다.

          인서트 콜 밴 안
          고은의 모니터에 아랫단부터 조금씩 뜨기 시작하는 회장.

고은   세상에 나쁜 놈들도 참 많다.

매칭 프로그램 돌리는 고은. 돌리자마자 바로 매치 표시 뜬다.
보자마자 소스라치게 놀라는 고은.

고은(E)   기사님. 저 회장이란 사람…

도기와 신입1, 2 앞으로 터벅터벅 뒷짐 진 채 걸어오는 회장
의 뒷모습.
고은, 멍하게 모니터 보고 있다.
매칭 모니터에 떠 있는 경찰 제복 차림의 형사 반장.

고은   경찰이에요… 이동재 씨 사건 담당 반장.

터벅터벅 걸어와 서는 회장(반장).

인서트 포장마차 안. 과거
반장, 냉장고에서 소주 꺼내 가고 있다.

여 과장   벌써 취하셨어, 반장님?
반장   할 수 있다고 해서 원칙 무시하고 선을 넘어가면 그때부턴
         경찰이 아니라 범법자지.

인서트 경찰서 안. 밤. 과거
전화 끊는 반장. 무거운 표정으로 동재 부 본다.

반장	필적 감정 결과 동일인이 맞답니다.
동재 부	(믿겨지지 않는) 그럴 리가 없어…
반장	이런 소식 알려 드리게 되어서 뭐라 드릴 말씀이 없습니다.

고은, 믿겨지지 않는 표정으로 모니터 보고 있다.
뒷짐 진 채 서 있는 회장(반장), 도기와 신입1, 2를 물끄러미
본다.

상만	(뭔가 혼란스런) 그렇지만 분명히… 제가… 애들도 연락이 두절 되고…
반장	내 생각엔 말이야. 어떤 놈이 수작 부린 거 같아. 여기 오려고.

회장, 상만 뒤에 서 있는 신입1, 2와 도기를 물끄러미 본다.

도기	…
상만	(납작 엎드리며) 죄…죄송합니다. 어떤 새끼인지 알아내겠습니다.
반장	그럴 거 없어. 매사 조심해서 나쁜 거 없어. 아직 유서 안 받은 애들 있으면 전부 받아 놓고 처리해.
두식	(꾸벅) 네.

조직원들, 도기와 신입들 폐공장 안으로 끌고 간다.

인서트 콜 밴 안
고은, 사색이 된 표정으로 앉아 있다.

고은   어떡하면 좋아…

S#43.   (코타야) 폐공장 내부. 낮

안으로 끌려 들어오는 신입1, 2와 도기. 그리고 다른 사람들.
상만, 사람들 위로 종이와 펜을 아무렇게 집어 던진다.

상만   지금부터 내가 부르는 대로 받아 적는다.

조직원들, 각자 하나씩 손에 무기 들고 사람들 에워싼다.
올가미, 포대자루, 쇠사슬 등등 하나같이 흉측한 것들이다.

상만   너무 힘들어요. 모두들 안녕.

놀라 당황하는 신입1, 2와 사람들.
트럭 한 대가 빈 드럼통들을 잔뜩 실은 채 안으로 들어온다.
상만, 도기와 신입1, 2를 포함해 머릿수 센다.

상만   (트럭 돌아보며) 럭키 세븐. 일차로 7개만 작업하자.

대여섯 명의 조직원들, 트럭에서 빈 드럼통들 내린다.
한쪽에선 조직원 몇 명이 삽으로 '푹푹' 시멘트 섞으며 물 반
죽을 시작한다.

상만   나머진 저녁 먹고 하고.

          씨익 기분 나쁘게 웃는 상만.
          도기, 구석에 쓰러져 있는 은색 양복을 입은 누군가를 발견한다.
          소매에 적힌 'Lee DJ' 이니셜. 동재다.

도기   !

          도기, 조심히 다가가 동재를 살피는데, 다행히 살아 있다.
          구석에 피 묻은 가방을 본다.

도기   …

          인서트 천금 복도. 과거
          여행 가방 들고 나오는 청년1, 2.

상만   공부 잘하면 이렇게 집에도 가잖아.

          고맙다고 연신 인사하는 청년1, 2.

          인서트 천금 인근 공터. 과거
          청년1, 2의 피 묻은 여권 사진 보고 있는 상만.

상만   아직 멀었냐?

드럼통 두 개에 마지막 시멘트 한 바가지 붓는 부하1, 2.
뚜껑 닫고 가만히 귀 대 본다.

부하1   다 됐습니다.
상만   하루 지나야 굳으니까. 그만 가자.

상만 일당, 피 묻은 여권과 청년1, 2 여행 가방 끌고 간다.
공터에 드럼통 두 개만이 덩그러니 놓여 있다.

다시 폐공장 내부. 여행 가방 물끄러미 보고 있는 도기. 어금
니 질끈 문다.

도기   …
상만   빨리 안 써 새끼들아! 외국에 경치 좋은 데서 혼자 잘 먹고 잘
         살겠다고 여기 온 새끼들이 말이야.

동재, 힘겹게 눈을 떠 도기를 본다.

동재   (들릴 듯 말 듯 힘없는 목소리) 누구…
도기   (다독거리며) 조금만 쉬고 있어요. 다 괜찮을 거예요.
상만   양심이 있으면 편지 한 장 정도는 남겨 줘야지. 이 이기적인
         새끼들아!
도기(E)   틀렸어.
상만   (인상 확 구겨지는) 뭐야. 지금 어떤 새끼가 대꾸했어!

도기	혼자 잘 먹고 잘 살겠다고 여기 온 게 아니라. 취직이 됐기 때문이야. 월급 타면 가족들한테 해 주고 싶은 게 많거든.
상만	(인상 팍) 너 이 새끼 미쳤어?
도기	(안경 벗으며) 그런 게 있어. 너 같은 놈들은 절대로 이해할 수 없겠지만.
상만	어라? 손은 언제 풀…

S#44.   (코타야) 폐공장 복도. 낮

철문이 '쾅' 열리며 복도로 내던져지는 상만.

도기, 복도로 나온다. 내부에 쓰러진 조직원들이 도기 뒤로 언뜻 보인다.

주변에 조직원들, 일제히 도기에게 달려든다.

도기, 기절한 상만의 허리띠 빼내 손에 감아쥔다.

수적으로 월등히 우세인 조직원들, 하지만 허리띠를 활용해 효과적으로 공격과 수비를 하며 한 명씩 제압해 가는 도기.

S#45.   (코타야) 폐공장 앞마당. 낮

회장의 차 트렁크에 현금 가방 옮겨 싣는 조직원들.

부하에게 상황을 전해 들은 회장, 격노한다.

반장	어떻게 그 많은 새끼들이 한 놈을 못 이기는 게 말이 돼!

두식의 지시에 주변 부하들, 연장 빼 들고 일제히 폐공장 안으로 뛰어가는데.

갑자기 경적 소리 울리며 길목을 가로막는 픽업트럭.

트럭에서 내리는 최 주임과 박 주임. 짐칸으로 떡하니 올라가 선다.

반장 (갸웃) 저것들은 또 뭐야?

두식 뭘 보고 있어! 치워 버려!

달려오는 부하들.

최 주임과 박 주임, 짐칸에 각종 폭죽과 화약을 집어 들어 불 붙인다.

갑작스런 불꽃에 당황하는 부하들.

박 주임과 최 주임, 다채로운 폭죽으로 쉴 새 없이 공격한다.

부하들, 다채로운 불꽃 공격에 우왕좌왕한다.

두식, 보고 있자니 열 받는다.

두식 그거 맞는다고 안 죽어! 빨리 안 치워!

짜증 치밀어 오르는 부하들, 옷을 방패 삼아 불꽃 막으며 다가온다.

점점 수세에 몰리는 박 주임과 최 주임. 열심히 불꽃 쏜다.

고은(E) 김도기 기사님이 사람들 대피시키는 중이니까 조금만 더 버터요!

박 주임   행님! 이 사람들 불 맞으면서 계속 와!

최 주임   조금만 더 버텨!

부하들, 기어코 픽업트럭 위에 박 주임과 최 주임을 공격하려
는데, 박 주임과 최 주임 뒤로, 불꽃들 사이를 뚫고 날아와 부
하들을 제압하는 도기.
부하들, 도기를 공격한다.
도기, 불꽃을 등에 업고 부하들과 맞붙는다.
최 주임, 트럭 뒤에 앉아 불꽃에 데인 손 '후후' 불며 아파하
고 있다.
박 주임, 놀란 표정으로 장갑 낀 손 들어 보인다.

박 주임   계속 맨손으로 만진 거야? 저 뜨거운 걸?

최 주임   …

고은(E)   최 주임님, 박 주임님! 부탁할 게 있어요!

인서트 콜 밴 안
모니터에 폐공장 내부 지도가 떠 있다.

고은   (지도 확대해 살펴보며) 이층 비상구 쪽에 전력실이 있을 거예요.

S#46.   (코타야) 폐공장 내 전력실 / 콜 밴 안. 낮

잠긴 문 몸으로 '쿵' 밀며 안으로 들어오는 최 주임과 박 주임.
먼지가 빼곡히 쌓인 변압기들이 철망으로 둘러 처진 전력
실 안.

최 주임   (어우 먼지) 찾았어.
고은(E)   전원 올리고, 네트워크에 절 연결해 주세요!
최 주임   알았어!

철망 문 '벌컥' 열고 들어가는 최 주임. 전원 스위치 찾아 올
리려다가… 멈칫.

최 주임   근데 고은아.
고은   왜요? 안 돼요?
최 주임   (변압기에 쌓인 먼지들 보며) 여기 꽤 오랫동안 안 쓴 거 같은데…
고은   그렇겠죠. 폐공장인데.
최 주임   (스위치 보며) 이거 켜다가 감전되진 안겠지?
고은   그니까 잘 살펴보고, 얼른 켜요!
최 주임   어… 잘 살펴보고 얼른 켜야겠지? 꾸물대면 안 되겠지? (독하
          게 마음먹고) 그래… 한 번 죽지 두 번 죽냐!

최 주임, 어금니 꽉 물고 스위치 올리려는데, 절연 장갑 낀 손
하나가 쑥 들어와 전원 올린다.
'우웅' 돌아가는 전력실 기계들.
박 주임, 장갑 벗어서 제자리에 놓는다.

박 주임	(장갑 벗어서 제자리에 놓는) 이럴 때 쓰라고 절연 장갑이 있는 거야. 아까 불꽃도 맨손으로 만지더니.
최 주임	역시 넌 천재야. (단자에 USB 꽂으며) 고은아, 연결했어.
고은	쌩큐.

콜 밴 안에 고은. 해킹 프로그램 돌리며 진입 시도하지만 잘 안 된다.

| 고은 | 운영 체제가 뭐길래 호환이 안 돼? 바빠 죽겠구면. |

의자 '차르륵' 밀며 옆 컴퓨터로 가는 고은. 다소 독특한 모양의 해킹용 키보드 당겨 와 실행하면, 모니터에 독사 이미지의 바이퍼 해킹 프로그램이 뜬다.
빠르게 타이핑하는 고은.
모니터에 알 수 없는 기호들이 빠르게 흐르다가 'CONNECT' 메시지가 뜬다.
고은, 엔터키 탁 누르면.

인서트 이미지
폐공장 내 곳곳에 불이 들어오기 시작한다.
벽에 설치된 낡은 CCTV 카메라에도 빨간 불이 들어온다.

콜 밴 안 모니터에 폐공장 내 곳곳의 CCTV 화면들이 보이기 시작한다.

몇 개는 깨져 있고. 몇 개는 먼지 때문에 흐릿하다.
토건실에 숨어 있는 신입1, 2와 사람들 확인하는 고은.

고은   1층 토건실에 사람들이 있어요.
최 주임(E)   오케이. 우리가 가 볼게!

고은, CCTV 살펴보며 김도기를 찾는다. 화면들 중 하나에 불
꽃이 보인다.

고은   많이도 쐈다. 대체 저 불꽃들은 다 어디서 구했대?

S#47.   (코타야) 폐공장 앞마당. 낮
           바닥에 불꽃이 거의 사그라든다.
           도기, 마지막 부하 하나를 업어치기하며 제압한다.
           상황이 심상치 않음을 느낀 반장, 급하게 차량 쪽으로 간다.
           도기, 반장에게 달려가는데, 갑자기 나타나 도기를 급습하는
           두식.
           불의의 일격에 휘청하는 도기.

도기   (입술 피 닦으며) 손이 매운데, 쌈질 많이 하고 다녔나 봐.
두식   (피식) 여전히 웃기는 새끼네.
도기   웃겨?

도기, 두식과 맞붙는다.

체력을 많이 소진한 도기. 격투 패턴이 달라졌다.

이전과 다르게 짧고 굵게 급소를 노린다.

막는데 급급한 두식, 연달아 급소를 가격당하며 허무하게 나

가떨어진다.

두식, 어금니 꽉 문 채 일어나려 애쓰다가… 정신 잃는다.

도기   거 봐. 안 웃기지.

반장의 차가 폐공장을 빠져나간다.

도기, 뒤쫓기엔 거리가 너무 멀다.

도기   내가 잡기에는 너무 멀어요. 고은 씨가 잡을 수 있어요?

고은(E)   못 잡죠. 난 한국에 있는데.

인서트 콜 밴 안

고은, 달리는 반장의 차 보며 빠르게 타이핑한다.

고은   하지만 가둘 수는 있죠. (엔터키 탁 치면)

반장의 차, 밖으로 나가려는데, 갑자기 정문이 '지잉' 닫힌다.

깜짝 놀라며 급정거하는 반장의 차.

반장   에이 씨 귀찮게!

반장, 바로 후진한다.

인서트 콜 밴 안
CCTV로 반장 차 확인하며 타이핑하는 고은. 뭐가 안 먹히는지 연거푸 엔터키 누른다.

고은   후문으로 도망치려는 거 같은데. 문이 안 닫혀요! 제어가 안돼요!

활짝 열려 있는 폐공장 후문.
'씨익' 미소 짓는 반장, 그대로 후문 밖으로 나가는데, 드럼통 실은 트럭이 달려와 반장의 차를 들이받는다.
'쾅' 충돌하는 반장의 차와 트럭.
반파된 채 멈춰 서는 반장의 차.
반장, 계속 시동 걸어 보지만 더 이상 움직이지 않는다.
운전대 '쾅쾅' 때리며 분노하는 반장.
트럭 문 열고 나오는 도기. 반장의 차로 다가온다.
반장, 차에서 내리자마자 권총 꺼내 도기에게 겨눈다.
걸음 멈춰 서는 도기.

반장   너 정체가 뭐야 이 새끼야!
도기   …많이 바빴겠어. 이 짓거리하랴, 경찰 공무 수행하랴.
반장   나를 알아?
도기   경찰 신분으로 스스로에게 부끄럽지도 않나?

반장	평생 발에 땀나도록 범죄자들 잡아봤자. 한국에선 다 소용없어. 결국 그놈들이 더 잘 살아. 그러니 어쩌겠어. 자기가 먹을 밥그릇은 자기가 챙겨야지. 안 그래?
도기	그래서 네가 챙긴 밥그릇에 뭐가 담겼는지 봤나?
반장	…?
도기	범죄를 저지르고, 진실을 은폐하면서, 추악하게 늙어 버린 비리 경찰 하나가 담겨 있는 게 보이는데.
반장	(허허허) 늙어 버린 비리 경찰이라. 근데 어떡하지? 늙은 나보다 (총 겨누며) 젊은 네가 더 빨리 죽을 건데.

방아쇠 당기는 반장. '탕' 하고 울리는 총소리.

인서트 콜 밴 안
'탕' 소리에 놀라는 고은.

고은	김도기 기사님!

들고 있던 총을 '툭' 떨어트리는 반장, 가슴팍 움켜잡고 앞으로 '픽' 꼬꾸라진다.
도기, 다가가 반장 확인하는데 심장에 총 맞아 죽어 있다.

고은(E)	기사님 괜찮아요? 지금 그거 총소리 맞죠!
도기	난 괜찮아요.

현지 경찰차들이 폐공장으로 들어온다. 총 겨누며 두 사람을
에워싼다.

현지 경찰(E)   (확성기) 모두 투항하라! 불법 총기 소지자는 모두 체포한다!

두 손 들고 투항하는 도기. 죽은 반장을 내려다본다.

<시간 경과>
현지 경찰들이 조직원들을 연행하고 있다.
최 주임과 박 주임, 감금된 사람들과 이동재를 데리고 나온다.

S#48.   동재 치킨집 안 / 앞. 밤
새로 가져온 동재 실종 전단지 포장지 뜯어내고 있는 동재 부.
가게 앞에 모범택시 한 대가 다가와 멈춘다.
모범택시 뒷문 열고 동재가 내린다.
실종 전단지 정리하고 있던 동재 부, 가게 앞으로 걸어오는
동재를 본다.

동재 부   …동재… 동재야…!

벌떡 일어나 동재에게 달려가는 동재 부. 아들 동재를 부둥켜
안는다.
오열하는 두 사람.

동재   아빠…

동재 부   됐다… 이제 다 됐다…

운전석에서 말없이 보고 있는 도기.
조용히 출발하는 모범택시.

S#49.   도로. 밤

밤거리를 달리는 모범택시.

고은(E)   그들이 운영하던 불법 사이트들은 찾아서 다 폐쇄했어요.

도기   수고 많았어요, 고은 씨.

고은(E)   그 말 말고요.

도기   ?

고은(E)   그거 있잖아요. 그거.

'픽' 웃는 도기. 운전대 옆에 무전기 뽑아 든다.

도기   5283 운행 종료합니다.

인서트 지하 정비실 안
헤드셋 벗는 고은. 그제야 긴장이 풀린다. 기분 좋은 미소가
번진다.

인서트 달리는 차 안. 낮

운전하는 박 주임과 조수석에 최 주임.

최 주임, 누군가와 전화 통화하고 있다.

최 주임	대표님. 우리 그냥 살고 싶은 대로 살게 해 주세요.
박 주임	(단호한) 우리 지금 가요! 또 쫓아내시면 안 돼요!
최 주임	벌써 끊었어.
박 주임	들으셨을까?
최 주임	(빙긋) 못 들었으면 만나서 다시 얘기해.

S#50. 고은의 정보 과장실. 낮

TV에서 해외에서 불법 납치, 감금 폭행 혐의로 국내로 송환
되고 있는 두식과 상만의 모습이 나온다.

공항 로비 걸어오는 두식. 카메라 향해 소리친다. '내가 뭘 잘
못했다고!'

TV 보고 있던 여 과장, 고은이 내미는 봉투 받아 든다.

여 과장, 봉투 뜯어보면 사직서다.

여 과장	(한숨) 계획은 있고?
고은	제가 있어야 할 자리로 돌아가려고요.
여 과장	안 순경이 있어야 할 자리가 어딘데?
고은	(미소 지으며 경례) 그동안 감사했습니다.

돌아서서 나가는 고은.

S#51.   지하 정비실. 밤
        불이 들어오는 지하 정비실.
        장 대표, 고은, 박 주임, 흰 천을 모두 걷어 낸다.
        최 주임, 기분 좋게 전화 끊는다.

최 주임   회사에서 사표 수리 끝.

박 주임   뭐?

고은   어머 웬일. 나둔데.

박 주임   뭐어?!

        도기, 지하 정비실로 들어온다.

장 대표   어서 와.

고은   왔어요?

박 주임   왔구먼.

최 주임   (애정 어린 잔소리) 거 좀 빨리 빨리 좀 다니지.

        편안하게 웃는 멤버들.
        CCTV 화면에 경리실 문 두드리는 남자(온하준)가 보인다.

온하준   오늘부터 첫 출근하기로 한 온하준입니다! 아무도 안 계세요?

그 누구도 CCTV 화면을 신경 쓰지 않고 있다.

동료들을 보는 도기. 모두가 늘 있던 자리에 여전히 있는 느낌이다.

장 대표	자, 이제 다 모인 건가?
도기	그럼 다시 시작해 볼까요?

인서트 국도. 낮. 과거 (1부 국도와 동일 장면)

한적한 도로를 달리던 호송차가 갑자기 뭔가에 '쾅' 부딪히며 뒤집어진다.

놀라 비명 지르는 교도관과 죄수들. '뭐야!'

달리는 탄성 그대로 뒤집어진 채 쭉 미끄러지는 호송차.

인서트 모텔 앞. 낮. 과거 (1부 모텔방과 동일 장면)

줄줄이 연행되어 나오는 죄수 세 명을 에워싸는 취재진.

죄수2	우리 탈옥 안 했어요!
죄수1	우리 아니라고! 진짜 억울하다고!

죄수1의 우렁찬 절규가 맞은편 건물을 타고 '쭈우욱' 올라가면.

인서트 맞은편 건물 옥상. 낮 (1부 맞은편 건물 옥상과 동일 장면)

연행되고 있는 죄수 세 명을 물끄러미 내려다보고 있는 택시 멤버들.

돌아서서 나란히 걸어오는 택시 멤버들.
하이파이브 하는 박 주임과 최 주임, 사탕 입에 무는 고은. 담
담한 도기.
(분할 화면) 돈 가방 둘러메고 지하도 걸어오는 장 대표.

타이틀 '모범택시: 두 번째 운행' 뜬다.

S#52.   에필로그. (코타야) 폐공장. 낮. 과거
             '탕'하고 울리는 총소리.
             반장, 가슴팍을 움켜잡고는 앞으로 '픽' 꼬꾸라진다.
             도기, 다가가 반장 확인하는데 심장에 총 맞아 죽어 있다.
             그 모습이 라이플 조준경에 담긴다.

남자(E)   잘 처리했습니다.

             라이플 조준경이 죽은 반장에서 도기로 옮겨 간다.

남자(E)   어떤 놈인지 알아보겠습니다.

             조준경을 정면으로 응시하는 도기의 날카로운 모습.

                                              2화 끝.

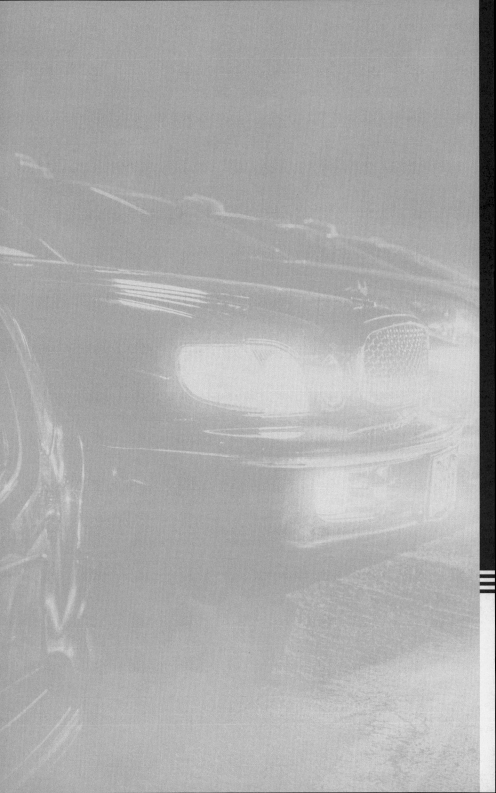

TAXI DRIVER

두 번째 운행

3화

자신을
탓하지 마세요

S#1.   달리는 택시 안. 낮

            뒷자리에 군인 승객, 통화 중이다.

군인   네. 15시에 연합 경호 파견 지원 끝내고 저는 본부로 복귀 중
            입니다. 작계 변경 사항은 따로 보고 드리겠습니다. 단결. (전
            화 끊고 뒤늦게 생각난 듯) 아, 기사님 제가 어디로 간다고 말씀드
            렸나요?

도기   특임대 파견 복귀하는 거면 이쪽 아닌가? 야간 투입 전까지
            는 도착할 듯 싶은데.

군인   (그제야 도기 알아보고는) 어? 대위님!

도기   (미소) 통화 내용 보니까 리더 된 거 같은데. 축하해.

군인   이게 얼마 만에 뵙는 겁니까? 가만 제가 지금 건방지게 뒷자
            리에서 (벨트 풀며) 앞자리로 옮기겠습니다.

도기   운전 중엔 움직이는 거 아닙니다, 손님.

군인   아, (다시 벨트 하며) 죄송합니다.

옅은 미소 머금은 채 담담하게 운전하는 도기.

S#2.   부대 앞 운동장. 낮
          바리케이드 지나 훈련장 입구로 들어오는 도기 택시.

군인   (즐거운 무용담) 마지막 하반기 훈련 때 우리 팀 전멸하고 다 졌
          다고 생각하고 있었는데, 대위님 혼자 혈혈단신으로 전선 뒤집
          어 버린 거, 아직도 전설처럼 내려오고 있어요.

          도기, 택시 세우고 시간 확인한다.

도기   늦지 않게 잘 왔네.
군인   어. 벌써요?

          아쉬운 표정으로 택시에서 내리는 군인.
          운전석 문 열고 나오는 도기.

군인   (조심스레) 혹시 다시 오실 생각은 없으십니까?
도기   …
군인   대위님 복귀하신다고 하면 다들 좋아할 겁니다.
도기   복귀 생각 없어.
군인   혹시, 특수 보안이나 민간 경호 쪽으로 생각하고 계신 겁니까?
도기   아니.

군인	그럼 어느 쪽으로…
도기	(택시 퉁퉁 치며) 택시 운전하잖아.
군인	아… 네…
도기	늦겠다. 어서 들어가 봐.
군인	네. (정자세) 뵙게 되어 너무 반가웠습니다. (경례) 단결.
도기	(미소로 경례 받아 주는)

군인, 돌아서서 가려면.

도기	잠깐만.
군인	(돌아보며) 네?
도기	택시비 내고 가야지.
군인	아! 죄송합니다. (급하게 카드 꺼내며) 카드 여기 있습니다.

카드 긁는 도기. 영수증 챙겨서 군인에게 건넨다.

도기	잘 지내고, 팀원들한테 안부 전해 줘.
군인	(밝은 미소) 네. 꼭 연락 주십시오, 대위님.

돌아서서 뛰어가는 군인.
도기, 흐뭇하게 훈련장 풍경 보다가 다시 택시에 타려는데,
훈련생들과 구보 중인 훈련 조교, 호루라기를 '삐익' 분다.

도기	!!

플래시백 이미지 도기 모의 집
가스레인지 위에 수증기를 내뿜으며 소리 내는 물 주전자.

도기, 비틀하며 열린 차 문 붙잡는다.

플래시백 이미지 도기 모의 집
피가 흥건한 방 안.

호루라기 불며 훈련생들 통제하는 조교의 모습이 일렁인다.
정신 붙잡으려 애쓰는 도기.
조교의 호루라기 소리가 마치 공격하듯 도기를 덮친다.

플래시백 이미지 도기 모의 집
피 묻은 방 안에 쓰러져 있는 도기 모의 발.

차 문 꽉 붙잡고 버티는 도기. 숨이 잘 안 쉬어진다.

플래시백 이미지 도기 모의 집
피 묻은 칼을 쥐고 있는 도기.

무릎 털썩 꿇는 도기. 숨을 쉬려 안간힘 쓰지만 잘 안 된다.

플래시백 이미지 도기 모의 집
주방에 쓰러져 죽어 있는 도기 모의 피 묻은 발.

넋이 나간 채 우두커니 서 있는 도기.
레인지 위에 올려놓은 물 주전자에서 수증기 내뿜으며 휘슬 소리가 울린다.

쓰러져 머리 감싸 쥔 채 고통스러워하는 도기 모습 위로.
'모범택시: 두 번째 운행' 타이틀 뜬다.

S#3.   문구점 앞. 낮
        택시 손님 내려 주는 도기.
        다시 출발하려다가 문구점 돌아본다.
        문구점 입구에 호신용 호루라기 세트가 걸려 있는 게 보인다.

도기   …

S#4.   동네 놀이터. 낮
        10살배기 아이 두 명이 손에 호루라기 든 채 서 있다.

아이1   정말 이거 불면 아이스크림 주는 거예요?

        도기, 벤치에 아이스크림 봉지 올려놓는다.

도기   혹시나 아저씨를 불러도 대답 안 하고 누워 있으면 너무 피

곤해서 그런 거니까 저거 갖고 가서 친구들이랑 나눠 먹어. 알았지?

아이2   네. (하고 바로 불려는)

도기   (움찔) 잠깐만!

아이2   ?

도기   아저씨가 신호 주면 불어 줘.

도기, 일어나 심호흡 한다. 막상 하려니 긴장된다.

도기   (자기 최면) 괜찮아. 이게 뭐라고… 별 거 아니야. 괜찮아.

아이2   (다시 호루라기 불려는데)

도기   (흠칫) 아직 아니야!

아이1, 2, 의심의 눈빛으로 도기 본다.

아이2   (친구에게만 들리듯) 저 아저씨 겁쟁이인가 봐.

아이1   아저씨 하긴 할 거예요?

도기   …

아이1   이제 해요?

도기   …

아이2   해요?

도기   …

<시간 경과>

아이 1, 2, 아이스크림 봉지 가지고 가서 친구들과 나눠 먹는다.

도기, 택시 운전석에 힘없이 앉아 있다.

호루라기 입에 물고 불어 보려다가… 다시 뗀다.

핸드폰이 울린다. 발신자 '장 대표' 확인하고 전화 받는 도기.

도기   네. 대표님.

S#5.   인천 공항 로비. 낮

              장 대표, 전화 통화하며 여행 가방 끌고 로비 걸어가고 있다.

장 대표   그 반장 가슴에 박힌 총알 탄피 출처가 한국으로 나왔다는
              구먼.

도기(E)   출처가 한국이라면 그 현장에 제3의 누군가가 있었다는 거
              네요.

장 대표   그래서 지금 알아보러 가 보려고.

도기(E)   대표님 혼자 가시게요? 들어오셔서 저랑 같이 가시죠.

장 대표   오케이. 지금 바로 들어가지.

              장 대표, 공항 직원에게 티켓 보여 준다.

              출국장으로 바로 들어가는 장 대표.

              인서트 활주로

              비행기가 한 대가 공항을 이륙한다.

S#6.   (코타야) 공항 앞. 낮
            공항 입구에서 나오는 장 대표. 길가 택시 바로 잡아타고 간다.

S#7.   (코타야) 현지 경찰서 안. 낮
            데스크에서 협조 공문 확인하고 현지 경찰.
            장 대표, 품 안에서 경찰 신분증 꺼내 보여 준다.

현지 경찰   Well, Detective Jang. How may I help you?

            미소 지으며 신분증 집어넣는 장 대표.

S#8.   (코타야) 폐공장 앞. 낮
            현지 사건 파일 보며 선착장 둘러보는 장 대표.
            반장이 총 맞고 쓰러진 장소에 다가와 선다.
            '탕' 하는 총소리.

            인서트 선착장. 과거
            반장, 가슴팍을 움켜잡고는 앞으로 '픽' 꼬꾸라진다.

            반장이 쓰러졌던 자리에 아직 화이트 마킹 흔적이 남아 있다.
            화이트 마킹 안에 들어가 서는 장 대표. 주변 지형 둘러본다.
            가파른 절벽 하나가 장 대표의 시선에 들어온다.

S#9.	(코타야) 폐공장 인근. 낮

절벽 위에 올라와 서는 장 대표. 바닥이 부자연스럽게 패인 자리가 보인다.

장 대표(E)	저격용…

저격 총 겨눈 채 엎드려 있는 남자가 언뜻 보였다가 사라진다. 자세 낮춰 바라보는 장 대표. 도기가 서 있었던 물가가 정확하게 들어온다.

장 대표(E)	실수가 아니야… 노리고 있었어.

S#10.	지하 정비실. 낮

최 주임, 흰 천을 걷어 내자 새로운 모범택시가 모습을 드러 낸다.

최 주임	(흐뭇) 어때. 잘 빠졌지?
고은	뭐. 나쁘지 않네.
최 주임	나쁘지 않다니. 진언이랑 내 연봉 여기 다 들어갔는데. (택시 퉁퉁 치며) 짜식. 잘 빠졌어.

커다란 가방 몇 개를 '퉁' 내려놓는 박 주임. 표정이 밝다.

박주임	회사 다 정리됐어. 이제 끝! 나도 여기 직원 등록해 줘.
고은	호봉 수는 지난번 그대로 맞출게요.
최주임	조금만 일찍 오지. 언박싱 다 했어.

최 주임, 가방들 안에 정체를 알 수 없는 부품들과 장비들 꺼내 본다.

최주임	이걸 왜 다 가져왔어?
박주임	왜 가져왔겠어. 써먹으려고 갖고 왔지.

최 주임, 털 달린 작은 장비 하나 꺼내 든다.

최주임	이건 마이크 같은데.
박주임	그냥 단순 마이크가 아니라, 올림픽 경기에서 사용하는 샷건 마이크라고. 방향만 잘 맞으면 백 미터 밖에서 사람 숨소리도 들을 수 있어.

박 주임, 소형 마이크를 모범택시 캡 위에 떡하니 올려놓는다.

박주임	이걸 여기다 딱 달아 놓고 운전대 옆에 방향키만 달아 주면 (스스로 감탄) 모범택시에 끝내주는 귀가 생기는 거지.
최주임	오오! 뭔가 있어 보이면서도 뭔가 없어 보여.
고은	비 오면 어떡해요?
박주임	…

최 주임	…
박 주임	(고심 끝에) 우산을… 씌워 줄까?
고은	(한숨 쉬며 고개 절레절레) 귀담아들은 내 잘못이지…
박 주임	(억울) 이런 거 나가서 구하려면 못 구한다고!
최 주임	내가 어디서 들었는데 천재들이 그렇게 멍청하대.
박 주임	그게 같이 쓸 수 있는 말이야?
최 주임	(마이크 보며) 이걸 네가 만들었어? (놀라는) 우와 천재! 이걸 저기다 단다고? 이런 멍청한 놈.
박 주임	(주눅) 좀… 아닌가?
도기(E)	사이드 미러에 달면 되겠네요.
고은	김도기 기사님 언제 왔어요?

도기, 어느새 들어와 듣고 있었다.

도기	양쪽 거울 내부에 달면 비 맞을 걱정도 없고, 사이드랑 같이 연동시켜 놓으면 방향키도 따로 설치할 필요 없을 거 같은데.

박 주임, 최 주임, 고은, '듣고 보니 그렇네. 오올~'

도기	현장에서 제법 유용하게 쓸 수 있을 거 같아요.
박 주임	기상 상황에 따라 최대 거리는 좀 달라질 수도 있어.
도기	안 들리면 내가 좀 더 다가가죠 뭐. 아쉬운 놈이 다가가야지. (박주임 향해 엄지 척) 달아 줘요.

밖으로 나가는 도기.
박 주임, 멍한 표정으로 도기 본다.

박 주임	행님. 김도기 기사가 원래 저렇게 스윗 했나?
최 주임	스윗 했어?
박 주임	어. 나 지금 엄청 달달해.
최 주임	그건 말이야. 널 물속에 처넣고 죽이려고 했기 때문이야.
박 주임	??
최 주임	그랬던 사람이 쬐끔만 잘해 줘도 너한텐 이만하게 보이는 거지.
박 주임	…
최 주임	(장비 들고 가며) 자, 말 나온 김에 사이드에 달자.
박 주임	(최면에서 깨듯 뺨 톡톡 치며) 박진언 정신 차려. 스윗 아니야. 자나 깨나 김도기 조심.

S#11.   장 대표실. 낮
         찻잔 내려놓는 도기.

도기	처음부터 노렸다고요?
장 대표	한 발로 심장을 명중시킨 거면 처음부터 사살할 목적이었다는 거지.
도기	수사는 그쪽 경찰이 알아서 하지 않을까요?
장 대표	아니. 현지 경찰에서는 더 이상 조사하고 싶지 않은 눈치였어.

도기	…
장 대표	물론 우리 역시 이동재와 다른 피해자들이 무사히 돌아왔으니 그걸로 다 됐다 싶다가도…
도기	무슨 걸리는 부분이라도 있으세요?
장 대표	만약 반장의 입을 막으려고 저격수까지 동원할 정도의 누군가가 진짜 있는 거라면. 그건 단순한 문제가 아니야. 김 군까지 그들 눈에 띄었을 테니까.
도기	(미소) 그러라죠. 저희도 뭐 가만있진 않을 거니까요.

도기의 미소에 같이 웃는 장 대표.

S#12.   무지개 택시 회사. 낮

온하준	가만있지 않으면… 저 때릴 거예요?

택시 앞에 서서 고은과 대치 중인 온하준.
온하준, 택시 운전석 손잡이에 걸터앉듯 서 있다.

고은	(참자) 내가 우리 착한 온 기사님을 왜 때리겠어요. 지금 택시 입고했죠. 그러면 내가 운행 일지를 가져가야 하겠죠?
온하준	얘기 드렸잖아요. 제가 갖다 드린다고…
고은	(한숨) 언제 갖다 줄 건데요?
온하준	10분 후?

고은	(째리면)
온하준	(눈치 보다) 5분 후?
고은	어째 답답한 느낌이 박 주임님이랑 비슷해.
박 주임(E)	온 기사~

휴게실 자판기로 가는 중인 박 주임과 최 주임.

온하준	(꾸벅) 안녕하십니까. 좋은 아침입니다.
최 주임	고은이 넌 왜 아침부터 애를 괴롭히고 그래?
고은	괴롭히는 거 아니거든요. (하준 보며) 5분 내로 갖고 와요.
온하준	네.

'휙' 돌아서 경리실로 가는 고은.

최 주임	온 기사도 커피 한 잔 할래?
온하준	(서둘러 주머니에서 동전 꺼내며) 전 괜찮습니다. 동전 드릴까요?
최 주임	동전 있어. 담에 줘.
온하준	(꾸벅) 네. 맛있게 드세요.
최 주임	짜식 볼수록 잘생겼어. 나처럼.
박 주임	누구처럼?
최 주임	나처럼.
박 주임	온 기사는 잘 생겼는데?
최 주임	…

투닥거리며 휴게실로 가는 박 주임과 최 주임.
도기, 사무실에서 나온다.

온하준   (황급히) 김도기 형님!

도기   (돌아보는) ?

온하준   저 좀 잠깐 도와주실 수 있어요?

도기   …?

온하준   (주변 눈치 보며) 제가 안전 운전했는데요. 갑자기 옆 차가 와 가
           지고.

온하준, 주변 둘러보고는 택시에서 슬쩍 비켜선다. 택시가 살
짝 긁혀 있다.

온하준   (한숨) 어떡하면 좋죠?

도기   (흠집 살펴보곤) 이 정도 흠집이면 도장 작업은 안 해도 되겠어요.

온하준   …?

도기   차량용품점에 가면 2만원짜리 커버펜 팔 거예요. 그걸로 덧
           칠하면 괜찮을 거예요.

온하준   정말 그러기만 하면 돼요?

도기   (끄덕끄덕)

온하준   (그제야 긴장 풀리며) 아이고… (덥썩 손잡으며) 고맙습니다, 형님.

도기   내가 뭘 한 게 없는데?

온하준   저 완전 쫀 거 있죠? (뛰어가며) 빨리 커버펜 사 와야지. (다시 정
           색하며 돌아와) 깜빡했다. 운행 일지.

운행일지 꺼내 급하게 뛰어가는 온하준.

도기, '픽' 웃으며 돌아선다.

S#13.   간이역 안. 낮

인적 없는 고즈넉한 간이역 안.

칠순을 넘긴 할머니 이임순. 간이역 벤치에 조용히 앉아 있다.

곱게 차려입은 한복 매무새 다시 만지는 이임순.

아지랑이 너머 기차가 온다.

멀리 다가오는 기차 보는 이임순. 소지품들 벤치에 가지런히

내려놓고 일어난다.

플랫폼으로 다가간다.

그런데 플랫폼 난간에 너무 바짝 붙어 있다. 마치 뛰어내릴

사람처럼.

기차가 점점 다가온다.

이임순, 눈을 지그시 감았다 뜨며 한 발짝 더 다가서는데 선로

밑에 스티커가 붙어 있는 게 보인다. '죽지 말고 전화하세요.'

이임순   …?

선로를 따라 띄엄띄엄 붙어 있는 스티커들.

경적으로 울리며 달려오는 기차.

살짝 떨어진 스티커 한 장 귀퉁이가 바람에 쉴 새 없이 팔락

거리다 뒤집어진다. 뒷면에 글귀가 보인다. '우리는 당신의

억울함을 듣고 싶습니다.'

이임순   …

다시 한 번 경적 울리는 기차. 간이역에 진입한다.
이임순, 다시 두 눈을 지그시 감는다.
거친 기계음 소리와 함께 이임순 앞을 덮치듯 빠르게 지나가
는 기차.

S#14.   몽타주. 낮
                 정비실.
                 선반에 삐삐가 울린다.
                 삐삐 확인하는 최 주임과 박 주임, 정비 중단하고 뒷문으로
                 나간다.

                 경리실.
                 책상에 부재중 팻말 올려놓고 나가는 고은.

                 도심 도로.
                 택시 운전 중인 도기. 선반에 삐삐가 울리는 걸 본다.
                 유턴하는 도기 택시.

S#15.	지하 정비실. 낮
	지하 정비실로 모여 있는 최 주임, 박 주임, 고은, 장 대표. 도기.
장 대표	이번 의뢰인은 나이가 좀 많으셔. 그런데 통화했을 때 첫마디
	가 다른 의뢰인들과 좀 달랐어.
고은	달라요?
	녹음기 재생 버튼 누르는 장 대표. 테이프가 돌아간다.
이임순(E)	내가 죽으면… 우리 애들한테는 아무런 그게 안 가는 거 맞
	지요?
	인서트 장 대표실. 낮. 과거
	장 대표, 최대한 침착하게 전화 통화한다.
장 대표	무슨 일인지 먼저 얘기해 주시면, 궁금하신 것들 다 대답해
	드릴게요.
이임순(E)	내 얘기는… 할 게 없어요. 다 내 잘못이라서.
장 대표	지금 어디세요? 그리로 차 한 대 보내 드릴게요.
S#16.	간이역 인근. 낮. 과거
	멀리 아지랑이 뚫고 모범택시가 온다.
	간이역 앞에 멈춰 선다.

S#17.	간이역 안. 낮. 과거

홀로 벤치에 앉아 있는 이임순 옆에 도기가 다가와 앉는다.

이임순	…?

바람이 부는 간이역 풍경 속 나란히 앉아 있는 두 사람, 고즈넉이 아름답다.
도기, 편지 봉투 하나 꺼내 벤치에 내려놓는다.

도기	여기에 할머님이 궁금하신 것들 다 적어 놨어요.
이임순	…

편지 봉투 집어 드는 이임순.

도기	그럼 이제 무슨 일이 있었는지 저한테 말씀해 주실래요?

서서히 떨리기 시작하는 편지 봉투 위로 눈물방울이 '뚝' 떨어진다.

이임순	다 내 잘못이구만요…
도기	…

고개 떨구는 이임순 위로 '계단 말고 엘리베이터' 트로트 음악이 경쾌하게 나온다.

S#18.	마을 초입. 낮. 과거

길가 쑥 캐는 할머니들과 이임순.

신나는 음악과 함께, 마을에 들어선 포터 트럭.

짐칸에는 유세하듯 맛깔 나는 목소리로 노래 부르는 유상기.

할머니들과 이임순. 다가오는 트럭을 돌아본다.

일당1, 2, 3, '효도 공연 대잔치' 전단지를 노인들에게 분주하게 나눠 준다.

세상 사람 좋아 보이는 얼굴의 유상기, 노인들에게 사랑스러운 미소 날린다.

유상기	어머니 아부지들. 저희 읍내 공터에 개업했어요. 놀러 오세요~ 나, 같이 살라고 이사 왔어~

환하게 웃으며 노래 부르는 유상기.

이임순과 쑥 캐던 할머니들, 트럭에서 노래 부르며 가는 유상기 모습에 웃음이 난다.

이임순(E)	처음 봤을 때부터 참 노래를 잘했어요.

S#19.	임시 공연장. 낮. 과거

간이 천막을 연결해 만든 매장 겸 공연장.

무대에서 트롯 공연을 하는 유상기.

박수 치며 흥겨워하는 노인들. 그 사이에 이임순이 보인다.

유상기, 노래하며 할머니에게 다가가 프로포즈하듯 한쪽 무릎을 꿇고 앉는다.
할머니의 진흙 묻은 신발을 무릎에 올려놓고 정성껏 손수건으로 닦는 유상기.
할머니, 유상기를 만류한다.
유상기, 신발 닦던 손수건을 허공으로 '탁' 치면, 장미 한 송이가 나온다.
할머니에게 장미 한 송이 건네는 유상기.
옆자리에서 보고 있던 이임순, 마냥 신기하고 재밌다.
유상기의 재롱에 박수 치며 좋아하는 이임순과 관객들.
일당들, 공연장 입구에 진열된 장수만세 의료 기기들 설명하고 있다.

일당1   할아버지가 건강해야 자식들도 좋아하죠.

<시간 경과>
유상기와 일당들, 할머니, 할아버지들, 이임순에게 음식 대접해 주고 있다.

할머니1   (눈치 보이는) 재미난 공연도 보고 밥까지 얻어먹었는데. 저런 것도 하나 사 주고 그래야 되는데…
유상기   에이 엄마. 그런 거 신경 쓰지 마. 저건 꼭 필요하신 분들만 사시면 돼요. 괜히 필요도 없는데 사고 그러면 나 정말 속상해. 자 이해하신 분들만 새끼손가락 들고 약속~

유상기의 재간에 자지러지게 웃는 할머니, 할아버지와 이임순.

이임순(E)   공연 보고 있으면 재미도 있고 하루하루 시간도 잘 갔어요.

밥 먹으며 두런두런 서로의 일상 이야기 나누는 할머니, 할아버지들.
손주 얘기며, 집안 얘기며 수다를 떤다.
이임순, 다 먹은 그릇 들고 일어나 간다.

할머니2   규남이네가 제일 딱하지. 아들 다니던 회사가 어려워져서 월
급도 제대로 안 나온다던데.
할머니3   집에 안 온 지 일 년 넘었지 아마?
할머니2   하나 있는 손주 계속 병원 다니잖어. 못 오지, 자주.
할머니3   규남이가 심성은 참 착한데 야속도 하지.

얘기 듣고 있던 유상기, 고개 돌려 이임순을 본다.
밥 먹은 거 쓰레기통에 일일이 치우고 있는 이임순.
유상기, 이임순 옆에 털썩 앉아 핸드폰 꺼낸다.

유상기   할머니 우리 같이 셀카 찍자.

수줍게 같이 사진 찍는 이임순.

유상기   자아! 오늘 여기 오신 우리 어머님, 아버님들을 위한 경품 추첨!

무대 위에서 경품 추첨하는 유상기.

경품이 하나같이 조악하고 자잘한 물건들이다. 효자손, 고무 장갑 등등.

유상기 자아, 대망의 1등 상품. 원적외선 감마 램프! 손주들 집에 놀러 오면 어때? 할머니, 할아버지 냄새 난다고 가까이 잘 오지도 않죠? 오기 전에 켜 두면 손주들이 더 좋아할 거예요. 냄새도 없애고 유해한 벌레도 죽이고 (투표함에 손 넣고) 대망의 1등은! 27번! 어디 계셔!

저마다 번호 확인하는 노인들. 이임순 손에 들린 번호표 대신 확인해 준다.

할머니2 규남네 뭐해! 27번이잖아! 여기 27번, 27번!

뭐가 뭔지 얼떨떨한 이임순.

자기가 뽑힌 거처럼 좋아하는 할머니들.

일당1 물건값은 저희가 다 내고요. 제세공과금 22%만 저희한테 납부 하시면 돼요.

이임순 나는 돈이 없어요. (경품 번호 주며) 다른 필요한 분한테 주세요.

유상기 (다가와) 에이. 1등이 아무나 뽑히는 건가. 그 제세공과금 22% 내가 대신 낼 테니까 그냥 갖고 가셔. (일당 보며) 이거 어머니 챙겨 드려.

이임순	아이구. 그러지 마. 나는 없어도 돼요.

극구 거절하고 나가는 이임순.
나가는 이임순을 가만히 보고 있는 유상기.

S#20.   읍내 간이 시장. 낮. 과거
시장 한 귀퉁이에 나물 한 광주리 늘어놓고 파는 이임순. 손님이 없다.
유상기, 옆에서 불쑥 나타난다.

유상기	어무니!
이임순	아이구 깜짝이야.
유상기	(미소 짓는) 엄마 요즘 왜 공연 보러 안 오셔?
이임순	미안해서. 가서 뭐라도 사 줘야 되는데.
유상기	엄마가 내 노래 들으러 안 오면 여기서 하지 뭐.

노상에서 트로트 노래 부르는 유상기.
시장 사람들의 이목이 집중된다.
괜찮다면서 만류하는 이임순.
유상기, 곤드레 한 주먹을 마이크 삼아 찰지게 노래 부른다.
잘한다.

유상기	곤드레~ 만드레~ 나는 취해 버렸어~! 오늘 집에서 곤드레밥

한 그릇 어떠셔들~! (다시 노래) 너의 사랑에 향기 속에 빠져 버
렸어~

구경하던 사람들 하나 둘씩 다가와 나물 사 간다.
이임순, 어쩔 수 없이 손님 응대하며 나물 판다. 듣다 보니 기
분도 좋아진다.

S#21.   이임순 집 안 / 앞. 낮. 과거
           이임순, 유상기에게 곤드레 밥상 차려 주고 있다.
           툇마루에 앉아 있는 유상기. 미소 머금은 채 핸드폰 보고 있다.

이임순   무슨 기분 좋은 일 있나 보네.
유상기   보여 줄까?

           핸드폰 사진 보여 주는 유상기.
           밝게 웃고 있는 어린 남자아이 사진이다.

유상기   우리 아들. 올해 다섯 살.
이임순   우리 손주도 올해 다섯 살인데. (보며) 아이고. 아빠 닮아 이쁘
           게두 생겼다.
유상기   우리 아들이 좀 아프거든. 병원에 있어서 자주는 못 봐.
이임순   …
유상기   이번에 좀 벌어서 아들 장난감 좀 많이 사 가려고. (기운 내며)

	아하! 많이 먹고 열심히 노래 불러야지. 잘 먹을게요, 엄마!
이임순	…

이임순, 대문 밖까지 나와 유상기 배웅한다.

| 유상기 | 밥 맛있게 잘 먹었어. 공연 보러 꼭 와요~ |

방으로 들어오는 이임순.
낡은 옷서랍 안쪽에서 돈 봉투 꺼낸다. 10만 원 조금 안 돼 보인다.

S#22.　임시 공연장. 낮. 과거
공연 중 이임순 환대하는 유상기. 손잡고 맨 앞자리로 데려와 앉힌다.
노래와 유상기 재롱이 마냥 재밌고 흥겨운 이임순과 노인들.

이임순	나도 물건 하나 사 주러 왔지.
유상기	돈 아끼려고 아픈데도 병원 한 번 제대로 안 가시면서.
이임순	아니야, 난 괜찮아.
유상기	나도 엄마 그 마음 알아. 그래도 이 돈 갖고 있으셔. 돈 떨어지면 자식들한테 손 벌려야 되는데. 그럼 또 자식들한테 미안해할 거잖아.
이임순	마음 씀씀이가 어찌 이리 이쁠까…

유상기 돈 쓰는 거 말고 나 다른 부탁 하나 해도 돼?

이임순 ?

S#23. **읍내 다방. 낮. 과거**

    신용 카드 발급 계약서에 사인하는 이임순. 막상 하려니 머뭇

    거리게 된다.

유상기 이거 발급만 받아도 나한테 몇 만 원 수수료가 나와. 엄마는

    이거 나오면 바로 버리셔도 돼.

    더없이 순한 미소 머금은 채 앉아 있는 유상기 얼굴을 보니

    거절도 힘들다.

    계약서에 사인하는 이임순.

    서류들 다 챙겨서 나가는 영업 사원.

유상기 엄마가 내 부탁 들어줬으니까. 나도 엄마한테 보답해야지.

이임순 무슨 보답이야. 난 괜찮어.

유상기 지난번 경품 1등 당첨된 거. 제세공과금 내가 대신 다 냈어.

    내가 내일 집으로 갖다줄게.

이임순 아이구. 그러지 마. 한두 푼도 아닐 텐데, 다시 돌려 달라고

    해. 애 아빠가 나 신경 쓰지 말고 애기 장난감 사 줘야지…

유상기 벌써 다 줘서 안 돼. 그러니까 이제 엄마가 집에 두고 써야 돼.

순박하게 웃는 유상기.

이임순, 유상기가 고마우면서 측은하다.

S#23-1.   지하 정비실. 낮

녹음기 일시 정지 버튼 누르는 장 대표.

유달리 안타까워하는 최 주임.

최 주임   아무데나 사인하고 그러시면 안 되는데.

박 주임   내 말이.

고은   아파서 병원에 있다는 다섯 살짜리 아들. 거짓말이에요. 있지

        도 않은 아들 아프다고 이임순 할머니한테 거짓말 한 거예요.

장 대표   동네 사람들에게 멀리 있는 아들과 아픈 손주 얘기를 듣고서

        는 일부러 그대로 따라 한 거야. 아들을 생각하는 마음으로

        자기를 바라보게 하려고 말이야.

도기   이임순 할머니는 멀리 힘들게 일하는 아들에 대한 측은함과

        미안한 마음을 갖고 있었어요. 그래서 노래 열심히 불러서 장

        난감 사 가고 싶다는 얘기를 그냥 지나칠 수 없었던 거죠.

박 주임   옛날 우리 할머니도 장롱 깊숙한 곳에 숨겨 놓은 돈은 웬만

        해선 잘 안 꺼내셨어. 그걸 꺼내서 주려고 했다는 건 정말 할

        머니가 친자식처럼 저놈을 생각한다는 거잖아.

최 주임   (한숨) 나쁜 놈인줄도 모르고.

멤버들   …

장 대표, 다시 녹음기 재생 버튼 누르면.

S#24.　　　임시 공연장. 낮. 과거
　　　　　　나물들 갖고 공연장 지나가는 이임순.
　　　　　　유상기, 반갑게 이임순에게 뛰어간다.

유상기　　　나물 팔러 시장 가셔 엄마?

이임순　　　어어. 날 좋을 때 가서 좀 팔까 하고.

유상기　　　그럼 지난번처럼 나도 같이 팔아 줄까?

이임순　　　아이구. 그러지 말아. 괜히 고생이야.

유상기　　　엄마 여기 잠깐 봐줄 수 있어? 나 잠깐 가서 밥 좀 먹고 오려고.

이임순　　　어어. 그래. 여기 걱정 말고 가서 많이 먹고 와.

유상기　　　여기 써 있는 가격대로 돈 받아야 되는데. 엄마가 공짜로 주
　　　　　　고 싶으면 (웃는) 공짜로 줘도 돼.

이임순　　　공짜로 주면 어떻게 해. 받을 돈은 받고 팔아야지. 어서 가 밥
　　　　　　먹어.

　　　　　　이임순, 나물 옆에 치워 두고 판매대 앞에 앉는다.
　　　　　　지나가는 사람들, 다가와 물어본다.

이임순　　　그냥 드리는 게 아니라 파는 물건이에요. 하나씩들 사 가세
　　　　　　요. 물건 좋아요.

이임순 할머니 알아보고 다가와 인사하는 동네 사람들.
웃으며 복작거리다 보니 사람들이 더 모여든다.

<시간 경과>
이임순, 판매대 뒤에 놔둔 나물 꺼내려는데.

유상기   엄마 잠깐만.
이임순   ?
유상기   그 나물 나한테 파셔. 누가 좀 구해 달래.
이임순   이 많은 걸 다?

유상기, 돈 꺼내 이임순에게 건넨다.

유상기   내가 비싸게 팔아서 그래. 그냥 받아.

싫다는 이임순 손에 기어코 돈 쥐어 주는 유상기.

유상기   아들이랑 손주 집에 오면 이번엔 용돈 받지 말고, 엄마가 용
         돈을 주셔요. 알았지? 아마 깜짝 놀랄걸? 허허허허허.

이임순, 유상기가 너털웃음이 정겹다. 고맙다. 또한 측은하고
안쓰럽다.
판매대에 손님이 온다.

손님	주인 안 계세요?

유상기, 손에 묻은 흙 대충 닦고 가려는데, 만류하는 이임순.

이임순	내가 마저 볼 테니까 가서 손 씻고 와. 흙 다 묻었네.
유상기	알았어. 부탁해 엄마.
이임순	(판매대로 가며) 어서 오세요.
손님	이거 파시는 분이에요?
이임순	네. 뭐 사시려고요?

S#25.   이임순 집 안 / 앞. 낮. 과거
비 오는 툇마루에서 나물 다듬고 있는 이임순.
의료 기기 잔뜩 실은 트럭이 앞마당으로 들어온다.

유상기	엄마~! 갑자기 비가 와서 공연장에 놔둘 데가 없어서 그런데 엄마 집에 잠깐 보관해도 돼?
이임순	아이구 그 귀한 거 비에 다 젖을라. 얼른 옮겨.
유상기	엄마 고마워!

유상기과 일당들, 비 맞으며 툇마루와 방 안에 의료 기기들 옮긴다.

<시간 경과>

비가 그친 앞마당.

이임순, 비가 들이친 툇마루 걸레로 닦아 내고 있는데 망가진
의료 기기 든 몇몇 사람들이 집 안으로 들어온다.

손님1   (툇마루에 의료 기기들 보고) 어어. 여기 맞네 여기.

고장 난 의료기기들 내밀며 이임순에게 항의하는 사람들.

손님1   다 필요 없고. 새 걸로 바꿔 주던가 환불해 줘요.

이임순   무슨 말씀이세요. 이걸 제가 왜 물어 줘요.

손님2   규남이네가 앉아 있었다며!

손님3   나한테 사라 그랬잖아요! 물건 좋다며!

너무 당황스러워 말이 안 나오는 이임순.

S#26.   임시 공연장. 낮. 과거

              공연장은 온 데 간 데 없고 몇몇 생활 쓰레기만 남아 있는 텅
              빈 공터.

              의료 기기를 든 또 다른 사람들이 공터로 온다.

손님1   (이임순 가리키며) 저 할머니가 나한테 팔았어요.

다가와 경찰 배지 들이미는 경찰1.

경찰1	경찰입니다. 잠깐 같이 가시죠.

경찰이란 말에 크게 당황하는 이임순.

S#27.	경찰서 안. 낮. 과거
	억울함 호소하는 이임순 할머니.

이임순	제가 물건을 사다뇨.
경찰	아니 할머니 명의로 카드 결제하고 물건 받으셨잖아요.
이임순	제가요?
경찰	할머니가 여기 신용 카드로 다 구매한 걸로 나오잖아요.
이임순	아니에요. 나는 그냥 도와준 거예요.
경찰	할머니가 돈 받는 것도 사람들이 다 봤다던데. 그냥 도와줬는 데 돈은 왜 받았어요?
이임순	그건… 우리 아들 용돈 주라고 해서…
경찰	지금 뭔가 오해하신 거 같은데 할머니 지금 피해자로 여기 와 있는 거 아니에요.

다른 자리에서 격하게 경찰에게 항의하는 손님.

손님(E)	이 물건 다 저질이에요. 우리 영감이 이거 하다가 화상 입었 어요. 아니 세상에 뭐 이런 쓰지도 못하는 걸 팔아요?

손님, 이임순 할머니를 뒤늦게 본다.

손님   (거칠게 다가오며) 할머니 나 알지! 당신도 한통속이잖아!

경찰들, 흥분한 손님 만류한다.

이임순   나는 그냥…

말 못 잇고 고개 떨구는 이임순.

경찰   아드님한테 전화하셔서 오라고 하세요.
이임순   (놀라는) 우리 아들은 안 돼요.
경찰   그럼 뭐 주변에 젊은 사람 없어요?
이임순   아들 내외랑 손주랑 저 밖에서 없어요.
경찰   그럼 아드님한테 전화하세요. 이거 해결 안 하실 거예요?
이임순   (울먹) 선생님. 제발 우리 아들한테는 연락하지 말아 주세요.
             지금도 멀리서 많이 힘들게 일하고 있어요. 부탁드립니다. 그
             냥 저를 꾸짖어 주세요, 선생님.
경찰   (답답하다) 아 진짜 말 안 통해…

이임순, 경찰에게 머리 조아리며 눈물 짓는다.

S#27-1.   집으로 가는 길. 낮. 과거

터벅터벅 집으로 걸어가는 이임순. 핸드폰이 울린다.

이임순, 전화 받으면 트럭 타고 시골길 달리는 유상기가 분할 화면으로 나온다.

유상기   (반갑게) 엄마 나야.

이임순   (목이 메이는) 엄마라고 부르지 마…

유상기   에이, 왜 그래 엄마.

이임순   동네 사람들이 다 나한테 몰려 왔었어… (너무 분해 눈물이 핑 도는) 경찰서에서… 우리 아들 데려오라 그러고…

트럭에서 내리는 유상기. 갓길에 서서 소변 본다.

유상기   그건 당연한 거야. 엄마가 해결 못하면 아들이 나서서 해결해야지.

이임순   내가 도와주지는 못할 망정… 우리 애 더 힘들게 할 수는 없어.

유상기   (담담하다) 그래도 자식들한테 갈걸?

마음이 무너지는 이임순.

유상기   그래서 내가 엄마 생각해서 일부러 전화한 거야. 꿀팁 하나 주려고.

이임순   …

유상기   (정색) 엄마가 다 떠안고 가셔. 그럼 자식, 손주한테는 안 갈 거야.

이임순   …

유상기   (다시 밝게) 잘 한 번 생각해 보셔.

전화 끊는 유상기. 콧노래 부르며 트럭 타고 떠난다.
이임순, 멍한 표정으로 그 자리에 서 있다.

S#28.   이임순 집 앞. 낮. 과거
          힘없이 집으로 돌아오는 이임순.
          앞마당에 또 다른 화가 난 몇몇 사람들이 서성대며 기다리고
          있다.

손님2   (이임순 돌아보곤) 어! 저기 왔네 저기!

안 그래도 기력이 없는 이임순, 항의하는 사람들 향해 고개 숙
여 사죄한다.

이임순   죄송합니다… 죄송합니다…

툇마루와 방 안에 의료 기기들 교체해 가는 사람들.
고장 나고 망가진 의료 기기들과 빈 박스가 앞마당에 나뒹
군다.
멍하게 툇마루에 앉아 있는 이임순.
전화벨이 울린다. 이임순, 전화 받으면.

센터(E)	이임순 씨 되시죠?
이임순	(듣고 있다가) 카드 연체요…? 근데 제가… 돈이 없어요…
센터(E)	그러시면 저희도 고소해서 소송으로 갈 수 밖에 없습니다.
이임순	제가 소송 당하면… 우리 아들도 아나요?
센터(E)	그렇겠죠. 어머님이 안 갚으시면 자녀 분이 나서서라도 갚게 해야죠.

마음이 '쿵' 떨어지는 이임순. 어쩔 줄 몰라 한다.

| 이임순 | (눈물짓는) 선생님 죄송합니다… 제가 정말 잘못했습니다… |
| 이임순(E) | 죽어서라도… 우리 애한테 그건 못 가게 해야죠. |

S#29.   간이역 안. 낮. 과거
         이임순. 간이역 벤치에 조용히 앉아 있다.
         곱게 차려입은 한복 매무새 다시 만지는 이임순.
         아지랑이 너머 기차가 온다.
         멀리 기차를 보는 이임순.

| 이임순(E) | 내가 죽으면 우리 아들한테는 안 가지 않을까요. |

S#30.   지하 정비실. 낮
         '툭' 꺼지는 녹음기.

박 주임	신고를 해야 하는 입장인데 신고를 당하는 입장이 되어 버렸어.
최 주임	그래도 신고는 해야 하지 않아?
장 대표	한다 하더라도 제대로 된 처벌을 받긴 쉽지 않아.
최 주임	왜요? 판매한 물건들도 하나같이 저품질에 싸구려였잖아요.
장 대표	물건을 백 원에 사서 다른 데다 천 원에 속여 판다고 해서 법적인 문제가 되진 않아. 양심의 문제이지.
고은	(서류 보며) 범죄 형태도 한두 가지가 아니에요. 할머니, 할아버지들 상대로 할 수 있는 모든 나쁜 짓들을 다 하고 있어요.
최 주임	안 그래도 힘든 노인 분들한테 어떻게든 한 푼이라도 더 뜯어내려고. 나쁜 새끼들.
고은	도대체 왜 하필 이렇게 사정이 딱한 사람들만 골라서 이런 짓을 벌이는 걸까요?
도기	사정이 딱한 걸로 안 보이니까요.
고은	?
도기	저들 눈엔 오히려 성공 가능성이 높은 대상들이죠.
고은	말을 안 하면 사람들이 진실을 모르잖아요. 이거 내가 산 거 아니다. 나도 피해자다. 사기 당했다. 왜 좀 더 강하게 어필하지 않았을까요?
도기	이놈들의 목표는 처음부터 분명했어요. 자기들이 어떤 짓을 하든 그걸 자식한테 얘기하기 어려운 사람. 모든 걸 자신이 떠안을 만한 사람을 물색하는 거였어요. (활짝 웃는 유상기 사진 보며) 저 얼굴을 하고서.
박 주임	…우리 할머니 생각난다.

장 대표	이임순 할머니 역시 당신보다 자식이 겪을 고초가 더 무서웠을 거야. 그러니까, 마지막 순간까지도 자식 걱정하는 질문만 한 거였고.
최 주임	천하에 나쁜 새끼들. 이놈들 이거 어떡하지?
도기	돌려줘야죠. 저놈들한테.

번쩍 손 드는 최 주임, 박 주임.
'픽' 웃으며 손 드는 나머지 멤버들.

S#31.   문방구 앞. 밤
오락기 앞에 앉아 있는 이임순.
무지개 택시 오락이 나온다.

목소리	안녕하세요. 먼저 저희 무지개 택시 서비스를 찾아 주셔서 감사해요. 이용자님의 안전과 편의를 위해 몇 가지 주의 사항을 말씀드릴게요. 의뢰가 진행되는 동안 택시미터기는 계속 켜져 있을 예정이에요. 운임은 모든 의뢰가 종료된 뒤 후불 정산되며 경우에 따라 추가 할증이 붙을 수 있고요. 그리고 택시 기사님 요청 사항이 있을 경우 이용자님께서는 꼭 협조해 주셔야 해요. 약속하실 수 있죠?
이임순	…
목소리	택시를 이용하신 후 이용자님께서는 가족, 친지, 친구 등 다른 이들에게 무지개택시에 관한 일을 언급해서는 안 돼요. 꼭

부탁드릴게요.

산들바람에 흔들리는 해바라기 위로 떠 있는 무지개 화면.

목소리   자 이제. 모범택시에 의뢰를 맡기고 싶다면 파란 버튼을, 맡
                기고 싶지 않다면 빨간 버튼을 눌러 주세요.

                화면 하단에 화살표가 나타나 빨간 버튼과 파란 버튼을 가리
                킨다.
                화면에 노래 부르는 유상기 일당을 뽕망치로 때리는 모습을
                보는 이임순.

                이미지 인서트
                - 공연장에서 노래 부르는 유상기.
                - 읍내 다방에서 서류에 사인하게 만드는 유상기.
                - 이임순 집에 찾아와 항의하는 사람들.
                - 전화 받는 이임순. '소송 진행하겠습니다'

                이임순, 봉투에 든 편지 펼쳐서 본다.

장 대표(E)   할머니 잘못이 아닙니다. 저희에게 시간을 좀 주시겠습니까?
이임순   …

                망설이다가… 선택 버튼 누르는 할머니.

S#32.   **출동 시퀀스. 밤**
         지하 정비실.
         모범택시가 회전 강판을 타고, 회전하며 올라온다.

         공터.
         박 주임과 최 주임, 콜 밴에 탄다.
         콜 밴 뒷자리에 고은, 스위치 켠다.
         콜 밴 안에 모든 전자 기기들에 불이 들어온다.

         단독 주택 차고.
         차고 위로 올라오는 모범택시.
         외부 차고 셔터가 '지이잉' 올라간다.
         차고 밖으로 나오는 도기의 모범택시.
         도기. 귓속에 작은 이어폰 장착한다.

도기   5283 운행 시작합니다.

         거리로 나온 모범택시가 서서히 출발한다.

S#33.   **도로. 밤**
         도로를 달리는 모범택시와 콜 밴.
         도기, 가속 페달을 '콱' 밟으면, 질주를 시작하는 모범택시.

고은(E)   물건 도매상 좌표 보내 드릴게요.

S#34.   **세운상가 뒷골목 / 콜 밴 안. 밤**
             중고 가전제품들을 사고 파는 매장들이 모여 있는 세운상가
             뒷골목.

고은(E)   폐업 가전들을 유통하는 곳인데다, 그동안 현찰로 거래하고
             있어서 찾느라 애 좀 먹었어요.

             가게들 창문에 '폐업 정리 전문', '폐가전 수거', '공장 폐업 전
             문' 등의 문구가 보인다.
             모범택시 한 대가 갓길에 주차한다.
             각종 의료 보조 기구, 마사지 기구들을 잔뜩 쌓아 놓은 가게
             안에 유상기와 그 일당들이 보인다.
             낡고 녹슨 의료 기구들 가지고 나와 트럭에 싣는 일당들.
             트럭에 실은 의료 보조 기구 상자에 새 스티커를 바로 바로
             붙인다.

             인서트 콜 밴 안
             모니터 보고 있는 고은, 화면 당겨 스티커 확인한다.

고은   원적외선 감마 램프… 저거 켜 두면 눈에 안 보이는 벌레들
             까지 진짜 다 죽어요?

최주임   그럼 사실이지 방사선인데. 방에서 감마선 나오면, 눈에 안 보이는 벌레들도 죽고, 사람도 죽고. 다 죽어. 직접 쐬면 큰일 나.

박주임   (자료들 넘겨 보며) 근데 다 가짜야. 할머니한테 팔았던 살균 램프도 일반 등에다가 셀로판지만 붙여 놨더라고. 완전 성의 없어.

최주임   어르신들이 잘 모른다고 막 나가는 거지.

도기, 가게 주인에게 현금 계산하는 유상기 물끄러미 보다가 시동 건다.
계산 끝내고 가게 밖으로 나오는 유상기 앞으로 모범택시가 지나간다.
무심히 모범택시 보던 유상기, 늘어지게 기지개 켜며 하늘 본다.

유상기   내일 날씨 좋겠다.

S#35.   용소리 마을 초입. 낮
느티나무 아래 평상에서 장기 두고, 고추 말리며 소일하는 노인들.
'계단 말고 엘리베이터' 음악이 떠들썩하게 들려오기 시작한다.
소일하던 노인들, 고개 들어 보면 트럭이 마을 초입으로 들어오고 있다.
유상기, 트럭 위에서 반짝이 옷 입고 흥겹게 노래 부르고 있다.
일당들, 노인들에게 '효도 대잔치' 전단지 나눠 주고 있다.

유상기   어무니, 아버지들 보고 싶어서 왔어요~ 구경 오세요. 나 여기
        살려고 왔어요~!

        구경하던 노인들, 유상기의 맛깔스런 노래 자락에 금방 호감
        으로 바뀐다.
        노래하는 유상기, 흥에 겨워 트럭에서 폴짝 뛰어내리면.

S#36.   **임시 공연장 / 콜 밴 안 / 모범택시 안. 낮**
        임시 공연장.
        무대 위에서 흥겹게 노래 이어 부르는 유상기.
        자리에 앉아 박수 치며 즐겁게 공연 보고 있는 노인들.
        무대 좌우로는 의료 기기들을 진열해 놓은 매대들이 세팅되
        어 있다.
        '원적외선 감마 램프'를 포함한 스티커 바꿔치기한 중고 의
        료 기기들이다.
        공연장 안으로 들어오는 박 주임과 최 주임, 노인들 사이에
        자리 잡고 앉는다.
        가지고 온 가방 옆에 올려놓는 박 주임과 최 주임, 자연스레
        박수 치며 공연 본다.
        가방 손잡이에 원형 카메라 렌즈가 보인다.

        콜 밴 안.
        고은의 모니터에 무대 안이 다각도로 잡힌다.

고은, 유상기와 일당들의 움직임을 각각 화면으로 일일이 배분한다.

임시 공연장.
관객들에게 음식 나눠 주는 일당들.
유상기, 한 할아버지에게 다가가 친근하게 핸드폰 사진 찰칵 찍는다.
음식 나눠 주던 일당들, 일제히 핸드폰 메시지 확인한다.

모범택시 안.
운전석에서 임시 공연장 상황을 네비 화면으로 보고 있는 도기.

도기   어떤 메시지 받았는지 볼 수 있어요?
고은(E)   김도기 기사님.

콜 밴 안.
고은, 핸드폰 찍힌 화면 캡처해 확대한다.

고은   볼 수 있냐고 하지 말고 보여 달라고 해 주세요. 꼭 못하는 게 있는 사람처럼 들리잖아요?

고은, 엔터 누르면 화질 개선되며 유상기가 할아버지와 찍었던 사진이 뜬다.

고은	할아버지랑 사진 찍자마자 바로 공유했네요?

모범택시 안.
물끄러미 네비 화면 보고 있는 도기.
메시지 확인 끝낸 일당들이 하나둘씩 할아버지를 본다.

도기	(끄덕끄덕) 다음 순서는 안 봐도 뻔하네요.

임시 공연장.
유상기, 무대 위에서 경품 추첨한다.

유상기	(제비뽑기 통에 손 넣으며) 경품 번호들 다 갖고 계시죠? 자, 이번엔 3등 경품.

관객석에 박 주임과 최 주임, 경품 번호 확인하며 괜히 기대한다.

콜 밴 안.
고은, 모니터로 박 주임과 최 주임 보며 고개 절레절레 흔든다.

고은	다 정해 놓고 하는 건데 뭘 그렇게 기대하고 있어요? 걱정 마요, 절대 안 뽑힐 테니까.
최 주임(E)	시끄러. 운칠기삼이라 그랬어. 사람 일은 모르는 거야.
고은	(한숨)

임시 공연장.
유상기, 다시 뽑기함에 손 넣는다.

유상기   자! 대망에 1등은… (뽑아서 보며) 19번!

조마조마하며 경품 번호 들고 있던 최 주임, 짜증 내며 번호
구겨 버린다.

유상기   19번 어디 계셔?

조금 전 유상기와 사진 찍었던 할아버지가 부끄러워하며 손
든다.

유상기   1등 축하드립니다! 모두들 박수 한 번 쳐 주셔요~!

팡파레 음악 틀어주는 일당들.

모범택시 안.
도기, 네비 화면로 할아버지에게 다가가 포옹하는 유상기 보
고 있다.

도기   …
유상기(E)   경품에 당첨되신 분들은 여기 직원들한테 가서서 경품 수령
               에 필요한 간단한 서류 작성하셔요. 신분증 지참 필수예요.

엄마, 아빠들.

임시 공연장.
유상기, 취합한 서류를 일당1에게 건네준다.

유상기   용칠이 내일부터 휴가라고 하니까 바로 쏴 주고 개통 확인해.
일당1   네.

콜 밴 안.
고은, 모니터 화면 보고 있다가 고개 갸웃한다.

고은   용칠이? 개통…?

뭔가 미심쩍은 고은. 바이퍼 프로그램 활성화시킨다.

모범택시 안.
조용히 네비 화면 보고 있던 도기, 바로 차 시동 걸고 출발한다.

도기   고은 씨.
고은(E)   잠깐! 말하지 말아요. 어떤 부탁인지 맞춰 볼게요.
도기   (빙긋 웃는) 정답이에요.
고은(E)   아직 얘기 안 했거든요?
도기   그래서 이임순 할머니 지금 어떻게 되어 있어요?

콜 밴 안.
고은, 어깨에 힘 쪽 빠진다. 엔터키 '탁' 치면 화면에 이임순 모바일 가입 내역이 '좌르륵' 뜬다.

고은   이임순 할머니 명의로 핸드폰이 6개가 개통되어 있어요. 할
                머니는 이 사실을 알고 있을까요? 아마 모르고 계시겠죠?

                달리는 모범택시 안.

도기   구분해서 일일이 확인할 상황이 안 된다는 걸 알고 노렸을
                테니까요. 아마 그 핸드폰으로 이용할 수 있는 모든 걸 다 했
                을 거예요.
고은(E)   유료 게임 아이템을 한도치까지 다 핸드폰으로 할부 결제했
                어요. 다 합치면 피해 금액이 꽤 많아요.
도기   전부 다 돌려받아야죠. 일단 그 용칠이부터 만나죠.

                유턴하는 모범택시.
                국도를 시원하게 내달린다.

S#37.   상가 뒷골목. 낮
                허름한 상가 뒷골목.
                사은품으로 보이는 선물 세트를 잔뜩 쌓아 놓고 매대에서 거
                칠게 호객 행위 하는 폰팔이(용칠이 부하)들이 보인다.

폰팔1	설명 다 듣고 그냥 가겠다고? 고객님 뒤질래요?

상가 건물 안.
신분증과 계약서 사본 쌓아 놓고 열심히 핸드폰 개통시키는
용칠이와 부하들.

폰팔2	(실실 웃으며) 저래 백날 음악 틀어 놓고 붙잡아 봤자 돈도 안 되는디 으짜스까요 형님.
용칠이	아야 그 폐지 줍는 할배 거는 개통 다 혔냐?
폰팔2	제일 비싼 요금제에 유료 서비스랑 게임 아이템 결재까지 꽉 눌러 담아서 최신폰 세 개 900만 원 맞췄지라.
용칠이	(흥얼거리며) 오케바리. 다음은 누구다냐?

폰팔2, 신분증 사본과 서류들 넘겨 본다.
유상기가 사진 촬영했던 할아버지 신분증 사진이 나온다.

폰팔2	장똘뱅이가 토스한 겁니다.
용칠이	아따 신용 좋게 생겼다. 이 할바 씨도 서운치 않게 꾹꾹 눌러 담아서 천이백까지 맞춰 봐라.
폰팔2	벌써 작업 거의 끝냈지라.

문 열고 들어오는 도기.
폰팔2와 용칠이, 멀뚱히 도기 본다.

도기	여긴 손님 왔는데 어서 오라는 얘기도 안 하나?

'픽' 웃어넘기는 용칠이와 폰팔2, 3.

폰팔2	일단 어서오씨요.

도기, 자리에 앉아 서류 뭉치 '툭' 내려놓는다.

도기	가입 해지하러 왔습니다.
폰팔2	해지?

뭉치들 사이에 할아버지 사진 보자마자 인상 험악하게 구겨지는 부하들.

폰팔2	어디서 오셨을까?
도기	손님이라니까. 해지나 빨리 합시다.

덩치 좋은 용칠이, 부하들 물리며 도기 앞에 앉는다. 위압적이다.

용칠이	(같잖은 표정) 여기선 해지 안 되는데?
도기	될 텐데?
용칠이	말귀를 못 알아먹는구마.

험악한 부하들이 인상 구기며 추가로 매장 안으로 들어온다.

용칠이   (문신 드러내며) 꺼져라, 몸 성할 때.
도기   서비스가 좋네. 내가 할 말도 대신 해 주고.

도기에게 덤벼드는 용칠이와 부하들. 가볍게 킥을 날려 기절
시키는 도기.
당황한 표정의 다른 일당들 일제히 도기를 향해 연장을 들고
덤빈다.
휘두르는 연장들을 가볍게 피하며 한 명씩 제압해 가는 도기.
마지막 일당 한 명을 테이블 위로 업어 매치는 도기.
쑥대밭이 되어 있는 사무실 가로질러 컴퓨터에 USB 꽂으면.

인서트 콜 밴 안
암호 해독 프로그램 돌리는 고은. 관리자 로그인 되자, 가볍
게 손 풀고 작업 개시.

가게 한가운데에 신청 서류들과 하드디스크들 싸그리 다 모
아 놓고 불붙이는 도기.

고은(E)   해지 완료~!

도기, 메인 컴퓨터도 가져와 불덩이 속에 넣는다.
용칠이와 부하들, 가서 끄고 싶지만 몸이 움직여지지 않는다.

도기, 꿈틀거리는 용칠이 얼굴을 지그시 밟는다.

도기   가입자 생기면 다시 해지하러 올게. 나 보고 싶으면 또 해 보
            던가.

도기, 고통스러워하는 용칠이 뒤로 하고 문 열고 나간다.

S#38.   시골 민박집 안. 낮
            분주해 보이는 유상기 일당의 숙소 내부, 분주히 물건들 재포
            장하고 있다.
            유상기, 담배 빼물고 전화 걸고 있다. 계속 연결이 안 된다.

유상기   (짜증) 용칠이 이 새끼 휴가 간 거야 뭐야. 아 씨. 그 할배 골골
            대서 뒤지기 전에 빨리 개통해야 되는데. 에이 쌍. (일어나며)
            야, 사우나나 갔다 오자. 노친네 냄새 난다.

S#39.   산속. 낮
            산중턱 밭 한가운데 도기. 쓰러진 허수아비도 다시 세워 주
            고, 기울어진 작물 버팀목도 다시 꽂아 준다.

고은(E)   김도기 기사님, 이번 설계 어떻게 해요?
도기   …

도기, 산의 바람과 짙푸른 녹음과 하늘을 바라본다.

S#40.   시골 들판. 낮
         스피커폰 주변에 옹기종기 서 있는 고은, 박 주임, 최 주임.
         고은, 스피커를 끈다. 다들 생각 많은 표정이다.

박 주임   김도기 기사가 저렇게 움직이면 우리는 어떡하지?
최 주임   (고민하다) 안 되겠다. 모으자.
박 주임   뭘?
최 주임   몰라.
박 주임   모르는데 어떻게 모아?
최 주임   모르니까 싹 다 모아 보자.
박 주임   그러니까 뭘 모으냐고.
최 주임   모른다고 인마, 나도.

S#41.   장 대표실. 낮
         파랑새 깃발 옆으로, 사람들과 회의하고 있는 장 대표.
         화이트보드에도 관련 내용들이 적혀 있다.

장 대표   이번 분기 주거지 옮기신 파랑새 가족 분들 중 방범창 미설
         치 된 가정이 총 열일곱 곳입니다. 거기다 올해는 겨울도 일
         찍 온다고 하니 노인분들이 계신 가정에는 방범창 설치하면

	서 방풍지도 같이 해 두는 것이 좋을 거 같습니다.
참석자	몇몇 단체에서 지원금을 없앴다고 들었는데. 괜찮으십니까? 방범창 설치 비용만도 제법 될 텐데요.
장 대표	(미소) 지원이 없어진 만큼 피해자 분들 고통도 같이 없어지면 얼마나 좋겠습니까만은, 그 부분은 제가 좀 더 열심히 뛰겠습니다.

창밖에 견인차 한 대가 반파된 택시 끌고 주차장으로 들어오는 게 보인다.

장 대표	(창밖 보다가) 오늘 회의는 여기까지 할까요?

S#42.   무지개 택시 회사. 낮
         장 대표. 놀란 표정으로 나온다.

장 대표	아니 어떻게 된 거야?

반파된 택시 뒤에서 눈치 보며 나오는 온하준.

온하준	제가 진짜 안전 운전을… 했는데…

장 대표, 정색하며 온하준에게 다가온다.

온하준	(큰 한숨) 제 월급에서 까 주세요.
장 대표	다친 데는?
온하준	네?
장 대표	병원은 들렸다가 온 거야?
온하준	아…아니요.

장 대표, 외부 경리실에 차 열쇠 가지고 나온다.

장 대표	앞으로 사고 나면 괜찮아도 무조건 병원부터 가. 그게 첫 번째야.
온하준	…
장 대표	너무 빨리 적응하려고 하지 않아도 돼. 지금도 아주 잘하고 있어.
온하준	(괜히 먹먹해지는) 대표님…

온하준 다독이며 데리고 가는 장 대표.

장 대표(E)	출퇴근은 좀 할 만해?
온하준(E)	안 그래도 가까운데 이사 올 집 하나 계약했어요.

S#43.　농기계 대여점 인근 공터. 낮
박 주임, 최 주임, 콜 밴 위, 옆면에 효자손, 소쿠리 등등 갖가지 물건들 올린다. 흡사 이동형 만물상 같다.

최 주임	왼쪽? 오른쪽? 아닌가 왼쪽인가?

지붕에 박 주임, 최 주임 지시에 따라 소쿠리를 왼쪽, 오른쪽
으로 이동시킨다.
고은, 문 '벌컥' 열며 짜증낸다.

고은	그만 좀 덜컹거려요. 정신 사나워 죽겠네.
최 주임	고은아. 판매의 생명은 DP야. 사나워도 조금만 참아 줘.

S#44.	산길. 낮

비포장길을 덜컹거리며 달려오는 유상기 일당의 트럭.

유상기	야, 왜 갑자기 샛길로 빠져! 이 길이 확실히 맞아?
일당1	이상하다… 이 길이 아닌가?

갑자기 시동 꺼지며 보닛에 하얀 연기가 피어오른다.
열 받은 표정으로 문 '벌컥' 열고 내리는 유상기와 당황한 부
하들.
차 상태 확인한 유상기, 일당2의 정강이 까 버린다.

유상기	(열 받는) 촌에서 차 퍼지면 대책 없다고, 확인 제대로 하라고
	했지!
일당2	(아프다) 분명히 멀쩡했는데…

| 일당1 | 형님, 보험사 부를까요? |
| 유상기 | 부르면. 어디 길 건너에서 오냐? 언제 올 줄 알고! |

유상기, 또 열 받는다. 지그시 머리 누르는데.

| 도기(E) | 거 무슨 일 있는 거래요? |

유상기 일당, 누군가의 외침 소리에 돌아보면, 'MBC 전원일
기' 메인 테마 음악이 흐르기 시작한다.
전형적인 시골 풍경이 한 장면씩 보인다.
시골집에서 올라오는 굴뚝 연기.
주렁주렁 매달린 감나무에 감들.
정겨운 논밭길.
그리고 비포장길을 달려오는 경운기.
그 경운기 위에 초록색 새마을 모자와 가슴까지 올라온 농사
작업복 차림의 목에 수건 두른 도기가 보인다.
유상기와 일당들, 도기를 본다.
세상 밝은 표정으로 경운기 '탈탈탈탈' 몰고 오는 순박한 도
기의 표정에서.

S#45.   새 핸드폰 가게 안. 낮
용칠이와 부하들, 팔다리에 깁스 한 채, 사무실 다시 세팅하
고 하고 있다.

책상마다 컴퓨터 옆에 신분증과 계약서들이 차곡차곡 쌓여
있다.

폰팔2   세팅 거의 다 됐습니다 형님.

용칠이   자, 노친네들 거부터 오늘 중으로 싹 다 개통시킨다잉!

폰팔2   지는 형님이 사업 접는 줄 알았습니다.

용칠이   명심혀라. 항상 이렇게 플랜B를 준비하고 있어야 이 바닥에
서 살아남을 수 있는 것이여. (하드 디스크 들어 보이며) 이런 스페
어도 미리미리 백업해 놓고 말이여.

사무실 문 '벌컥' 열며 폰팔1이 허둥지둥 들어온다.

용칠이   시끄럽게 뭐다냐!

폰팔1   (횡성수설) 문! 문을 잠궈야… 문!

용칠이   저 새끼 뭐 잘못 먹은 거여 뭐여?

폰팔1, 재빨리 사무실 닫으려는데, 문틈에서 손 하나가 불쑥
튀어나오며 못 잠그게 움켜잡는다.
놀라 뒤로 넘어지는 폰팔1.
문이 '스윽' 열리며 도기가 들어온다.
너무 놀라 말이 안 나오는 용칠이와 부하들.

도기   아직도 영업 중이네?

뚜벅뚜벅 가게 안으로 들어오는 도기.
누구 하나 덤비지 못하고 뒷걸음질 치는 용칠이와 부하들.

용칠이   (절규) 왜 또 왔어! 왜! 도대체 우리가 뭐라고! 나랑 무슨 원한
            이 있다고! 왜 이렇게까지 괴롭혀!
도기   (미소) 내가 얘기 안 했나?

도기, 미소 띈 표정이 서늘하게 굳어진다.

도기   가입자 생기면 다시 해지하러 오겠다고.

몸서리치며 뒷걸음치는 용칠이들.
도기, 그들을 확 덮치듯 카메라를 덮으면, 화면이 암전되면서
비명 소리와 '와장창' 물건 깨지는 소리가 화면에 가득 찬다.
'으악! (와장창) 사람 살려! (쨍그랑) 죄송해요! (우당탕) 살려 주
세요!'

용칠이(E)   (절규) 전부 다 해지할게요~~!!!

S#46.   간이역 앞 / 안. 낮
           불 꺼진 간이역 인근 주차장에 콜 밴의 모습이 보인다.
           기차가 들어서는 플랫폼 앞에 박 주임이 서 있다.
           최 주임, 모범택시 스티커 뭉치를 들고서 선로에 내려가 있다.

박 주임	(불안한 표정) 행님, 진짜 기차 운행 끝난 거 맞지?
최 주임	여긴 완전 시골이라 막차 두 시간 전에 끝났다니까. 빨리 붙이고 가게 똑바로 서 봐 봐.
박 주임	(한걸음 나오며) 여기까지?
최 주임	좀 더 나와 봐.
박 주임	(조심스레 한걸음 더) 됐어?

박 주임, 플랫폼 거의 끝까지 조심스레 발걸음을 옮긴다.

최 주임	오케이. (스티커 선로에 갖다 대며) 여기 어때?
박 주임	안 보여. 좀 만 더 아래로.
최 주임	조금만 더 아래로… 여기?
박 주임	어, 거기!

선로 옆에 스티커 붙이는 최 주임.
이임순 할머니가 서 있었던 자리에 나란히 서서 스티커 내려다보는 박 주임과 최 주임.

박 주임	잘 보이게 잘 붙였다.
최 주임	잘 보이게 붙였지만… 아무도 안 봤으면 좋겠다. 그치?
박 주임	(끄덕끄덕) 응.
최 주임	(돌아서 가며) 다른 데 또 붙일 자리 찾으러 가자.
박 주임	같이 가, 행님.

어깨동무한 채 간이역을 빠져나가는 박 주임과 최 주임.

정감이 느껴지는 두 사람의 뒷모습에서.

3화 끝.

TAXI DRIVER

두 번째 운행

4화

본인의 욕심이
만든 감옥 같네요

S#1.　　　　산길. 낮

비포장길을 덜컹거리며 달려오는 유상기 일당의 포터 트럭.

유상기　　야, 왜 갑자기 샛길로 빠져! 이 길이 확실히 맞아?

일당1　　　이상하다… 이 길이 아닌가?

갑자기 시동 꺼지며 보닛에 하얀 연기가 피어오른다.

열 받은 표정으로 문 '벌컥' 열고 내리는 유상기와 당황한 부

하들.

차 상태 확인한 유상기, 짜증난다.

유상기　　(열 받는) 촌에서 차 퍼지면 대책 없다고, 확인 제대로 하라고

했지!

일당2　　　(아프다) 분명히 멀쩡했는데…

일당1　　　형님, 보험사 부를까요?

도기(E)　　거기 무슨 일 있는 거래요?

유상기 일당, 누군가의 외침 소리에 돌아보면, 'MBC 전원일기' 메인 테마 음악이 흐르기 시작한다.

푸근하고 전형적인 시골 풍경이 한 장면씩 보인다.

시골집에서 올라오는 굴뚝 연기. 주렁주렁 열린 감나무와 정겨운 논밭길.

그리고 비포장길을 달려오는 경운기.

그 경운기 위에 초록색 새마을 모자와 가슴까지 올라온 농사 작업복 차림의 목에 수건 두른 도기가 보인다.

유상기와 일당들, 멍하게 도기를 본다.

세상 밝은 표정으로 경운기 '탈탈탈탈' 몰고 오는 순박한 도기. 경운기 세워 놓고 트럭 살펴본다.

도기	쯧쯧쯧. 우째다 이래 됐어요. 연기가 매련도 없다야.
유상기	혹시 근방에 카센터 아는 곳 있어요?
도기	근처에 고치는 데는 있다니.
유상기	거기가 어딥니까?
도기	(손가락으로 어지럽게 가리키며) 이리 쭉 가서 옆으로 가다 보면 삼거리가 나와요. 거서 감티 나무 모퉁이 잡고 쭉 가면 금방 나와요.
일당들	…
도기	그럼 고생들 해요.

도기, 다시 경운기 시동 걸고 '탈탈탈' 타고 간다.

일당1	근데 거기까지 어떻게 가지? 견인이라도 미리 부를 걸 그랬나?
유상기	(운전석에 타며) 뒤로 가서 밀어.
일당들	(어리둥절)
유상기	(인상 팍) 안 갈 거야? 빨리 밀어 새끼들아!

투덜거리며 뒤로 가서 밀기 시작하는 일당들.

S#2.　　농기계 대여점 앞 / 콜 밴 안. 낮

인적 없는 공터 허름한 창고에 각종 농기계들이 보인다.
'무지개 농기계' 간판 아래로 '농기계 대여', '수리' 문구가 촌
스럽게 붙어 있다.
유상기와 일당들, 땀 뻘뻘 흘리며 무지개 농기계 앞으로 트럭
밀고 온다.

유상기	계십니까?

뒷마당에서 손에 기름때 묻힌 도기가 나온다.

도기	어서 와요.
유상기	뭐야. 여기 당신이 하는 데야?
도기	보면 몰라요?
유상기	(인상 쓰는) 그럼 아까 우리 차 견인해서 와도 됐잖아.
도기	아까 견인해 달라고 얘길 하지 그랬어요.

유상기	그걸 말로 해야 알아들어? 상황 보면 모르나?
도기	그럼 다시 갖다 놓고 얘기해요. 견인해 줄게요.
유상기	(떨떠름) 됐고. 이거 빨리 수리나 해 줘요.
도기	안 돼요.
유상기	당신이 여기서 수리 된다며!
도기	(쭉 세워져 있는 농기계들 가리키며) 이거 다 줄 서 있는 거예요. 차례 기다려야 한다니.

유상기, 최대한 짜증 억누르고 부드러운 표정으로 장지갑 꺼낸다.

유상기	수리비.
도기	뭐 10만 원 주래요.
유상기	(20만 원 주며) 바로 부탁 좀 합시다.
도기	(10만 원 돌려주며) 10만 원이라니까 뭐 이래 줘요. 글고 바로 안 돼요.
유상기	(30만 원 주며) 바로 좀 하자고.
도기	(돌려주며) 안 된다니.
유상기	에이 씨. 그럼 도대체 얼마를 더 달라는 거야!
도기	10만 원요. 몇 번을 얘기해요.

어금니 질끈 물며 도기 노려보는 유상기, 트럭으로 돌아가 탄다.

유상기	야 밀어.
일당들	??
유상기	여기서 수리 안 할 거니까 빨리 밀라고 새끼들아!
일당1	(당황. 도기에게 다가와) 급해서 그런데 어떻게 좀 안 될까요?
도기	급해요?
일당1	저희가 어르신들 읍내 공연하러 가야 해서요. 부탁 좀 드리겠습니다.
도기	아아 공연. 그럼 진즉에 그래 말을 했어야지. 돈이면 뭐 다 된다니? 사람 일이 다 정이지. 안 그래요?
일당1	(애써 미소)
도기	(안으로 들어가며) 부품 가져올 테니까. 차 요 맨 앞에 갖다 놔요.

일당1, 얼른 유상기에게 가서 상황 설명한다.

유상기	(더 열 받는) 저 촌닭 새끼. 내가 말할 땐 귓등으로도 안 듣더니.

매우 불쾌한 표정으로 차에서 내리는 유상기.

유상기	다들 준비 잘해. 오후부터 바로 시작하자.

바닥에 놓인 공구함 속에 볼펜 끝의 빨간 불이 깜빡인다.
콜 밴 안에 고은. 유상기의 이야기 듣고 있다.

고은	오후부터 시작하신다는 데요, 저분들.

도기(E)	그럼 우리도 시작해야죠.

S#3.	임시 공연장 / 콜 밴 안. 낮
	무대 위에서 노래 부르는 유상기와 박수 치며 구경하는 노인들. 일당들, 노인들에게 경품 추첨 번호 나눠 준다.
	가방 옆에 둔 채 노인들 사이에 앉아 있는 박 주임과 최 주임도 번호 받아 든다.
	콜 밴 안.
	고은, 일당1의 핸드폰 화면 확대하자, 모자 쓴 오복이네 할아버지 사진이다.

고은	(전송 시키며) 문자 보냈어요.
	박 주임, 오복이네 할아버지 앞으로 지나가다가 살짝 넘어진다.

박 주임	아이쿠. 죄송합니다. 죄송합니다.
	박 주임, 옷 '툭툭' 털며 일어나 오복이네 할아버지와 번호 바꿔치기한다.
	유상기, 제비뽑기 통에 손 넣고 경품 추첨한다.

유상기	자, 대망의 1등은… 27번! 어디 계세요, 27!
박 주임	(번호 펴 보곤 화들짝 놀라는) 우와 여기! 여기요! 27번!
유상기	(입 모양만) 뭐야!
일당1	(당황) 이상하다. 그럴 리가 없는데.

박 주임, 주변 노인들에게 축하받는다.

박 주임	감사합니다. 와 대박. 나 원래 이런 거 잘 안 뽑히는데.

유상기, 다시 만면에 미소 머금는다.

유상기	자 자. 2부에 더 큰 경품 추첨이 있습니다~!

얼른 팡파르 트는 일당들.
유상기, 잔치 국수 먹고 있는 노인들 사이에 할머니 한 명이랑
다정하게 사진 찍는다. 동시에 핸드폰 사진 확인하는 일당들.

콜 밴 안.
일당들 핸드폰에 할머니 사진 확인하는 고은.

최 주임, 국수 먹는 할머니 앞을 '스윽' 지나간다.
유상기, 제비뽑기 통 마구 흔들고는 손 집어넣는다.

유상기	자아, 이번 경품 1등은 누구냐 누구냐… 5번! (시선은 이미 할머

니에게 가며) 5번 어디 계세요!

최 주임   이얏호!! 1등이다~!!

더 크게 당황하는 유상기. 일당1 노려본다. 뭔가 몹시 혼란스러운 일당1.

S#4.   **임시 공연장 무대 뒤. 밤**
일당1 가슴팍 발로 차 버리는 유상기.
털썩 쓰러지는 일당1, 고통스럽다.

유상기   디지고 싶냐? 일 제대로 안 해?
일당들   (눈치 보는)
유상기   내일 장터에서 바로 델고 올 테니까. 준비 제대로 해 놔. 또 설렁설렁하기만 해 봐, 이 새끼들.

유상기의 서슬 퍼런 눈빛에 다들 고개 숙인 채 시선 피하는 일당들.

S#5.   **장터. 낮**
유상기, 시장에서 오복이네 할아버지 업은 채 신나게 영업하고 있다.

유상기   우리 오복이네 할아버지가 깊은 산속에서 캐 온 고구마예요!
                  산삼보다 좋아요!

                  멀리서 그 모습 지켜보는 도기.

고은(E)   (감탄) 정말 열심히 하지 않아요?
도기   우린 더 열심히 하죠 뭐.

                  사람들 사이로 사라지는 도기.

S#6.   임시 공연장 판매대 앞. 낮
                  오복이네 할아버지, 유상기 손잡아 주며 위로하고 있다.

오복네   (자기 일인 양) 기운 잃지 말고. 입맛 없어도 밥 거르면 안 된다니.
유상기   (애써 기운차게) 내일이 우리 아들 제삿날이라 밥상에 맛있는
                  거 많이 차려 주려고.
오복네   (대견스레) 그럼 그럼. 일 년에 한 번 만나는 날인데, 밥상에 젤
                  로 맛있는 걸로 다 올려줘야지. 가만있자. 나물 좀 줄 테니까
                  가져가서 먹어.

                  오복이네 할아버지, 자리에 앉아 나물 봇짐 푼다.
                  일당들, 의료 기기 포장해서 가지고 나온다.

유상기	이건 사은품이라서 제세공과금만 조금 내시면 돼 아부지.
오복네	말해 줘도 뭔 소린지 난 잘 몰라. 자네가 알아서 해 줘.

유상기, 밝은 미소 지은 채 일당1에게 카드 준다.

| 유상기 | (조용히) 할부 12개월로 해서 한도까지 싹 긁어. |

일당1, 싱글벙글하며 카드 무선 단말기 꺼내 긁는다. 그런데
결제가 안 된다.
판매대 앞거리에 도기의 경운기가 '탈탈탈' 다가와 멈춰 선다.

| 도기 | (경운기에서 내리며 반갑게) 이야. 여기서 공연하는 거래요? |

유상기, 반갑지 않은 손님이다. 인사하는 둥 마는 둥.
일당1, 계속 카드를 긁는데 잘 안 된다.
도기의 경운기 짐칸에 소형 재머(전파 차단기) 켜져 있는 게 보
인다.

| 일당1 | 이게 연결이 잘… |
| 유상기 | (다소 짜증) 아부지 계속 기다리시는데 뭐해. 가져와 봐. |

유상기, 카드와 단말기 가져와 손수 긁는다. 여전히 연결이
잘 안 된다.

유상기   여기 전파가 잘 안 잡히나 본데. 아부지 잠깐만.

            단말기 들고 큰길 가운데로 가는 유상기.
            경운기 짐칸으로 가는 도기. 재머를 망태기에 넣고 짊어진다.
            유상기, 큰길로 나오자 단말기가 연결된다. 다시 카드 긁는데.

도기   (마사지 기계 들고) 나도 이런 거 써 볼라 하는데 이게 좋은 거
            래요?

            유상기, 단말기 연결이 다시 끊기자, 자리 옮겨 가며 전파 찾
            는다.

도기   근데 등에는 어떻게 붙여요? 나는 혼잔데.

            유상기, 전파는 안 잡히고 옆에 놈은 시끄럽고. 정신 사납다.

유상기   길 넓은데 왜 아까부터 졸졸 따라다니면서 이래. 아저씨한테
            안 팔아. 딴 데 가. 딴 데!

            다른 곳으로 가는 도기, 유상기가 다시 카드 긁자 다시 돌아
            온다.

도기   아저씨 아니고 안즉 장가를 안 가서 총각이라니.

유상기, 연결이 또 안 된다. 신경질 내며 마구잡이로 긁어 대다가, 그만 도기랑 '툭' 부딪히며 단말기를 떨어트린다.
다시 주워서 확인하는데 전원이 나갔다.

유상기   이런 씨.
도기   (억울) 내 요기 가만히 있었다니. 딴 데 갈게요.

망태기 고쳐 매며 경운기로 가는 도기.
유상기, 열 받는데 화를 풀 곳이 없다.

S#7.   무지개 택시 회사 외부 경리실 안. 낮
            온하준, 외부 경리실 책상 이곳저곳 뒤지며 전화 걸고 있다.

온하준   이상하다… 왜 다들 이렇게 전화가 안 되지?

            온하준, 더 찾아볼 곳도 없다. 창밖에 '관계자 외 출입 금지'
            붙어 있는 낡은 창고 철문을 본다.
            서랍함에 있는 열쇠 꾸러미 들고 외부 경리실에서 나오는 온
            하준.

S#8.   무지개 택시 회사 낡은 창고 앞 / 안. 낮
            외부 경리실 앞에 중년 여성이 서 있다.

온하준	놓고 내리신 분실물이 빨간색 가방이라고 하셨죠?
중년 여성	그냥 담당자 분 있을 때 다시 올게요.
온하준	아니에요. 여기까지 오셨는데 제가 꼭 찾아 드릴게요. (창고 앞으로 가며 미소) 이런 건 막내가 해야지.

창고 문 돌려 보는 온하준. 역시 잠겼다. 열쇠 하나씩 맞춰 본다.

온하준	방탈출 추억 돋네.

낡은 철문이 '덜컹' 열린다. 창고 안으로 들어가는 온하준.
온하준, 캐비닛 활짝 열고 뒤적거리는데, 책장이 뒤로 훅 밀린다.
'으앗' 바닥에 쿵 엎어지는 온하준.
고은이 타고 내려갔던 엘리베이터 한가운데 서 있다.
어리둥절한 표정으로 텅 빈 공간 둘러보는 온하준. 벽에 버튼이 보인다.

온하준	뭐야 이건…

버튼 향해 다가오는 온하준의 손. 버튼을 누르려는데.

장 대표(E)	거기서 지금 뭐하나?

낡은 창고 안으로 들어오는 장 대표.

온하준	분실물 찾으려고 들어왔는데… 이게 이렇게 됐어요.
장 대표	못질해 놓는다는 걸 깜박했구먼. 분실물은 내가 찾아 드릴 테니까 자넨 가서 출차 준비하지.
온하준	네… 다녀오겠습니다. 여기 못질은 제가 나중에 할게요.
장 대표	(미소) 아냐. 내가 해 놓을 테니까 신경 안 써도 돼.
온하준	네.

밖으로 나가는 온하준.
돌아서서 캐비닛 바라보는 장 대표.

S#9.　　마을 회관. 낮

유상기 일당, 마을 회관에서 예닐곱의 노인들에게 조촐하게
음식 접대 중이다.
한쪽 구석에서 전 부치고 있는 일당2, 3.

일당2	그냥 사 들고 와서 하면 될 걸 꼭 시켜요. 지가 만들 것도 아니면서.
일당3	상기 형님이 뭐 사서 오는 거 봤어? 난 한 번도 못 봤어.
유상기	(들어오며) 뒷담화 까는 거 보니까 배떼지가 따땃하냐?
일당2	(움찔) 뒷담화 아닙니다. 형님 알뜰하다고 한 겁니다.
일당1(E)	상기 형님.

노인들에게 음식 서빙하고 돌아오는 일당1.

유상기	알아낸 거 뭐 없어?
일당1	(턱짓으로 가리키며) 저기 끝에서 김치전 먹고 있는 할마시요. 복순네라고 얼마 전에 혼자 됐다는데. 남편 사망 보험금 나왔대요.

복순네 바라보는 유상기와 일당들.

유상기	자식들은?
일당1	잘 오지도 않고 돈만 꼬박꼬박 보낸답니다.
유상기	(회심의 미소 지으며 다시 스윽 보며) 어디 사는지 위치 파악해 놔.

S#10. 마을 회관 밖 갓길. 낮

마을 회관 밖 멀리 모범택시 한 대가 서 있다.
사이드미러가 미세하게 움직이고 있다. 라디오에서 유상기 목소리가 나온다.

유상기(E)	열심히 좀 해 새끼들아. 게으름 부릴 생각만 하지 말고.

인서트 콜 밴 안. 낮
모니터 몇 대를 동시에 돌리며 서칭하고 있는 고은. 고개 갸웃한다.

고은	지금 다 뒤져 봤는데 저축 정신이라고는 일도 없어요. 은행

이고 뭐고 모아 둔 돈이 하나도 없고. 사기 치는 족족 다 탕진하나 봐요.

도기   씀씀이로 봐선 그렇진 않을 거예요. 분명 어딘가에 숨겨 놨을 거예요.

유상기(E)   사망 보험금 받았다는 그 복순네 바로 작업 들어간다. 준비해.

운전석에 도기, 어디론가 전화 건다.

도기   산책 한 번 하시죠.

S#11.   **시골 민박집 앞. 낮**
         트럭 시동 걸고 있는 일당1. 시동이 안 걸린다.
         유상기, 아침부터 짜증나기 시작한다.

일당1   이번엔 내 잘못 아녜요. 수리도 다 했잖아요.

유상기   그 촌닭 새끼. 제대로 고쳐 놓지도 않고. 처음부터 맘에 안 들었어.

일당1   그 촌놈한테 전화할까요?

유상기   됐어. 그냥 긴급 출동 서비스 불러!

S#12.   **콜 밴 안. 낮**
         고은, 상냥하게 전화 통화하고 있다.

고은	네. 위치 확인했습니다. 기사 보내드리겠습니다. (끊고) 긴급 서비스 출동해 주세요~

S#13. **시골 민박집 앞. 낮**

민박집 앞 서성이며 기다리고 있는 유상기와 일당들.

어디선가 '탈탈탈' 경운기 소리가 들려온다.

순간 움찔하는 유상기. '이 소리는 설마…' 유상기와 일당들, 돌아보면 MBC 전원일기 테마 음악이 흐르는 시골길을, 새마을 모자가 아닌, '긴급 출동 서비스' 모자 쓴 도기가 경운기 몰고 민박집 앞에 와 선다.

입이 떡 벌어져 있는 유상기와 일당들.

도기	긴급 출동 서비스 불렀더래요?
유상기	당신이 왜 또…
도기	이 동네 긴급 출동은 다 내가 하고 있어요. 긴급하게 빨리 왔다니.
유상기	뭐야. 그럼 전에 고장 났을 때, 보험 처리해도 됐던 거잖아!
도기	돼요.
유상기	근데 왜 얘길 안 해 줘?
도기	뭘요?
유상기	보험 처리 하라고!
도기	왜요?

유상기, 말이 안 통한다. 더 짜증난다.
도기, 경운기에 트럭 연결해 견인한다.

도기   다 큰 어른이 자기 할 일은 자기가 해야지. 뭘 자꾸 해 달라니?

유상기, 욱하며 도기에게 가는데, 부하들이 말린다.

S#14.   시골길. 낮
            트럭 연결한 채 시골길 '탈탈탈탈' 가고 있는 도기의 경운기.
            경운기 짐칸에 탄 채 도기 뒤통수 노려보는 유상기.
            뒤통수 벅벅 긁는 도기.
            갑자기 달리던 경운기가 급정거한다.
            휘청하는 유상기와 일당들.

유상기   거 진짜 조심 좀 합시다!
도기   할아버이. 여까지 산책 나온 거 드래요?

            갓길을 따라 걷던 노인, '스윽' 돌아보면 많이 늙어 보이는 장
            대표다.
            연신 고개를 흔드는 걸로 봐서 몸 상태도 어디 안 좋은 거 같다.

도기   잠깐 지달레 보래요. 저 할아버이 좀 같이 태꾸 갈게요.

도기, 짐칸에 장 노인 합석시키고 다시 출발한다.

도기   할아버이. 자꾸 이렇게 먼 데까지 나오지 말아요. 밥은 드셨
            어요? 혼자일수록 밥을 잘 먹어야 한다니.

장 노인, 도기에게 흙 묻은 100달러 건넨다.

유상기   ??
도기   안 줘도 돼요. 경운기 태워 줄 때마다 맨 그렇게 택시비를 줄
            라 그래요. 할아버이 외지 살 때 맨날 택시만 타고 다녔나 보
            래요. 으허허허허.

장 노인, 유상기와 일당들 쳐다본다.

도기   그분들 동네에서 지금 공연하고 있어요. 할아버이도 가서 함
            구경해 보더래요.
장 노인   …

장 노인, 유상기에게 흙 묻은 100달러 지폐를 천천히 내민다.
유상기, 홀린 듯 100달러 받으려 손 내미는데.

도기   돈 따로 안 줘도 돼요. 공짜래요.

장 노인, 내밀었던 흙 묻은 100달러 지폐를 다시 천천히 가

져온다.

S#15.   장 노인 집 앞. 낮
               장 노인, 집 안으로 터덜터덜 들어간다.
               손 흔들어 주는 도기.
               유상기와 일당들, 조용히 장 노인을 스캔한다.

일당1   (조용히) 형님 저 노친네 신발 봤어요? 명품 맞죠?
일당2   설마. 이런 곳에 저런 노친네가 찐을 신고 있을 리는 없잖아.
유상기   맞아 명품. 나한테도 있는 신발이야. 그런데 그걸 구겨 신었어.

               일당들, 장 노인 신발에 시선이 모인다. 뒤꿈치 구겨 신고 있다.

도기   (경운기 출발) 자아, 우린 다시 가던 길 갈게요!
일당1   형님. 있다가 바로 복순네로 가실 거죠?
유상기   …

S#16.   장 노인 집 마당. 낮
               장 노인 집 앞에 '스윽' 나타나는 유상기와 일당1, 2, 3. 안으
               로 들어간다.

유상기   실례합니다. 안에 계세요?

아무도 없는지 조용한 집 안.

유상기와 일당들, 손전등 비추며 집 안 둘러본다.

헛간에 장막으로 덮인 채 주차돼 있는 차에 눈이 가는 유상기.

다가가 차 장막을 슬쩍 들춰 보면, 외제차 마크가 언뜻 보인다.

유상기   …

일당1   (부엌에서 나오며) 여기 한 번 와 보세요, 형님.

부엌으로 가는 유상기.

일당1   아궁이 부지깽이로 쓰는 저 막대기요. 골프채 아니에요?

유상기   (부지깽이 들어보며) 7번 아이언. 내 거보다 좋은데? 이걸 이렇게
쓴다고? (픽 웃는) 이 노인네 미친 거야 뭐야?

밖에서 인기척이 들린다. 재빨리 부엌문 뒤로 숨는 유상기와
일당들.

장 노인, 두툼한 보자기를 끌어안은 채 마당으로 들어온다.

주변을 살피고는 마당 한 곳에 보자기 내려놓고 풀어 헤치자,
돈뭉치가 나온다. 흙 묻은 달러 뭉치다.

일당1   혀…형님 저거!

유상기   쉿.

장 노인, 마치 의식 치르듯 근엄한 표정으로 감나무를 향해

근엄하게 말한다.

장 노인   명심해. 사람은 죽어도 돈은 안 죽어. 네가 죽어도, 갚지 못한
          돈은 네 처자식, 사촌에 팔촌, 너랑 피 한 방울이라도 섞인 인
          간이 있으면 끝까지 쫓아가서 받아 낼 거야.

일당1   (갸웃) 누구한테 저러는 거야?

일당2   나무한테 저러는 거 같은데요.

유상기   (쉿) …

장 노인   지금 네가 가져가는 게 뭔지는 알아야지.

          문 뒤에 숨어 있는 유상기, 부엌 모퉁이에 세워져 있는 곧고
          굵은 검은 각목을 본다. 돌려서 보니 각목이 아니라 명패다.
          '낙원신용정보 회장 백성미'

유상기   …

S#17.   트럭 안. 낮
          트럭에 앉아 핸드폰으로 기사들 넘겨 보고 있는 유상기.
          '20년 징역형 낙원신용정보 백성미 회장'
          '외환관리법 위반. 은닉 재산 수백만 달러로 추정'
          '자금 관리 핵심 인물 행적 묘연'

유상기   뭐야…

'은닉 자금 추적 결국 실패' 기사 말미에 눈 부분이 모자이크 되었지만 누가 봐도 장 대표임을 알 수 있는 사진 보고 있는 유상기. 입가에 미소가 지어진다.

유상기   눈앞에 월척이 있었네.

            인서트 콜 밴 안
            콜 밴에 앉아 김밥 먹는 최 주임과 박 주임.

박 주임   명패 어따 놔둘지 몰라서 그냥 세워 둔 건데. 알아서 잘 찾네?
최 주임   저렇게 다 뒤질 줄 알았으면 아무 데나 던져둘 걸. 괜히 고민
            했어.

S#18.   마을버스 정류장. 낮
            아무도 없는 정류장 벤치에 앉아 있는 장 노인.
            유상기, '스윽' 다가와 옆에 앉는다.

유상기   또 산책 나오셨어?
장 노인   …
유상기   (선한 미소) 할아버지 내가 재밌는데 데려다 드릴까?

S#19.   임시 공연장. 낮

경쾌한 트로트 간주가 흐르고 삼삼오오 앉아 있는 노인들.
반짝이 옷 입고 무대에서 신나게 노래 부르는 유상기.

유상기   (마이크) 사랑합니다. 어머님, 아버님들~

유상기, 노래를 부르며 노인들의 손을 잡아 주고 윙크를 하며
온갖 애교를 부리며 장 노인에게 다가간다.
유상기, 장 노인의 손을 잡자 시큰둥하게 손 뿌리치고 가 버
리는 장 노인.
당황스러운 유상기. 애써 감정 잡고 노래 부른다.

S#20.   시골길. 밤
           갓길에 멈춰 서는 유상기의 트럭. 기다리고 있던 일당들, '우
           르르' 트럭에 탄다.

일당1   공연은 잘 하셨습니까?
유상기   시끄럽고. 찾아냈어?
일당1   노친네 집은 다 뒤져 봤는데 없던데요.
유상기   제대로 다 뒤져 본 거 맞아?
일당2   두 번이나 뒤졌는데 없었어요.
일당1   근데 형님. 형님 말대로 어디 밭에다 숨겨 놓은 건 확실한 거
           같아요. (핸드폰 사진 보여 주며) 노친네가 사라져서 집으로 가 보
           니까 어디서 또 보자기 들고 들어오더라고요.

핸드폰 사진들 하나하나 바라보던 유상기.

보자기 들고 집으로 들어가는 장 노인의 흙 묻은 모습 찍혀

있다.

유상기   (회심의 미소) 내일부터 다 같이 따라붙는다.

S#21.   **몽타주. 낮 / 밤**

숲길.

잰걸음으로 총총 걸어가는 장 노인. 싸한 느낌에 뒤돌아보

면… 아무도 없다.

장 노인, 다시 걸어가자, 거리를 둔 채 미행하는 일당들이 차

례로 보인다.

멀리서 그들을 보고 있는 도기.

도기   우리도 찾으러 가죠.

유상기의 민박집 안.

최 주임, 여기저기 흩어져 있는 캐리어, 가방들 뒤지고 있다.

가방을 여는 최 주임, 본능적으로 코를 확 틀어막는다.

최 주임   꼬랑내가… (집게손으로 옷가지 들어 올리며) 빨래로 장 담글라 그

러나? 아무래도 여긴 없는 거 같은데.

임시 공연장 안.
여기저기 수납함 열어 보는 박 주임. 아무것도 없다.

박 주임   여기도 아무것도 없어.

장 노인 집 앞.
장 노인이 양손 가득 잡풀들 잔뜩 들고 집 안으로 들어간다.
멀리서 닫히는 장 노인의 집 대문을 보고 유상기와 일당들.

일당1   (허탈) 나물 캐러 나온 거였어. 나물 캐러.
일당2   잡아서 그냥 족쳐 볼까요?
유상기   물고기 안 잡힌다고 발길질해 봐야 흙탕물만 된다. 그것도 정
           신 멀쩡한 사람한테나 통하는 거지. 나대지 마라.
일당들   (답답한 한숨)
유상기   그 촌닭 새끼가 저 정신 나간 할배랑 친했었지?

산 중턱.
망원경으로 유상기 일당 보고 있는 도기.

고은(E)   금고는 고사하고 지폐 한 장 없대요. 이제 어떻게 하죠?
도기   그렇게 안 봤는데 생각보다 꼼꼼하네. 다시 한 번 만나 봐야
           겠어요.

S#22.   농기계 대여점. 낮
             대여점 앞으로 트럭 한 대가 들어와 멈춘다.
             도기, 트랙터 수리하다가 나온다.

도기   또 어디가 고장 난 거래요?

             유상기, 장지갑에서 오만 원권 네 장 꺼내 내민다.

유상기   오일 교체 좀 하려는데. 되나?
도기   오일 가는데 왜 이렇게 많이 준대요?
유상기   팁. 수고 하는데.
도기   (두 장 돌려주며) 팁은 정으로 주래요. 사람 사는 게 다 정인데.
유상기   …

             도기, 기름통 가져와 오일 교체한다.

유상기   일전에 만났던 그 몸 불편한 할아버지 있지 왜. 서로 친한 사
             인가?
도기   그냥 동네 어르신이니까 가끔씩 들여다보고 반찬도 챙겨 주
             고 그래요.
유상기   그 할아버지 예전에 뭐 하는 사람인지도 혹시 알고?
도기   옛날에 뭐 했는지 내가 어떻게 알아요? 근데 예전에 뭘 했던
             지금은 외롭고 도움이 필요한 할아버이 아니래요?
유상기   (만족스럽게 고개 끄덕이는) 혹시 농사짓는 땅 같은 거 있으시려나?

도기	땅?
유상기	가끔씩 거기 가서 좀 도와드리면 친해질까 싶어서.
도기	할아버이 땅 없어요.

이때다 싶어 도기에게 밀착하는 유상기.

유상기	맨날 어디 가서 흙 잔뜩 묻혀서 오시던데.
도기	아닌가? 할아버이 땅이 있나? 저번에 빨간 작대기 몇 개 들고 가긴 하던데.
유상기	빨간 작대기?
도기	왜 땅에 딱 꽂아서 표시하는 거요. 여기는 내 땅이니까 딴 사람은 접근 금지. 이런 거.
유상기	…

S#23.	산 중턱. 낮
	흩어져 산길 오르는 유상기와 일당들.
	일당1, 밭 한가운데 빨간 작대기가 꽂혀 있는 걸 발견한다.

일당1	저깄다!

'우르르' 밭 한가운데로 모이는 일당들.
빨간 작대기가 바람에 펄럭거린다.
유상기, 밭두렁에 서서 주변 인적 살핀다. 아무도 없다.

유상기	거기 한 번 파 봐.

가지고 온 삽으로 작대기 주변을 파기 시작하는 일당들.
유상기, 핸드폰 기사들 다시 보고 있다.
'자금 관리 핵심 인물 행적 묘연' 기사에 나와 있는 핵심 인물
사진이 모자이크 되어 있긴 하지만 어째 장 노인과 심하게
닮은 느낌이다.
마치 벌써 돈이라도 찾은 거처럼 기분 좋게 웃는 유상기.

유상기	한 곳만 모여서 파지 말고 흩어져서 파야지 새끼들아!

일당들, 빈정 상하지만, 유상기가 지정하는 곳으로 흩어져서
삽질한다.
유상기, 다른 주변 살피다가 다른 밭으로 넘어간다.
삽질하는 일당들, 슬슬 삭신이 쑤셔 온다.
유상기, 다른 밭에 꽂혀 있는 빨간 작대기를 발견한다.
땅에 '털썩' 주저앉는 일당들. 밭 전체를 다 헤집어 놨다.

유상기	야, 전부 일로 와 봐!
일당1	찾았습니까?

힘겹게 일어나 밭에서 나와 유상기에게 가는 일당들.
유상기, 또 다른 빨간 작대기가 꽂힌 밭을 가리킨다.

유상기	저기도 파 봐.
일당1	아니 형님! 우리 지금까지 계속 땅만 팠어요.
유상기	그래서 뭐 나왔어? 징징대지 말고 시작해.
일당2	밥이라도 먹고 합시다. 너무 힘들고 배고파요.
유상기	(앙칼진) 밥 한 번 건너뛴다고 안 죽어! 빨리 시작 안 해!

일당들, 유상기 서슬에 다시 삽 들고 밭으로 들어간다. 죽을 맛이다.

S#24.   장터 국밥집. 낮
도기, 매우 매우 맛있게 국밥 퍼먹고 있다.
유상기, 도기 앞자리에 털썩 앉는다. 표정 안 좋다.

유상기	그쪽이 말한 빨간 깃발인지 작대기인지. 할아버지 땅 아니던데?
도기	언제 할아버이 땅 있다고 했어요? 빨간 작대기 들고 갔다고 했지.
유상기	(울컥) 확실하지도 않은 얘길 왜 해!
도기	근데 땅은 왜 자꾸 물어보는 거래요?
유상기	(움찔) 걱정돼서 그러지 걱정돼서. 할아버지 혼자 땡볕에 밭 매다 쓰러지기라도 하면 큰일이잖아.
도기	(난 또 뭐라고) 그 걱정이라면 안 해도 돼요. 할아버이 밭 안 매요.
유상기	밭을 안 매? 그걸 당신이 어떻게 알아. 당신이 봤어?

도기	봤어요.
유상기	??
도기	할아버이 지금이야 좀 그렇지만 예전엔 또릿했어요. 트랙터도 곧잘 몰고.
유상기	트랙터?
도기	뭐 할 게 있다면서 저한테 트랙터랑 쟁기 빌려 갔었어요.
유상기	할아버지가… 밭 매는 트랙터를 빌려 갔단 말이지…
도기	내가 트랙터 몰고 할아버이 말한 곳에 갖다 주고 그랬다니.
유상기	…
도기	할아버이 뭘 심으려고 이렇게 깊은 쟁기가 필요하냐고 물었었는데, 그건 또 얘길 안 해 준다니.
유상기	(말 자르며) 김도기 씨.

유상기, 장지갑에서 오만 원권 한 뭉치 꺼내 내려놓는다.

유상기	나도 그 트랙터 좀 빌립시다. 할아버지 빌렸던 거기로.
도기	(멀뚱멀뚱. 별다른 동요 없는) …
유상기	국밥에 깍두기가 없어서 쓰나. (새 깍두기 담아 주며) 이건 정으로.
도기	(밝은 표정으로 깍두기 집어 먹는) 맞아요. 사람 사는 게 다 정인데.

서로 환하게 웃는 도기와 유상기.

S#25.   시골길. 낮

트랙터 타고 가는 도기.
뒤따라오는 유상기의 트럭.

고은(E)	기사님한테 대신 해 달라고 하진 않겠죠?
도기	(미소) 나한테 나누어 줄 정도로 착해 보이진 않는데요. 그보다 없던 돈이 생겼어요.
고은(E)	돈이요?
도기	…

인서트 농기계 대여점. 낮
유상기, 장지갑에서 오만 원권 네 장 꺼내 내민다.

유상기	오일 교체 좀 하려는데. 되나?

도기, 유상기의 장지갑 안을 본다. 지폐가 몇 장 없다.

도기	그때 지갑에는 분명 돈이 얼마 없었어요. 그런데…

인서트 국밥집. 낮
유상기, 장지갑에서 오만 원권 한 뭉치 꺼내 도기에게 건넨다.

유상기	나도 그 트랙터 좀 빌립시다. 할아버지 빌렸던 거기로.
도기	(물끄러미 지갑에 돈 보는) …

묵묵히 트랙터 운전하며 가는 도기.

고은(E)   근방에 ATM기 있었나? 아닌데. 없는데.
도기   짐작 가는 곳이 있어요. 나중에 확인해 보면 알겠죠.

고개 돌려 유상기와 일당들 보는 도기.
꾀죄죄한 몰골의 유상기와 일당들. 도기와 눈이 마주치자 서
로 웃어 준다.

일당1   저 촌놈이 트랙터를 빌려준 곳이 바로 그 노친네 땅이라는
           거잖아요.
일당2   팔에 힘이 하나도 없어요. 저놈한테 아예 파 달라고 하는 건
           어때요?
유상기   (뒤통수 후려갈기며) 파다가 돈 나오면 네가 책임질래?

S#26.   또 다른 빨간 작대기 밭. 낮
           밭 한가운데로 트랙터 옮겨 주는 도기.
           밭 어귀에 빨간 작대기 꽂혀 있는 것 확인하는 유상기.

도기   (트랙터에서 내리며) 이거 운전은 누가 하는 거래요?
유상기   그건 신경 쓰지 마시고 그만 내려가 일 보세요.
도기   운전하는 사람 없으면 내가 대신해 줘도 된다니.
유상기   괜찮으니까 내려가세요.

도기   그럼 뭐. 난 이만 갈게요.

          전원일기 테마 음악을 온몸으로 소화하며 산길 내려가는 도기.
          트랙터로 땅 파는 유상기 일당.

유상기   (여기저기 가리키며) 이쪽으로 한 번 파 봐!

          트랙터 파낸 땅에서 보자기가 나온다.

유상기   (흥분) 나와 봐! 나와 봐!

          뛰어와 급하게 보자기 푸는 유상기. 매우 고급스러운 상자가
          나온다.
          다가와 잔뜩 기대하며 보고 있는 일당들.
          유상기, 마른침 꿀꺽 삼키며 상자 여는데, '으헉!' 코 막고 도
          망치듯 물러나는 유상기와 일당들.
          헛구역질하는 일당도 보인다.

일당1   (우웩) 똥이 왜 저기에… (우웩)

          역시나 헛구역질하고 있는 유상기. 열 받는다.

유상기   야 다른데 다시 파 봐!

일당1, 트랙터 조작하는데 안 움직인다.

일당1   뭐야… 이게 안 움직이는데요.

유상기   (짜증 난다) 비켜 봐.

유상기, 직접 트랙터 타고 조작해 보는데 여전히 움직이지 않는다.

유상기   이 촌닭 새끼 잘 되지도 않는 걸 빌려줘 놓고!

신경질적으로 아무거나 막 누르는 유상기.
갑자기 트랙터 보닛에 스파크가 '파팍!' 튄다.

유상기   뭐야!

검은 연기가 트랙터 보닛에서 뭉게뭉게 피어오른다.
트랙터에서 내리는 유상기. 얼굴이 어느새 검댕이가 묻어 있다.
유상기, 얼굴에 검댕이 닦아 내는데, 일당1, 산등성이 길에서 뭔가를 봤다.

일당1   (멍하게 손가락으로 가리키며) 형님 저기…

유상기, 돌아보면 장 노인, 흙투성이 보자기 안아 든 채, 일당들 구경하며 산길 내려가고 있다.
멍하게 보고 있는 유상기와 일당들.
유상기, 실소가 나온다. 소리 지른다.
유상기의 샤우팅에 산이 쩌렁쩌렁 울린다.
말도 못 하고 유상기 눈치 보는 일당들.

유상기   (서늘한 눈빛) 야. 방법 바꾼다.

S#27.   장 노인 집 앞. 밤
            도기, 경운기 세워 놓고 장 노인 집으로 들어가려는데, 문 앞
            에서 도기 막아서는 유상기와 일당.

도기   왜 그래요?
유상기   할아버지는 이제 우리가 돌봐 드릴 테니까 돌아가셔.
도기   할아버이 밥 챙겨줘야 한다니. (들어가려면)
유상기   (다시 막아서고) 외롭고 도움이 필요한 할아버이 밥 우리가 챙
            겨 줄 테니까 돌아가라고.
도기   …

            별수 없이 발걸음 돌려 나오는 도기.
            유상기와 일당들. 장 노인 방으로 들어간다.

고은(E)   장 대표님 괜찮을까요?

도기   …

S#28.   장 노인 집 안. 밤
           일당1, 2, 3, 밥 먹고 있는 장 노인에게 흙 묻은 100달러 보여
           주며 윽박지른다.

일당1   영감님, 이거 어디서 가져왔냐고!
일당2   낮에 다녀온 데 있잖아, 낮에 다녀온 데.
장 노인   (반응 없다) …
유상기   그만들 해. 할배 식사하시는데 정신 사납게.

           친절한 미소를 머금은 채 장 노인 앞에 앉는 유상기.

유상기   우리 밥 먹고 운동 삼아 할배 밭에 산책이나 갈까?

           장 노인, 밥숟갈 내려놓고 이불 덮고 돌아눕는다.

유상기   우리가 이제부터 할배 돌봐 드릴 테니까. 걱정 마셔.

S#29.   장 노인 집 앞 / 언덕 위. 이른 아침
           방문 열고 나오는 장 노인.
           일당1, 하품하며 뒤따라 나온다.

마당에 감나무로 다가가는 장 노인, 감나무 끌어안는다.

일당1   (하품 나온다) 노망도 가지가지다.

평상에 걸터앉아 기다리는 일당1.
도기, 언덕길 위에서 마당에 장 대표 내려다보며 교신하고
있다.
장 대표, 감나무 끌어안은 채 도기와 교신 중이다.

도기   별일 없으셨죠?
장 대표   어떻게 좀 해 줘. 이 새끼들 24시간 나만 보고 있어. 화장실까
지 따라 들어와.
도기   공연 보고 싶다고 하세요. 해결해 드릴게요.

S#30.   농기계 대여점 인근 공터. 낮
         콜 밴 문 열고 밖으로 나오는 고은.

고은   안 돼 안 돼. 나 못 해 못 해.

뒤따라 내리는 박 주임과 최 주임.

박 주임   김도기 기사가 우리 중 한 명이 올라가 달라잖아.
고은   박 주임님이 올라가요. 최 주임님이 가던가.

최주임	우린 이미 얼굴이 노출 됐잖아. 뉴페이스는 너밖에 없어.
고은	미쳤어요. 내가 어떻게 거기서… 어휴. 생각만 해도 남사스러워.
최주임	너도 언제까지 안에만 있을 거야. 가끔씩 바깥공기 좀 마셔야지.
고은	…(도리도리) 안 돼. 난 못 해 못 해.

S#31.   임시 공연장 앞 / 뒤. 낮

무대 앞에 공연을 보러 온 노인들이 앉아 있다. 장 노인 모습도 보인다.
무대 뒤에서 초조하게 누군가를 기다리고 있는 유상기와 일당들.

일당1	근데 저 노친네는 왜 갑자기 공연을 보고 싶다고 했을까요?
일당2	형님이 노래 불렀을 때는 귓등으로도 안 들었잖아요.
유상기	그래서 알바 불렀잖아! 근데 왜 안 와. 제대로 섭외한 거 맞아?
일당1	섭외했어요. 일부러 제일 가까운 업체 찾아서 전화했는데…

무대 뒤로 반짝이 옷을 입은 누군가가 나타난다. 고은이다.
예상치 못한 화려한 비주얼과 미모에 다소 당황한 유상기 일당.

고은	늦어서 죄송합니다.

일당1   (안도의 한숨) 아 왜 이제 와요. 빨리 무대로 올라가요.

                고은, 일당1 뒤편의 꽃들을 손으로 가리킨다.
                공연 기다리는 노인들, 하품하며 지루해 하는데, 무대 위로
                '목로주점' 전주가 흥겹게 흐르기 시작한다.
                조명이 밝아지고 머리에 꽃 장식을 한 고은이 무대에 모습을
                드러낸다.
                장 노인, 사전에 연락을 못 받았는지 제법 놀란 표정이다.
                노래 부르기 시작하는 고은.

고은   멋들어진 친구 내 오랜 친구야 언제라도 그곳에서 껄껄껄 웃
                던 멋들어진 친구 내 오랜 친구야 언제라도 그곳으로 찾아오
                라던~

                관객들, 하나둘씩 어깨춤 추며 장단 맞춰 박수 친다.

고은   이왕이면 더 큰 잔에 술을 따르고 이왕이면 마주 앉아 마시자
                그랬지 그래 그렇게 마주 앉아서 그래 그렇게 부딪혀 보자~

                객석 뒤편에 최 주임과 박 주임도 박수 치며 보고 있다.

최 주임   저렇게 잘 할 거면서 왜 그렇게 질색했대.
박 주임   안 시켰으면 큰일 날 뻔 했어. 역시 김도기 기사. 인정.

S#32. 농기계 대여점 인근 공터. 낮. 과거
       고은, 길가에 서서 도기와 교신하고 있다.

고은   부끄럽기도 하고. 나 노래도 잘 못해요.
도기   못해도 괜찮아요. 지금 우리한텐 고은 씨 밖에 없어요.
고은   …

       교신기 빼고 한숨 쉬는 고은. 그런데 얼굴은 이미 싫지 않은
       표정이다.

고은   어떡해. 나밖에 없다는데.

S#33. 임시 공연장. 낮
       무대에서 노래 부르고 있는 고은.

고은   월말이면 월급 타서 로프를 사고 연말이면 적금 타서 낙타를
       사자 그래 그렇게 산에 오르고 그래 그렇게 사막에 가자~

       노래가 끝나자, 아빠 같은 미소 지으며 박수 쳐 주는 장 대표.

       인서트 산 중턱. 낮
       산길에 서서 교신기로 듣고 있던 도기. 흐뭇한 미소 머금는다.

유상기, 무대 앞에서 고은에게 100달러 건네는 장 노인 물끄러미 본다.

S#34.   임시 공연장 무대 뒤. 낮
         무대 뒤로 내려오는 고은.
         유상기, 봉투에 일당 담아 고은에게 건네준다.

유상기   쓸 만하네.

         고은, 가볍게 목례하고 가려는데, 유상기, 고은의 주머니에 삐져나온 흙 묻은 100달러 빼낸다.

고은   (다시 낚아 채며) 내 거예요. 할아버지가 나 이쁘다고 준 거예요.
유상기   (픽 웃는) 너 알바 하나 더 해라.
고은   …?

S#35.   장 노인 집 방 안. 낮
         방 안에 마주 앉아 과일 먹고 있는 고은과 장 대표.

장 대표   내가 지금까지 본 무대 중에서 제일 멋진 공연이었어.
고은   (진저리) 그만 얘기해요. 대표님 때문에 자꾸 상상하게 되잖아요. 아아. 얼굴 화끈거려. 김도기 기사님 다음 계획은 뭐래요?

장 대표	이제부터 저놈들한테 자아 성찰의 시간을 마련해 주겠다던데.
고은	(?) 자아 성찰이요?

장 대표, 고은에게 차 열쇠 내민다.
빙긋 웃으며 차 열쇠 받아 드는 고은.

S#36. 장 노인 집 앞 갓길. 낮

트럭에 탄 채, 장 노인 집을 보고 있는 유상기와 일당들.

일당1	형님 말씀대로 그 노친네가 저 여자한테 말해 줄까요?
유상기	그 영감탱이 우리한테 대하는 태도랑 확실히 달랐어.

장 노인 집에서 외제차 한 대가 '스윽' 나온다.

일당1	형님 저거… 그 영감탱이 차잖아요.

차도로 들어서는 외제 차 막아서는 유상기와 일당들.
운전석에 고은이 떡하니 앉아 있다.

유상기	너 이거 뭐야.
고은	할아버지가 나 이쁘다고 줬어요.
유상기	(병찐) …
고은	(창문 살짝 내려 돈 봉투 휙 던져 주며) 저 이제 알바 안 할래요.

유상기   너 시동 끄고 내려 봐.

         유상기, 차 문 열려고 하면, 재빨리 차 문 잠그는 고은.

유상기   좋은 말로 할 때 내려라.
고은   당신들 속셈 내가 모를 줄 알아? 할아버지가 나한테 다 얘기
         해 줬어!

         유상기, 조수석에 놓인 지도와 빨간 작대기에 시선이 꽂힌다.

유상기   !!
고은   나 이쁘다고!

         '횡' 거칠게 출발하는 외제 차.

유상기   (이런 썅) 잡아!

S#37.   추격 몽타주. 낮
         국도를 달리는 고은의 차.
         그 뒤를 맹렬하게 뒤쫓아 오는 유상기와 일당.

고은   어머 웬일이니. 죽일 거처럼 쫓아오는 거 봐.
유상기   죽인다! 내가 너 죽인다!

고은	(표지판 보며) 차로 감소 표지판 지났어요!
도기(E)	다음 교차로에서 우회전하세요. 긴장하지 말고.
고은	(마른침 꿀꺽) 긴장 안 했거든요.

차선이 줄어든다.

고은의 외제 차가 줄어든 차선으로 '휭' 지나가면, 전원일기 음악과 함께 갓길에서 차로로 '탈탈탈탈' 진입하는 도기의 경운기.

경운기 뒤에서 빵빵거리는 유상기의 트럭. 차선이 하나인데 다 중앙선에 가드레일까지 세워져 있어 추월도 못 한다.

고은의 외제 차와 거리가 점점 멀어지는 유상기의 트럭.

교차로에서 우회전하는 고은의 외제 차. 시야에서 사라진다.

유상기	(급하게 경적 울리며) 비키라고!!

뒤에서 연신 하이빔 쏴 대며 빵빵거리는 유상기의 트럭.

그러거나 말거나 고즈넉한 전원일기 분위기 속 시속 20km 로 달리는 경운기.

차선이 다시 넓어진다.

차선 변경해 경운기 옆으로 오는 유상기의 트럭.

유상기, 창문 열고 도기에게 고래고래 악쓰며 소리 지른다.

유상기	(삿대질 하며) 야! 이 #$@&%%*$#$!!!

평화로운 전원일기 음악에 둘러싸여 소리가 안 들리는 도기.

도기   (정겹게 손 흔들어 주며) 그래요~ 먼저 가요~

도기가 웃으니까 더 열 받는 유상기. 신경질적으로 가속 페달
'콱' 밟는다.
도기, 미소가 걷히며 멀어지는 트럭을 본다.
외제 차가 삼거리 갓길에 문이 활짝 열린 채 서 있다.
트럭에서 내려 뛰어오는 유상기와 일당들.
조수석 지도에 생수통이 쏟아져 있어 다 젖어 있다.
유상기, 지도 꺼내 펼쳐 보는데 다 번져 있어서 알아보기도
어렵다.

유상기   (어금니 으드득)
일당1   쫓아오니까 무서웠나 보네. 다 두고 도망간 거 보니까.
일당2   (돌아보곤 깜짝) 형님, 우리 트럭!

유상기의 트럭이 뒤로 밀리며 점점 빠르게 내려가고 있다.

유상기   (기겁) 야 우리 차 잡아!

미친 듯이 트럭으로 뛰어가는 유상기.
낭떠러지로 굴러 떨어지는 트럭, 순식간에 화염에 휩싸이며
폭발한다.

불타는 트럭을 보며 절규에 가까운 비명 지르는 유상기.
일당들, 바닥에 주저앉아 눈물까지 흘리며 절규하는 유상기를 이상하게 본다.
마치 세상을 잃은 표정으로 트럭을 보고 있는 유상기 얼굴에서 화면이 리와인드 된다.

S#38.   몽타주. 과거
         갓길. 낮

고은   모아둔 돈이 하나도 없어요. 사기 치는 족족 다 탕진한 하나 봐요.
도기   씀씀이로 봐선 그렇진 않을 거예요. 분명 어딘가에 모아 놨을
         거예요.

         국밥집. 낮
         장지갑에서 돈뭉치 꺼내는 유상기.

유상기   나도 그 트랙터 좀 빌립시다.

         시골길. 낮
         트랙터 운전하며 가는 도기.

고은(E)   근방에 ATM기 있었나? 아닌데. 없는데.
도기(E)   짐작 가는 곳이 있어요. 나중에 확인해 보면 알겠죠.

민박집 앞. 밤

주차된 트럭 내부 구석구석 살펴보는 도기. 숨겨 놓을 만한
곳이 안 보인다.

짐칸으로 가는 도기. 문득 트럭 펜스를 손으로 똑똑 두드려
본다.

도기   …

트럭 펜스의 고무 덮개 뜯어내고 빈틈에 플래시 비춰 보는
도기.

그 빈 공간에 오만 원권 뭉치가 차곡차곡 쌓여 있는 게 보인다.

최 주임, 박 주임과 함께 트럭 펜스에 숨겨 놓은 돈을 모조리
빼낸다.

국도변. 낮

도기, 외제 차 주변에 모여 있는 유상기와 일당들 보며 리모
콘 버튼 '꾹' 누른다.

트럭 내부에 부착된 기계 장치에 붉은색 불이 켜진다.

트럭이 서서히 후진하기 시작한다.

뒤늦게 발견하고 쫓아오는 유상기.

낭떠러지로 떨어져 폭발하는 트럭.

바닥에 무릎을 꿇은 채, 절규 섞인 비명 지르는 유상기.

그 뒤를 경운기 탄 채 '탈탈탈' 다가오는 도기.

도기	(낭떠러지 내려다보며 안타까운) 저것은 수리가 안 된다니. 쯧쯧쯧.

한마디 남기고는 '탈탈탈탈' 지나가는 도기.

도기	대표님한테 전해 주세요. 마지막 산책 가실 시간이라고.

자리에서 일어나는 유상기. 눈에 독기가 가득한 표정으로 성큼성큼 걸어간다.

S#39.	산속. 낮

산속으로 도망치는 장 노인.
그 뒤를 성큼성큼 쫓아오고 있는 유상기와 일당들.
장 노인, 나무 뒤에 숨어 가쁜 숨 몰아쉰다.
울창한 나무 한가운데 멈춰 서는 유상기. 들고 있던 칼을 바닥에 꽂는다.

유상기	난 말이야… 영감님 같은 사람을 아주 잘 알아. 누구보다도 이해할 수 있어… 왜냐하면 우린 같은 부류거든.
장 노인	…
유상기	자기 거 빼앗길까 봐, 매일매일 불안을 안고 사는 그 더러운 기분. 나는 아주 잘 알아. 나한테 얘기해. 그럼 모든 게 편안해져. (다시 칼 뽑아 들며) 어디다 숨겼는지 나한테 다 말해. 편하게 해 줄게.

장 노인   …

장 노인. 크게 심호흡하고는 갑자기 뛰기 시작한다.
그런데 길이 아닌 낭떠러지 방향이다.
유상기와 일당들, 장 노인 뒤를 쫓는데, 장 노인, 멈추지도 않
고 낭떠러지 아래로 폴짝 뛰어내린다.

유상기와 일당 !!!

'풍덩' 소리가 들린다.
아연실색한 일당들, 다가가 낭떠러지 아래 내려다본다.

일당1   (소름 끼치는) 형님… 이, 이게…

인서트 강둑 아래. 낮
다리 밑 사각지대에서 다이버 차림의 최 주임, 장 대표의 산
소마스크 벗겨 준다.

최 주임   (감탄) 진짜 담력도 좋으셔. 나 같으면 못 뛰어 내렸을 텐데.
장 대표   (오들오들) 다음부터 이런 산책은 젊은 사람이 하는 걸로. 엣취!

고요히 흐르는 강물 위로 장 노인이 입었던 옷이 둥둥 떠내
려가고 있다.

일당2	죽었어요… 우리가 죽인 거예요? 아니죠?

갑자기 뭐가 재밌는지 웃음을 터뜨리는 유상기.
일당들, 이 상황에 웃고 있는 유상기가 더 무섭다.

일당1	형님, 사람이 죽었다고요!
유상기	이 멍청한 새끼들, 지금 상황을 모르겠어?
일당들	?
유상기	저 영감탱이가 파묻어 놓은 돈 아는 사람. 이제 우리밖에 없어. 크ㅎㅎㅎ.
일당1	미쳤어… 완전히 미쳤어…

뒷걸음질 치며 도망가는 일당들.

유상기	하여튼 끝까지 멍청한 새끼들. 니들은 그래서 평생 촌구석에서 못 벗어나는 거야.

돌아서서 산 쪽을 바라보는 유상기. 주머니에서 물에 젖은 지도 꺼내 쥔다.

유상기	(희열 섞인 웃음) 이제 그 돈은 다 내 거야.

S#40.	산 아래 길. 낮

도망쳐 내려온 일당들, 다급하게 모범택시 향해 손을 흔든다.
일당들 앞에 다가와 멈춰 서는 모범택시.
'우루루' 택시 타는 일당들.

일당1   (급하게) 빨리 출발합시다!

택시 운전석에 앉은 도기, 징 박힌 가죽장갑 낀 손으로 선글
라스 쓴다.
출발하는 모범택시. 어둠 속으로 사라진다.

S#41.   산속. 밤
          인적 드문 야산 속으로 들어가는 유상기.
          주변으로 드문드문 빨간 작대기 깃발이 바람에 휘날리고 있다.
          유상기, 물에 번져 잘 보이지도 않는 지도를 펼쳐 본다.
          필사적으로 지도 보는 유상기. 깊은 산속으로 더 들어간다.
          벌써 보물이라도 찾은 양 기분이 좋아진다.
          언덕 위에 서서 그런 유상기를 바라보는 도기. 돌아서서 내려
          온다.

S#42.   국도. 밤
          국도변을 시원하게 나란히 달리고 있는 모범택시, 콜 밴.

고은	그냥 내버려 두려고요?
도기	네. 보물찾기 하는데 방해하면 안 되죠.
고은	언제까지요?
도기	땅속에 묻혀 있는 보물. 일확천금을 찾으면 끝나겠죠.
최 주임	그건 처음부터 없는 거잖아.
도기	우리에겐 없지만 저놈한텐 있어요. 보고 만지고 느꼈으니까.

인서트 산속. 밤
울창하고 깊은 산속 한 가운데.
보고 있던 100달러 지폐 주머니에 쑤셔 넣고 다시 땅 파는
유상기.
더 깊은 산 속으로 일정하게 꽂혀 있는 빨간 작대기.

도기	저놈에게 오늘 하루는 절대 잊지 못할 날이죠. 한순간에 모든 재산을 불길에 날렸고, 동료들도 떠났어요. 거기다 사람까지 죽었죠. 감당하기 힘든 절망적인 현실이죠.
고은	…
도기	땅속에 숨겨진 일확천금을 찾아내는 것만이 현실을 벗어나는 유일한 방법이죠.

인서트 산속. 밤
더 깊은 산속으로 일정하게 꽂혀 있는 빨간 작대기.
산속으로 더 들어가는 유상기.

다시 국도변.

도기	현실이 절망적일수록 보물의 유혹과 욕망은 더 강렬해질 테니까.
고은	그런데 왜 자아 성찰이라 그랬어요?
도기	가장 선한 사람들만 골라서 피해를 준 그 뒤틀린 마음속을 본인도 경험해 봐야죠.
장 대표(E)	꼭 감옥 같구먼. 본인의 욕심이 만든 감옥.

인서트 깊은 산속. 밤
흙투성이 유상기, 열심히 땅 파고 있다.
촘촘히 심어져 있는 나무들이 흡사 굵은 창살처럼 보인다. 감옥 같다.
그 사이에서 교도관처럼 펄럭이고 서 있는 빨간 작대기.

박 주임	그럼 저 감옥에선 언제 나와?
도기	깨달음을 얻으면 스스로 문 열고 나오겠죠. 그런데 그것도 쉽진 않을 거예요. (빙긋) 보물은 없지만 꽝은 있거든요.
고은	?
도기	그 지역에는 이미 다수의 빨간 깃발이 꽂혀 있었어요. 빨간 깃발이 원래 군사적으로… 지뢰 매설 지역이란 뜻이죠.

인서트 깊은 산속. 밤
유상기, 분주히 땅 파며 한 발 이동하는데 발에 뭔가가 '딸깍'

밟힌다.

흙을 살살 치우자 발아래 밟힌 지뢰가 보인다. 낯빛이 파래지는 유상기.

깊은 산속에 유상기의 악에 받친 절규가 들려온다.

유상기(E)   끄아아아아!

시원하게 국도를 달리는 모범택시와 콜 밴.

S#43.   시골마을 초입. 낮
노인들, 간이 천막 앞으로 길게 줄 서 있다.
박 주임과 최 주임, 할아버지 할머니들에게 새 의료 기기 나눠 주고 있다.

S#44.   간이역. 낮
벤치에 조용히 앉아 있는 이임순 할머니.
손에 쥔 모범택시 스티커 물끄러미 내려다본다.

장 대표(E)   그동안 피해 보신 다른 분들이랑, 어르신이 갚아야 할 돈도 다 해결됐으니까 이제 걱정 안 하셔도 됩니다.

이임순(E)   제가 어떻게 답례를 해야 할지…

장 대표(E)   어르신께서 오래오래 건강하게 사시는 게 저희한테는 최고의 답례입니다.

멀리 기차가 들어온다.
일어나 플랫폼 앞으로 다가가는 이임순 할머니.
기차가 멈춰 선다.

아이(E)	할머니~!
아빠(E)	어머니, 저희 왔어요.

이임순 할머니의 얼굴에 그제야 환한 웃음꽃이 핀다.

이임순(E)	아이고 고생스럽게 뭐 하러 이 먼 데까지 왔나.

S#45.	간이역 앞 갓길. 낮
	멀리 길가에 서서 간이역 보고 있는 모범택시와 콜 밴.
	도기, 시동 걸고 출발한다.

도기	운행 종료합니다.
고은(E)	수고하셨습니다.
장 대표(E)	다들 고생 많았어. 엣취!
박 주임(E)	대표님이 제일 고생 많으셨죠.
최 주임(E)	아, 배고파. 고기 먹고 싶다. 한우. 1등급.

간이역과 멀어지는 모범택시와 콜 밴.

S#46.   도기 집 옥상. 밤

턱걸이 운동하고 있는 도기.

땀 닦고 음료수 마시는데, 핸드폰이 울린다. 발신자 '고은'이다.

도기   네. 고은 씨.

고은(E)   김도기 기사님 아랫집 아직 비어 있어요? 지금 사는 집 계약
         이 거의 끝나가서요.

도기   글쎄요. 아까 들어올 때 보니까 불이 켜져 있는 거 같았는데.

고은(E)   아… 벌써 누가 들어갔나 보네. 근데 김도기 기사님 뭐 마셔요?

도기   단백질 음료요.

고은(E)   아아. 운동 끝나고 먹는다는 거요. 기사님 그거 디게 오래 먹
         네요?

도기   (미소) 탄산이라 부담 없이 즐겨 마시기 좋으니까요.

도기, 전화 끊고 집에 들어가려는데.

온하준(E) 실례합니다.

떡 들고 계단 올라오는 온하준. 도기 보곤 놀란다.

온하준   어! 도기 형님! 형님 집이 여기였어요?

도기	…온 기사님이 여긴 어떻게?
온하준	저 아랫집으로 이사 왔어요. 형님이 근처에 사신다는 얘기는 얼핏 들었는데. 여기 계신 줄 알았으면 좀 더 좋은 걸로 갖고 왔을 텐데요. (떡 건네며) 그래도 이거라도 일단. 다음에 제대로 한번 쏘겠습니다.
도기	(받으며) 이삿짐 옮길 거 있으면 좀 도와줄까요?
온하준	아니요. 회사 가서 택배 박스 몇 개만 더 갖고 오면 끝나요.
도기	(떡 보며) 잘 먹을게요.
온하준	네. 쉬세요, 형님. (가다가 돌아보며) 저 여기 자주 놀러 와도 돼요?
도기	(미소) 그래요.

꾸벅 인사하는 온하준. 기분 좋게 계단 내려간다.

S#47. 택시 회사 낡은 창고 앞 / 안. 밤
아무도 없는 택시 회사 안으로 들어오는 온하준의 택시.
휘파람 불며 외부 경리실 앞에 택배 상자들 트렁크에 싣다가
문득, 낡은 창고를 돌아본다.

온하준 …

창고 안으로 들어오는 온하준. 캐비닛 앞에 다가와 선다.
캐비닛 활짝 열고 진열대를 뒤로 민다. 다시 내부에 공간이
생긴다.

마른침 삼키며 내부로 들어오는 온하준. 벽면에 버튼을 가만히 본다.

버튼을 조심스레 '꾹' 누르자, 기계음과 함께 내려가기 시작하는 내부.

소스라치게 놀라며 주저앉는 온하준. 입이 떡 벌어진다.

S#48.   무지개 택시 회사. 낮

외부 경리실에 '외출 중' 팻말 빼내는 고은. 장 대표와 서류들 챙겨 보고 있다.

정비실로 택시 입고해 정비 준비하는 박 주임과 최 주임.

도기, 자판기에서 커피 한 잔 뽑아 나온다.

이 모든 순간들이 '찰칵찰칵' 누군가에게 찍힌다.

카메라 셔터 누르는 정체불명의 손에 독특한 모양의 인장 반지가 껴 있다.

남자(E)   찾았습니다.

남자의 서늘한 목소리와 택시회사 사람들의 웃는 모습에서.

4화 끝.

TAXI DRIVER

두 번째 운행

5화

당신들
부부 아니지?

S#1.   골목길. 밤
            골목길을 달리는 조그만 발. 7세 여자아이.
            뒤를 쫓는 커다란 남자의 발들. '저쪽으로 가봐!'
            발들이 골목을 갈라지며 달려간다.
            힘에 겨운 아이, 헉헉대며 달리다 문 열린 주택 대문 안으로
            들어간다.
            주택 안으로 들어오는 남자. 아이를 찾는데… 보이지 않는다.
            남자, 계단 중간에 서서 2층을 둘러본다. 고요한 2층 복도.
            2층 신발장 뒤에 쪼그려 앉아 벌벌 떨고 있는 아이.
            뭐가 무서운지 금세 울음을 터뜨리고도 자기 입을 막는다.

남자1(E)   거기 있어?
남자2(E)   안 보이는데요?
남자1(E)   조그만 게 엄청 빠르네. 애 엄마한테 연락해서 실종 신고 시켜.

            남자들 소리가 멀어지자 그제야 조심히 신발장 밖으로 얼굴

을 내미는 아이.

타이틀 '모범택시: 두 번째 운행'

S#2.　　　택시 회사 낡은 창고 앞 / 안. 밤

아무도 없는 택시 회사 안.

창고 앞으로 다가오는 온하준, 주변 둘러보곤 컨테이너 문 따고 들어간다.

창고 안으로 들어와 문 닫는 온하준. 캐비닛 앞에 다가와 선다.

캐비닛 활짝 열고 진열대를 뒤로 민다. 다시 내부에 공간이 생긴다.

마른침 삼키며 내부로 들어오는 온하준. 벽면에 버튼을 가만히 본다.

버튼을 조심스레 '꾹' 누르자, 기계음과 함께 내려가기 시작하는 내부.

소스라치게 놀라며 주저앉는 온하준. 입이 '떡' 벌어진다.

그런데 내부가 잠깐 내려가더니 '덜컹' 멈춘다.

버튼을 연거푸 눌러 보는 온하준. 내부가 더 이상 움직이지 않는다.

기둥 아래쪽에 커다란 너트가 끼워져 있어 내부 하강을 막고 있다.

온하준, 벌어진 틈새로 들여다보려는데 몸이 안 들어간다.

온하준　　　분명히 내려갈 거처럼 생겼는데 안 내려가네…

허탈하게 돌아서 나가는 온하준.

S#3.   장 대표 집 안. 낮
            박 주임과 최 주임, 집 안 내부 통로 문 열고 나온다.

박 주임   승강기 쪽 통로 차단했어요.

최 주임   우리 이제 이쪽으로만 다녀야 되는 거예요?

장 대표   번거롭더라도 당분간은 이쪽 길로만 다니자고.

최 주임   온 기사 이 자식 쓸데없는 호기심으로 사람 운동시키고.

장 대표   아직 어린 친구니까. 다들 잘 좀 챙겨 줘.

박 주임   네. 근데 보기엔 안 그런데 은근 사고를 너무 많이 쳐.

최 주임   그래? 난 보기에도 그런데.

박 주임   질투 같은데. 온 기사 잘 생겨서.

도기   (들어오며) 큰 짐은 거의 다 나왔어요.

장 대표, 집 안 둘러본다. 가구들이 앞마당으로 다 나가 있다.

장 대표   진작 뺄 걸 그랬어. 집 안이 훨씬 넓어 보이네.

최 주임   (수족관 보며) 저것도 빼요?

장 대표   빼야지.

최 주임   저희가 내 갈게요.

박 주임과 최주임, 수족관 들고 조심조심 나간다.

우두커니 서서 보고 있는 장 대표와 도기.

도기   (수족관 보며) 아끼시던 거 같던데 정말 버리게요?

장 대표   대청소가 원래 생각 없이 갑자기 하는 거잖아. (수족관 보며) 이
         것저것 생각하면… 바꿀 수도, 버릴 수도 없으니까. 식탁도
         새로 주문했어. 가끔씩 다 모여서 밥도 먹고, 회식도 하자고.

도기   …네.

장 대표   고은이도 혼자 밖에 지내는 거보다 2층에 들어와서 지내면 좋
         을 것 같은데 안 들어온다 해서. 자네라도 들어오는 건 어때?

도기   (미소) 생각해 볼게요.

S#4.   택시 회사 안. 낮

         택시 회사 주차장에 정차된 정체불명의 차 안.

         회사 주변 사람들을 카메라로 찍고 있는 인장 반지. 얼굴은
         보이지 않는다.

         인장 반지, 외부 경리실에서 나오는 고은에게 포커싱을 맞추
         는데.

         고은, 정체불명 차량을 돌아본다.

고은   …?

         고은, 차량 쪽으로 걸어오는데.

온하준(E)	고은 씨~
고은	(돌아보며) ?
온하준	이거 근퇴 카드가 안 돼요. 고장 났나 봐요.
고은	고장이요?

정체불명의 차량, 택시 회사를 빠져나간다.
고은, 차를 쫓아가기엔 이미 늦었다.

고은	카드 줘 봐 봐요.

카드 받아 들고 외부 경리실 체크기를 확인하는 고은.
택시 회사 나가는 정체불명의 차량을 무심히 돌아보는 온하준.

고은	(탁탁 쳐 보며) 진짜 안 되네. 아침까지 잘 됐었는데.

온하준, 낡은 창고를 물끄러미 본다.

온하준	근데… 저기 저 창고 있잖아요…
고은	(짜증) 아침까지 잘 되다가 왜 이래. (돌아보며) 뭐라고 했어요?
온하준	아…아니에요.
고은	카드 두고 가세요. 내가 수기로 써 놓을게요.
온하준	네. 저는 그럼 퇴근할게요.
고은	(문득) 아 맞다 온 기사님. 최근에 이사했다 그랬죠?
온하준	(?) 네…

S#5.   택시 회사 안. 낮
                도기, 주차장으로 가 택시 타는데, 고은과 온하준이 뛰어온다.

고은   같이 가요. 김도기 기사님.

                조수석에 고은, 뒷자리에 온하준이 탄다.

도기   집 보러 간다 그러지 않았어요? 온 기사는 왜.
고은   온 기사님이 얼마 전에 이사했잖아요. 경험자 도움 좀 받으려
                고요.
도기   (미소) 강제로 끌고 온 건 아니고요?
고은   아니에요. (하준 보며) 아니죠?
온하준   어어… 오기 전까지는 쬐끔 그랬는데요. (빙긋) 도기 형님 차
                에 타니까 생각이 바뀌었어요. 가서 구석구석 잘 살펴볼게요.
고은   봐요. 아니지.

                도기, '픽' 웃으며 차 시동 건다.
                택시 회사 빠져나가는 도기 택시.

S#6.   동문건설 모델 하우스 안. 낮
                모델 하우스 내부 둘러보는 도기와 고은.
                부동산 중개인과 온하준, 집 안 돌아다니며 구석구석 꼼꼼하
                게 살펴본다.

온하준	수납공간이 참 많네요. 정리도 편하고 깔끔하게 살 수 있겠어요. 방향은 어떻게 되는 거예요?
중개인	(베란다 가리키며) 저쪽이 남쪽이에요.
온하준	오! 남향집이면 여름에 시원하고 겨울에 따뜻하겠어요.
중개인	젊은 분이신데 집을 꽤 잘 아시네요.
온하준	창 가리는 건 없죠?
중개인	낮은 층수로 입주하시더라도 햇빛이 잘 들고 바람도 잘 통하는 구조로 되어 있어요.
온하준	(합격) 음. 좋네요.

도기와 고은, 구석구석 꼼꼼히 살펴보는 온하준을 흐뭇하게 보고 있다.

고은	청약 한번 해보려고 했는데, 이자가 너무 올라서 제 월급으로 대출이자 감당할 수 있을까 모르겠어요.
도기	장 대표님이 2층에 들어오라고 했다면서요? 거기 가는 건 어때요?
고은	솔직히. 들어가면 나야 좋긴 한데. 대표님이 못 쉴 거 같아요. 아마 끼니때마다 저 먹인다고 장 보러 다니실 걸요. 안 봐도 뻔해.
도기	(웃는) 내 생각도 그래요.

방에서 나오는 온하준.

온하준	대충 다 둘러본 거 같아요.
중개인	어머 대충 이래. 창고까지 다 둘러봤으면서.
온하준	(머쓱)

S#7.   달리는 택시 안. 낮

운전 중인 도기와 조수석에 고은.

뒷자리에 온하준이 앉아 있다. 온하준 옆에 각티슈, 행주, 세제, 라면 등 사은품들 잔뜩 쌓여 있다.

온하준	(뿌듯) 집 보는 거 되게 재밌는데요. 선물도 많이 주고.
고은	온 기사 집을 엄청 꼼꼼하게 잘 보내요?
온하준	제가 이래 봬도 독립을 빨리해서 집을 많이 보러 다녔거든요.
고은	언제부터 독립했어요? 20살?
온하준	어릴 때부터요.
고은	고등학생 때?
온하준	(미소 지으며 밝게) 그냥 아주 어릴 때부터요.
도기	(백미러로 온하준 살짝 보는) …
고은	(한숨) 김도기 기사님 집 아래층 거기가 진짜 좋았는데. 집 알아보러 가니까 바로 며칠 전에 다른 사람이 와서 계약했다 그러더라고요.
온하준	도기 형님 아랫층… 혹시 303호요?
고은	어떻게 알았어요? 설마 김도기 기사님 밑에 새로 이사 왔단 사람이…

온하준	맞아요. 저예요. 하하하.
고은	아 뭐야! 온 기사님 나랑 바꿔요!
온하준	그건 안 돼요.
고은	나 원래 거기 살았었어요. 그럼 공평하게 김도기 기사님이 정해 줘요.
온하준	그게 뭐가 공평해요. 계약을 내가 먼저 했는데. 안 그래요 형님?
도기	(웃는) 그건 제가 끼어들기가 좀.
고은	그럼 통 크게 온 기사가 양보해요.
온하준	그냥 통 작은 사람 될래요.
고은	정말 이러기에요?
온하준	죄송해요. 하하하.

복작거리며 달리는 도기의 택시 앞으로 뭔가가 '확' 뛰어든다.
브레이크 페달 '꽉' 밟으며 동시에 사이드 당기는 도기.
급정거하는 도기의 택시. 다행히 부딪히진 않았다.

도기	다들 안 다쳤어요?
고은	(놀란) 네. 괜찮아요. 근데 지금 뭐였어요?

도기와 고은, 뒷자리에 하준, 놀란 가슴 쓸어내리며 앞을 보는데, 아이(서연) 하나가 택시 앞에서 일어난다.
헝클어진 머리에 몸에 비해 큰 옷을 입고 있는 서연. 그마저도 지저분하다.
금방이라도 울음이 터질 거 같은 얼굴엔 땟국물처럼 눈물 자국이 남아 있다.

택시에서 내리는 고은.

고은	(택시에서 내리며) 괜찮니?
서연	…
고은	(다가가며) 어디 안 다쳤어?

고은이 다가오자 뒷걸음질 치는 서연. 도망친다.

고은	(당황하는) 잠깐만!

아이 쫓아가는 고은과 온하준.
도기, 눈으로 아이를 쫓는다.

도기	…

S#8.   거리. 낮
고은과 온하준, 주변 뛰어다니며 아이 찾고 있다.
아이가 안 보인다.

S#9.   건물 사이. 낮
실외기 뒤에 웅크려 숨어 있는 아이(서연).

도기, 서연 뒤에 조용히 다가와 선다.

도기   다친 데는 없니?

도기 돌아보는 서연. 울먹거린다.

서연   저 소망이한테 가야 돼요.
도기   (난감한) …

S#9-1.   장 대표실. 낮
           장 대표, 제안서 보며 김 피디와 얘기 나누고 있다.

김 피디   무지개 택시야말로 생산자와 소비지가 상생할 수 있는 최적
           의 통로라고 생각합니다.

장 대표, 들고 있던 광고 제안서 내려놓는다.

장 대표   네. 그런데 저희가…
김 피디   지금까지 무지개 택시가 미아찾기, 불우이웃돕기 같은 공익
           광고만 하신 거 잘 알고 있습니다. 하지만, 장시간 운전으로
           고생하시는 기사님들이 관절 때문에 고생 많으시잖아요? 택
           시 안에 (호관원 한 포 들고) 이런 게 있다고 생각해 보세요. 얼마
           나 도움이 되겠습니까.

장 대표실로 박 주임, 최 주임이 정비 일지 가지고 들어온다.

최 주임   대표님. 8호차는 아무래도 체인을 전부 다 교체해야 할 것 같
          은데… 어 이거 (무릎 탁 치며) 여기 좋다는 그거 아냐!
김 피디   보세요. 아는 사람은 이렇게 다 알고 있다니까요.
최 주임   이거 샘플이죠. 하나 먹어 봐도 돼요? (한 포 까서 먹는)
김 피디   그럼요. 얼마든지.
최 주임   얼마든지요? (활짝 웃으며 박스 통째로 들고 나가는) 감사합니다.
김 피디   (깜짝. 뒤따라 나가며) 저기요. 그 하나가 아니고요. 저기요, 잠깐
          만요.
박 주임   (보고 있다가 한 박스 들고) 나도 하나만.

          호관원 한 박스 챙겨 들고 나가는 박 주임.
          '픽' 웃는 장 대표.

S#10.   택시 회사 안. 낮
          멀뚱멀뚱 서 있는 박 주임, 최 주임.
          그 앞에 멀뚱멀뚱 서 있는 도기와 고은, 온하준, 그리고 서연.

최 주임   얜 누구야?
도기   길을 잃은 거 같아서요.
박 주임   그럼 경찰서로 가야지 왜 이쪽으로 데리고 왔어?
고은   경찰서를… 가기 싫어서요. 인근 지구대에 인적 사항은 남

겨 놨어요.

온하준   고은 씨가 여기로 데려오자고 해서 그렇게 하긴 했는데. 그래
          도 되나?

장 대표(E) 잘 데려왔어.

사무실에서 나오는 장 대표. 서연에게 다가와 눈높이 맞춘다.

장 대표   (손가락으로 가리키며) 저기 창문에 붙어 있는 거 한번 볼래?

휴게실 창문에 '여성, 아동 안심 지킴이 집' 스티커가 붙어
있다.

장 대표   여기는 지켜 주는 집이야. 안심해도 괜찮아.

서연   …

온하준   (스티커 보며 혼잣말) 우와 이런 게 있었어?

장 대표   혹시 엄마 아빠 핸드폰 번호나 집 주소 알고 있어?

서연   (도리도리) …

최 주임   어허. 다짜고짜 물을 게 아니라 애들한테는 이런 게 통하죠.
          (다가와 앉으며) 아저씨가 마술 보여 줄까?

서연   ?

장 대표, 서연을 돌아본다.
본인 체형보다 큰 옷을 입고 있고, 신발은 작은 걸 신고 있다.

장 대표   …

S#11.   택시 회사 내부 경리실. 낮
               마술쇼 중인 최 주임, 널빤지로 박 주임 얼굴을 가렸다 보여
               주는 걸 반복한다.

최 주임   그대로지?

               같은 행동을 몇 번 반복하다가 마지막에 널빤지를 싹 치우면
               얼굴에 검댕이 잔뜩 바른 시커먼 박 주임 보인다.

최 주임   짜잔!
서연   …
박 주임   …
고은   애 놀라게 뭐하는 거예요!

               고은, 샌드위치랑 우유 가져와 서연 책상 앞에 놔 준다.

고은   있는 게 별로 없네. 일단 이거라도 먹을래?
서연   …

               서연, 책상에 샌드위치 우유 멀뚱멀뚱 보기만 할 뿐 먹지 않
               는다.

고은	왜? 좋아하는 게 없니? 다른 거 사다 줄까?

택시 기사 한 명이 경리실 문 열고 들어오자, 문 끝에 달린 종이 '땡' 울린다.
종소리가 나자마자 허겁지겁 빵과 우유를 먹는 서연.
서연의 행동에 당혹스러움 감추지 못하는 멤버들.

고은	지금… 나만 이상한 거 아니죠?

S#12. 택시 회사 휴게실 앞. 낮
밖으로 나오는 장 대표와 도기.

장 대표	어떻게 된 거야?
도기	이유는 모르겠지만 경찰서 가는 걸 두려워했어요.
장 대표	두려워해?
도기	동생도 잃어버렸대요. 이름이 소망이라고.
장 대표	…?

핸드폰이 울린다. 전화 받는 장 대표.

장 대표	네… 아, 네. 저희가 신고한 게 맞습니다. 지금 데리고 있습니다. 이름이 황서연이요?

S#13.   택시 회사 내부 경리실 안. 낮

내부 경리실로 들어오는 도기와 장 대표. 그런데 분위기가 이
상하다.
바닥에 먹다 남은 샌드위치가 나뒹굴고, 박 주임과 최 주임은
안절부절.
고은 역시, 진열대 앞에 서서 어쩔 줄 몰라 하고 있다.

장 대표   (고은에게 다가오며) 무슨 일이야?
고은   밥 먹다가 갑자기 뭐에 놀랐는지 저기 들어가서 안 나오고
          있어요.

도기, 최 주임 손에 막대기 본다.

도기   그건 왜 들고 있어요?
최 주임   다음 마술 보여 주려고 준비하고 있었어.

도기, 서연이 숨어 있는 진열대 돌아본다.

도기   그거부터 먼저 치우는 게 좋겠어요.
최 주임   이거? (막대기 싹 넣어서 납작하게 만들며) 이렇게 하려고 했는데.

장 대표, 서연이가 들어간 진열대 사이 틈 앞에 의자 가져와
앉는다.

장 대표	혹시 이름이 황서연 맞니?
서연(E)	…네.
장 대표	엄마가 서연이 찾는다고 연락이 왔대.

진열대 사이에 웅크려 앉아 있는 서연. 금방이라도 울 것만 같다.

서연	소망이한테 가야 돼요.
장 대표	…
서연	가서 안아 줘야 돼요.
장 대표	음… 소망이는 지금 엄마랑 같이 있지 않을까?
서연	엄마는 소망이 몰라요.
장 대표	…?
서연	(울먹거리며) 삼촌한테 말하지 마세요.
장 대표	…삼촌?
서연	엄마한테 안 갈래요. 소망이 빨리 찾아야 돼요.
장 대표	괜찮아. 가기 싫으면 안 가도 돼. 할아버지도 더 이상 안 물어볼게. (창문 가리키며) 여기가 어떤 곳인지 안 잊었지?
서연	…

S#14.   택시 회사 안. 낮

택시 차문 여는 도기.

도기	서연이 부모님 집에 제가 한 번 다녀오는 게 좋을 거 같아요.
장 대표	내 생각도 그래. 아무래도 자네가 직접 가서 확인해 보는 게 여러 가지로 좋을 거 같아.
도기	네.

택시 타는 도기. 시동 걸고 나간다.

S#15.	아파트 복도. 낮

문이 열리고 엘리베이터에서 내리는 도기.
도기, 메모지에 적힌 동호수 확인하며 복도로 들어서려는데
모퉁이 바로 앞에서 사람들 소리가 들린다.

목소리	실종 신고는 말씀드린 대로 하셨죠?

멈칫하는 도기.
발소리 죽이며 대화 엿듣는다.

서연 모	하라고 해서 하긴 했는데 저희한테 피해 오는 거 없죠?
박 과장	그럼요. 너무 걱정 마시고. (케이크 건네며) 저희 강 프로님께서 갖다 드리랍니다. 저녁 때 남편 분이랑 같이 드세요.

케이크 받아 드는 서연 모, 탐탁찮은 표정으로 들어간다.
도기, 문소리 들리자마자 바로 승강기 버튼 누른다. 승강기

문이 열린다.

박 과장과 임 대리, 모퉁이 돌아 나오다 열린 승강기 문 보곤
뛰어온다.

막 승강기에서 내린 사람처럼 자연스레 스쳐 지나가는 도기.

박 과장   (승강기 타며) 애새끼 관리를 어떻게 했길래. 에이 귀찮아.
임 대리   죄송합니다.

승강기 문이 '퉁' 닫힌다.

도기   …

장 대표가 준 메모지에 동호수 확인하는 도기. 여기가 맞다.
도기, 핸드폰 꺼내 전화 건다.

도기   고은 씨. 지금 아이랑 같이 있나요?
고은(E)   네. 서연이랑 같이 있어요.
도기   옆모습 사진 하나 찍어서 바로 보내 줘요.
고은(E)   왜요? 뭔데 그래요?
도기   확인할 게 있어서요.

아파트 문이 열리며 서연 모가 쓰레기봉투 들고 나온다.
도기 핸드폰에 문자 메시지가 온다.

도기	저기. 잠깐 말씀 좀 여쭙겠습니다.
서연 모	?
도기	지금 숨바꼭질 놀이 중인데 못 찾고 있어서요.
서연 부	(밖으로 나오며) 왜 무슨 일인데?

도기, 두 사람에게 핸드폰 속 서연의 옆모습 사진 보여 준다.

도기	혹시 이 애 본 적 있으세요?
서연 모	(핸드폰 사진 보고는) 아뇨. 못 봤어요.
서연 부	나도 모르겠는데. (들어가며) 자기 애를 왜 남한테 찾아 달래? 나 참.
도기	…

도기, 아파트 난간 아래 물끄러미 내려다본다.

S#16.	달리는 택시 안. 낮
	운전하며 전화 통화하고 있는 도기.

장 대표(E)	부모가 서연이를 못 알아봤다고?
도기	자주 본 사이가 아니면 옆모습으로 사람을 알아보긴 쉽지 않죠. 그리고 실종 신고도 다른 사람이 시켜서 한 거 같아요.
장 대표(E)	다른 사람? 그 사람들은 지금 어딨는데.
도기	제 앞에요.

전방에 박 과장과 임 대리가 타고 있는 차가 보인다.

거리를 두고서 차를 뒤따라가고 있는 도기의 택시.

S#17.   모델 하우스 앞. 낮

박 과장의 차가 모델 하우스 주차장에 들어선다.

뒤따라 들어오는 도기 택시.

모델 하우스 입구 주변에 줄지어 있는 떳다방들과 곳곳에 홍

보 현수막들.

박 과장과 임 대리, 차에서 경품들 꺼내 '필 부동산 컨설팅'

현수막이 붙어 있는 파라솔로 간다.

도기   …

도기, 택시에서 내려 떳다방 거리로 간다.

박 과장과 임 대리, 파라솔에 고급 갑티슈 세팅하고 있다.

엄지 치켜든 채 활짝 웃고 있는 실물 크기 강필승 입간판이

인상적이다.

'내 집 장만의 꿈. 강 프로와 함께' 말풍선 옆으로. '신혼부부,

다자녀 무주택자 특별 상담' 홍보 문구들이 덕지덕지 붙어

있다.

몇몇 방문객들이 필 컨설팅 앞을 기웃거린다.

박 과장   결혼하셨어요?

방문객	아뇨 아직.
박 과장	안 하셨으면 패스~ 다른 부스로 가 보시고.

실물 크기 강필승 입간판을 물끄러미 보고 있는 도기.

도기	⋯

S#18.   택시 회사 안. 낮

주차장에 경찰차 한 대가 서 있다.
문 열고 밖으로 나오는 장 대표와 경찰1, 2.

장 대표	번거롭게 해드려 죄송합니다.
경찰1	아니에요. 저도 헷갈리는데요 뭐.
경찰2	그럼 보호하고 있었던 황서연 어린이는.
경찰1	아니. 여기서 말씀하셨던 아이는 한서현. 우리한테 신고 들어 온 아이가 황서연. 봐 너도 헷갈리지.
장 대표	한서현 어린이는 보호자 만나서 집으로 갔습니다. 황서연 어 린이도 꼭 찾으시길 바랍니다.

미소로 배웅하는 장 대표. 경찰차가 나가자 표정이 싹 변한다.

S#19.   지하 정비실. 낮

박 주임	삼촌들이 데려갔다 그랬어.
최 주임	그럼 납치된 거야?

지하 정비실에 모여 있는 도기와 멤버들.

박 주임	다시 정리를 해보면 서연이는 지금 동생 소망이를 찾고 있어.
최 주임	소망이는 어딨는데?
박 주임	엄마 집에 있겠지.
고은	부모가 서연이를 못 알아봤는데. 소망이도 모르지 않을까요?
박 주임	실종 신고도 했잖아.
최 주임	실종 신고는 모르는 사람들이 했잖아.
박 주임	모르는 사람들이 실종 신고를 어떻게 해?
최 주임	그럼 아는 사람들이 했겠지!
박 주임	아는 사람 누구?
최 주임	서연이 부모.
박 주임	부모는 서연이를 못 알아봤다잖아.
최 주임	모르는데 실종 신고를 어떻게 해?
고은	아 쫌. 돌림 노래예요?

장 대표, 지하 정비실로 들어온다.

최 주임	정리할수록 점점 어려워. 못 알아듣겠어.
박 주임	나도 못 알아들음.
장 대표	서연이는 지금 누가 돌보고 있지?

최 주임	서 기사님이 잠깐 보고 있어요.
장 대표	김 군, 자네 생각은 어때?
도기	생각해 보면 서연이는 지금까지 진실만 얘기하고 있었어요. 못 알아들은 건 우리였죠.

인서트 택시 회사 안. 과거

장 대표	혹시 엄마 아빠 핸드폰 번호나 집 주소 알고 있어?
서연	(도리도리) …

인서트 택시 회사 내부 경리실. 과거

장 대표	그런데 소망이는 지금 엄마랑 같이 있지 않을까?
서연	엄마는 소망이 몰라요.

모범택시 안에서 누군가의 시선이 도기를 보고 있다.

박 주임	이렇게 되면 경찰에 알려야 하지 않을까?
도기	경찰에 알리면 부모한테도 연락이 갈 거예요.
고은	서연이가 누군지도 모르는 부모한테요? 그건 좀 그렇죠.
최 주임	그러면 서연이한테 좀 더 자세히 물어보는 건 어때요?
장 대표	먼저 다가와 말하기 전까지 우리가 또 물어보는 건 자제해야 돼.
최 주임	왜요?

장 대표	어린아이일수록 물어보는 사람의 말과 행동에 맞춰서 그 사람이 원하는 방향으로 무의식적으로 말을 바꾸기도 해. 무서우니까.
최 주임	(쩝) …
장 대표	우리가 서연이한테 무섭지 않은 사람이 될 때까지 기다려야지.

장 대표의 핸드폰이 울린다.

장 대표	(전화 받으며) 네, 서 기사님. (놀라는) 애가 없어져요?!

놀라는 멤버들.

S#20.   택시 회사 내부 경리실. 낮

서 기사, 난감한 표정으로 안절부절못하고 있다.

서 기사	자는 줄 알고 밖에서 커피 한 잔 뽑아서 왔는데 없어졌어요.

박 주임, 최 주임, 헐레벌떡 경리실 안으로 들어온다.

최 주임	근처에 다 찾아봤는데 안 보여요.
박 주임	(들어오며) 건물에도 없어요.
최 주임	회사 밖으로 나간 거 아냐?
고은	(CCTV 돌려 보며) 회사 밖으로는 나가지 않았어요. 근처 어딘가

에 있는 거 같아요.

S#21.   택시 회사 낡은 창고 앞 / 안. 낮
         택시 회사 뒷마당 둘러보는 도기.
         '관계자 외 출입 금지' 푯말이 붙어 있는 창고 문이 살짝 열려
         있는 게 보인다.
         창고 문 열고 들어서는 도기. 비밀 통로가 살짝 내려간 채 멈
         춰 있다.

도기   …

S#22.   지하 정비실. 낮
         텅 빈 지하 정비실로 들어오는 도기.
         주변 둘러보다가 모범택시로 다가간다.

도기   …

         모범택시 운전석에 타는 도기. 백미러 통해 뒷좌석에 앉아 있
         는 서연을 본다.
         훌쩍거리는 서연, 얼굴에 눈물 자국이 그대로 남아 있다.
         지하 정비실로 들어오는 최 주임, 박 주임, 고은, 택시 안에 도
         기와 서연 보고는 안도의 한숨 내쉰다.

도기   언제부터 여기 있었던 거니?

서연   …

도기   우리 얘기가 다 들렸겠구나.

서연   …아저씨는 저 믿죠?

도기   …

서연, 눈가에 눈물 닦아 내고 주머니에 어깨에 둘러메고 있는
동전 지갑에서 동전들 꺼낸다.
가진 동전들 모두 모아 도기에게 내미는 서연.

서연   우리 소망이 좀 찾아 주세요.

장 대표와 고은, 어느새 들어와 모범택시 안에 두 사람을 보
고 있다.
도기, 동전들 내밀고 있는 서연을 돌아본다.

도기   …

도기, 서연의 동전을 받는다.

S#23.   출동 시퀀스. 낮
          지하 정비실.
          회전 강판을 타고 모범택시가 올라온다.

콜 밴.

콜 밴 안 모든 전자 기기들에 불이 들어온다.

단독 주택 차고.

차고 위로 올라오는 모범택시.

외부 차고 셔터가 '지이잉' 올라간다.

차고 밖으로 나오는 도기의 모범택시. 햇빛이 보닛에 반사되며 빛난다. 도기. 귓속에 작은 이어폰 장착한다.

도기   5283 운행 시작합니다.

S#24.   도로. 낮

             도로를 달리는 모범택시와 콜 밴.

최 주임   사전 정보도 없이 이렇게 깜깜한 상태에서 출동하긴 또 처음
             이네.

고은   김도기 기사님, 우리 이제 어디로 가요?

도기   소망이를 찾아야죠.

고은   소망이가 어딨는데요?

도기   아직 모르죠.

최 주임   모르는데 어떻게 찾아?

도기   어딨는진 모르지만, 누구부터 찾아가 봐야 할지는 알고 있
             어요.

고은	누구요? 삼촌?

가속 페달 밟는 도기.
도로를 질주하는 모범택시.

S#25. **필 컨설팅 건물 앞 / 콜 밴 안. 낮**
'강 프로의 내 집 마련 정규 특강' 안내판이 커다랗게 붙어 있
는 필 부동산 컨설팅 건물.
건물 앞에 승합차 한 대와 고급 외제 차 한 대가 멈춰 선다.
승합차에서 내리는 몸짱 수행 비서, 외제 차로 뛰어가 차량
문 열어 주면, 명품 슈트를 입은 강필승이 내린다.
박 과장과 직원들, 달려 나와 강필승에게 인사한다.
건너편 모범택시 창문이 내려간다. 선글라스 낀 도기. 강필승
을 본다.

플래시 인서트 아파트 복도. 과거

박 과장	(케이크 건네며) 저희 강 프로님께서 갖다 드리랍니다.
도기	…
고은(E)	서연이 실종 신고 대신 시켰다는 강 프로가 저 사람이죠?

콜 밴 안에 고은, 빠르게 타이핑하며 강필승을 서칭한다.

고은	강 프로님 본명이 강필승. 그래서 회사 이름이 필 컨설팅. 너무 성의 없다.

해킹 프로그램 띄워서 신상 터는 고은. 입이 떡 벌어진다.

고은	이게 다 뭐야? 대박?
도기	?
고은	본인 명의로 역세권 고급 아파트가 33채나 있어요! 나 아파트 이렇게 많이 갖고 있는 사람 처음 봤어. 어머 빌딩까지 있어. 엄청 부자네 저 사람.

햇빛에 눈살 찌푸리는 강필승.
수행 비서, 양산을 펼쳐 햇빛 차단한다.
강필승, 건물 안으로 들어간다.

도기	…

모범택시 문 열고 내리는 도기.

S#26.   **필 컨설팅 건물 로비. 낮**
로비에 줄지어 차례 기다리는 사람들. 강필승이 들어오자 술렁인다.
로비로 들어오는 도기. 특강 들으러 온 고객인 양, 진열대 홍보 팜플렛 하나 빼 들고는 맨 뒷줄에 선다.

앞에 줄 서 있는 사람들의 대화 소리가 들린다.

대기자1(E)   저 사람이 그렇게 대단해?

대기자2(E)   강 프로가 픽하는 사람은 100% 내 집 장만 시켜 준대.

대기자3(E)   그런데 본인 마음에 드는 사람만 극소수로 픽 한다던데?

대기자1(E)   젊은 사람이 능력이 대단하네.

도기   …

도기, 강필승을 본다.

몇몇 사람이 사인 받으러 강필승에게 다가온다.

막아서는 몸짱 수행 비서.

강필승, 수행 비서 물리고 사람들에게 사인해 준다.

고객   강 프로님한테 상담 받으려고 제주도에서 왔어요.

강필승   유익한 시간 되시길 바랍니다.

개찰구 문 열어 주는 박 과장.

손 인사하며 들어가는 강필승. 사람들이 안 보이자, 손가락

'딱딱' 튕긴다.

수행 비서, 주머니에서 손소독제 꺼내 강필승 손에 최대환 공

손히 뿌려 준다.

강필승   (손 소독하며) 사람이 코앞에까지 왔는데 막으면 어떡해요. 내

	가 장님도 아니고.
수행 비서	(안절부절) 죄송합니다.
강필승	(편안한 미소) 다음부턴 오기 전에 미리 막아요. 오기 전에.
수행 비서	(눈치 보는) 앞으로 주의하겠습니다.
도기	…

입구 직원, 입장 티켓을 일일이 확인하며 입장시키고 있다.
도기, 줄 서 있는 사람들의 손에 골드티켓 본다.

직원	티켓 없으시면 못 들어가십니다.
여자1	저희도 초대받았는데 티켓을 깜빡했어요.
직원	죄송합니다. 티켓 없으면 못 들어가십니다.
남자1	(사정) 강 프로님 뵈려고 멀리서 왔는데, 들여보내 주시면 안 돼요?
직원	(단호한) 그런 분들이 한둘이 아니라. 죄송합니다.

매몰차게 부부를 돌려보내는 입구 직원.
물끄러미 말없이 보고 있는 도기.

S#27.   공터. 낮
인적 없는 건물 사이 공터에 서 있는 '노총각네 생과일' 래핑
되어 있는 콜 밴.
박 주임과 최 주임, 콜 밴 앞에 좌판 깔아 놓고 생과일을 주스

로 갈아 팔고 있다.

최 주임, 믹서기로 주스 가는 족족 다 마셔 버리고 있다.

박 주임   아, 그만 좀 먹어.

최 주임   신선할 때 먹어야지.

타이핑하는 고은, 도기 쪽으로 모니터 돌려준다.

도기, 생과일 주스 마시며 모니터 보고 있다.

고은   실종 신고한 부모 쪽을 알아봤는데. 서연이가 최근에 그 집에
             입양된 걸로 나왔어요.

최 주임   아아. 입양… (갸웃) 그런데 왜 부모가 못 알아봐?

박 주임   (갸웃) 부동산 컨설팅 회사랑 입양이랑 상관이 있어?

최 주임   그닥 상관이 없지.

도기   보통은 그렇죠. 그런데 상관이 있는 거 같아요.

고은   ?

도기, 홍보 팜플렛 펼쳐서 내려놓는다.

수목원 배경으로 어린아이 두 명과 손잡고 찍은 강필승의 홍
보 사진. 그런데 어린아이 중 하나가 서연이다.

박 주임   (놀란) 서연이 맞지? 서연이야 서연이!

도기, 서연이의 손 꼭 잡고 있는 어린아이 사진을 손가락으로

짚는다.

도기	이 아이가 소망이일지도 모르죠.
최 주임	뭐지?
박 주임	뭐지 이건?
최 주임	붙잡아서 주리를 틀어 볼까? 사실대로 불라고.
고은	(헤드셋 버튼 누르며) 네 대표님… 잠시만요. 스피커로 바꿀게요.

고은, 스피커 전원 켜면 장 대표의 목소리가 스피커로 나온다.

장 대표	노파심으로 하는 말이지만, 이번 일은 더욱 신중하게 움직여야 될 거 같아. 진실이 뭐가 됐든 이 일의 끝에 어린아이가 있어.
최 주임	(태세 전환) 맞아요. 주리 틀면 어떡해? 말로 해야지. 끝에 어린 애가 있는데.
박 주임	말로 한다고 쉽게 얘기해 줄까?
고은	보니까 상담도 아무나 안 해 주는 거 같던데요. 뭐.
최 주임	(속 탄다. 주스 마시며) 무슨 좋은 방법 없나?
도기	…

팜플렛 사진 속 서연을 물끄러미 보는 도기.

도기	고은 씨 부탁 하나만 들어줄래요?
고은	네. 뭔데요?
도기	나랑 결혼할래요?

고은	(동시에) 네에??!!
박 주임	(동시에) 뭐어??!!
최 주임	(주스가 턱을 타고 흘러내리는) !!

S#28. 택시 회사 내부 경리실. 낮

쇼핑백 든 온하준이 기다리고 있다.

사무실 안에서 새 옷 갈아입고 나오는 서연.

온하준	눈대중으로 사왔는데, 다행히 딱 맞네.
서연	(꾸벅 인사) 감사합니다.
온하준	(가위로 옷에 태그 떼주며) 삼촌이 어릴 때 살아보니까 그렇더라.
	항상 옷은 깨끗하게 입어야 누가 안 괴롭혀. 알았지?

경리실 안으로 들어서는 장 대표.

장 대표	서연이 옷이 바뀌었네?
온하준	생각나서 하나 사왔어요.
장 대표	(미소) 그러지 않아도 나가면서 옷가게부터 들리려고 했는데.
	신경 써 줘서 고마워.
온하준	(경리실 나가며) 그럼 저는 운행 다녀오겠습니다.
장 대표	(서연 눈높이 맞추며) 서연이가 소망이 만나면 안아 준다고 했지?
서연	(끄덕끄덕)
장 대표	안아 줄 때 장난감도 같이 주면 더 좋아할 거 같은데.

서연	…
장 대표	옷도 예쁘게 입었으니 우리 동생이 좋아하는 장난감 하나 사러 갈까?
서연	…그래도 돼요?
장 대표	당연히 되지. 지금 바로 가자.

장 대표, 일어나 서연의 손을 잡으려는데 서연이 손을 뒤로 뺀다.
'어이쿠' 내밀었던 손을 얼른 주머니에 넣는 장 대표.

S#29.   미용실. 낮
미용실 문이 '딸깍' 열리고, 자리에 차분히 앉는 고은.

미용사	어떻게 해 드릴까요?
고은	…

고은, 거울 속 자기 모습을 이리저리 보고 있다. 표정이 아주 신중하다.

S#30.   모델 하우스 앞 떳다방 거리. 낮
모델 하우스 앞에 좌악 깔린 간이 천막 부스들. 일명 부동산 떳다방.

떳다방 초입에 서 있는 도기 뒤로 누군가 '또각또각' 다가온다.
도기, 돌아보면. 이전과는 확연히 다른 화사한 모습의 고은
이다.

고은   많이 기다렸죠? 그래도 이 정도면 빨리 준비한 거예요.
도기   (미소) 네.

떳다방 초입에 나란히 서는 도기와 고은.
중간에 필 부동산 컨설팅 부스가 보인다.
'내 집 장만의 꿈. 강 프로와 함께' 말풍선 보는 도기와 고은.

고은   김도기 기사님은 어떤 아내를 원하세요?
도기   왜 부모도 아닌 저들이 실종 신고를 했는지, 서연이랑은 어떤
         관계인지, 그리고 소망이는 어딨는지 찾아 주는 아내?
고은   (미소) 어렵다. 그래도 해 보죠 뭐.
도기   갈까요?

도기와 고은, 각자 입고 있던 겉옷을 '휙' 벗어 던진다.
겉옷을 벗으니 둘이 옷이 똑같다. 옷에 박힌 글자만 다르다.
'잉' 도기와 '꼬' 고은.
고은, 머리 위에 선글라스 꼽고는 자연스레 도기에게 팔짱
낀다.
'잉꼬' 커플이 된 두 사람이 떳다방 거리를 런웨이 하듯 걷기
시작하자, 사방에서 홍보 문구 들고 몰려드는 업자들.

서로 자기 부스로 데려가려는 업자들을 헤치며 필승 부스로
가는 잉꼬 커플.
'신혼부부 특별 상담' 홍보 문구 붙이던 임 대리.
필 컨설팅 부스로 '쑥' 들어오는 잉꼬 커플.

임 대리   어떻게 오셨습니까?
도기   어떻게 오긴요. 집 장만하러 왔죠.

잉꼬 커플 스캔하는 박 과장, 임 대리 뒤통수 '툭' 치며 반갑
게 맞이한다.

박 과장   귀한 걸음 하신 한 쌍의 잉꼬 분들께 어떻게 오셨냐니. 빨리
           음료수 내와. (환대하며) 앉으세요.

도기, 박 과장의 등받이 의자 당겨 와 고은의 간이 의자와 바
꾼다.
잠깐 당황하는 박 과장, 그냥 간이 의자에 앉는다.

도기   집 장만하고 싶은데 이런 거 하나도 모르겠어요.
임 대리   (음료수 내려놓으며) 잘 오셨어요. 우리가 아무것도 모르는 사람
           전문이에요.
도기, 고은   ?
박 과장   (임 대리 뒤통수 툭 치며 내쫓고는) 처음부터 끝까지 자세하게 설명
           해 줄 수 있다는 뜻입니다.

고은	(강필승 사진 가리키며) 저기 저분이 알려 주는 거예요?
박 과장	잠깐만요. 지금 우리 강 프로님을 모르는 거예요? 부동산 컨설팅계의 일타 강사님이신데. 팔로우 수도 어마어마하고.
도기	어머 어머 유명한 분인가 보다. 자기야 우리 제대로 왔나 봐.
박 과장	그래 결혼하신 지는 얼마나 되셨고?
고은	(동시에) 3년 전에.
도기	(동시에) 지난달에.
박 과장, 임 대리	?
도기	(침착) 첫 결혼은 3년 전에 저희는 지난달에.

도기, 음료수 하나 따서 고은에게 다정하게 건네준다.

고은	(미소) 재혼.
도기	그래도 신혼부부 자격 되죠?
박 과장	당연히 신혼부부 맞죠. 전혀 문제없습니다. 현재 재산 상태는 어떻게 되실까요? (엄지손가락 업) 3억 이상? (다운) 이하?
고은	(동시에 업) 이상.
도기	(동시에 다운) 이하.
박 과장, 임 대리	??
고은	이혼 위자료…
도기	우리 너무 솔직한가? 아하하하하.
박 과장	두 분이 아주 투명한 매력이 있으시네요. 하하하.

도기, 티슈 하나 뽑아서 고은 얼굴에 티끌 자상하게 닦아 준다.

박 과장, 두 사람의 모습에 골드티켓 꺼내 넌지시 내민다.

박 과장   저희 강 프로님 특강 한 번 들어보시겠습니까? 두 분이 신혼
          부부라 특별히 제공해 드리는 겁니다.
도기   오오 특별 대우.
박 과장   그렇지. 특별 대우.

          티켓 받아 들며 환하게 미소 짓는 도기.

S#31.   **강연장 / 콜 밴 안. 낮**
          경품 티슈 든 채, 강연장 안으로 들어오는 도기, 고은 커플.
          몇 십 명 규모의 객석엔 사람들이 이미 빼곡하다.
          임 대리, 설문지 가져와 도기에게 건네준다.

임 대리   있는 그대로 쓰시면 됩니다. 마지막에 주택 자금 조달 계획서
          는 꼼꼼하게 작성하세요. 제출 안 하시면 개인 상담 못 합니다.
도기   …

          설문지 가지고 빈자리로 가는 잉꼬 커플.
          고은, 도기 앞에 설문지 가져온다.

고은   이건 내가 작성할게요. (펜 꺼내 들며) 현재 주거 상태. 흠… 뭘
          로 하면 좋을까나?

조명이 어두워진다.

단상으로 성공한 금융맨 스타일의 강필승, '뚜벅뚜벅' 걸어
나온다.

삼각대에 카메라 세팅하는 박 과장, 강필승을 찍는다.

강필승   안녕하십니까. 필 컨설팅 강필승입니다. 현장에선 강 프로로
            많이 부르고 있죠.

프로젝트가 켜지며 스크린에 '내 집 장만의 꿈'이 뜬다.

강필승   단도직입적으로 물어보겠습니다. 내 집 마련을 하려면 어떻
            게 해야 할까요?

콜 밴 안에서 생과일주스 마시며 강의 보고 있는 박 주임과
최 주임.

최 주임   돈 모아야지.
박 주임   당근.
최 주임   (마시며) 오렌지야. 이거.
박 주임   …

강의실 프로젝트 화면에 '청약' 두 글자가 뜬다.

강필승   서민인 우리가 할 수 있는 가장 좋은 방법은 바로 이 청약에

당첨되는 것이겠죠. 그럼 당첨되려면 어떻게 해야 할까요? 당연히 높은 점수를 받아야 되겠죠. 청약 가입은 일찍, 혼인 기간은 짧게, 거주 기간은 길게, 자녀 수는 많이. 맞죠?

집중하기 시작하는 청중들.
영롱한 음악과 함께 한강 뷰 배경의 멋진 아파트가 스크린에 뜬다.

강필승	바로 우리 모두가 원하는 집이죠. 운이 좋아 여러분이 저기에 당첨됐다 칩시다. 좋을까요? 안 좋을까요?
청중들	좋아요!
강필승	(웃는) 정말 그럴까요?
도기	…

프로젝트 한강 뷰 아파트 실거래 단가가 '좌르륵' 뜬다.
실감이 안 나는 큰 숫자 단위에 놀라는 청중들.
콜 밴에서 숫자 단위 세는 박 주임. '십만 백만 천만 억 십억…' 한숨 나온다.

강필승	여러분들이 과연 저 돈 내고 살 수 있을까요? 아아. 대출받으면 된다고요? 안타깝게도 여러분들이 가고자 하는 도심 속 저런 류의 아파트는 중도금 대출을 해주지 않습니다. 여러분들이 저 아파트에서 살고 싶다면 다른 방법은 없습니다. 분양가 80%. 10억이 훨씬 넘는, 그것도 현금으로 손에 쥐고 있어

야 합니다. 서민인 여러분들이 과연 가능할까요? 그럼 누가 가능할까요?

강필승, 돌아서서 한강 뷰 아파트를 가리킨다.

강필승 그럼 대체 어떤 사람들이. 꿈같은 저런 집을 장만할 수 있을 까요?

집중해서 듣고 있는 청중들.

강필승 집에 몇 십 억씩 현금을 쌓아 놓은 부자 부모를 둔 자식들. 바로 그들이 가져가는 겁니다.

도기 …

강필승 부모는 돈이 많고 자식은 재산이 없어. 그럼 어떻게 될까요? 자식은 장기무주택자 자격이 생깁니다. 그럼 자식은 청약 자격 생기죠. 돈은? 부모 찬스로 해결. 우리는 이걸 금수저라고 부르죠. 바로 이런 선택받은 금수저들이 저 집의 주인이 되는 겁니다. 집값 상승의 모든 혜택도 이들이 가져가는 것이겠죠.

도기, 낙담하는 청중들 반응 살핀다.

강필승 느껴지십니까? 여기 모인 여러분들이 저런 집 장만할 확률은 낙타가 바늘구멍 들어갈 확률보다 더 어렵다는 걸. 한마디로 금수저가 아닌 여러분들은 희망이 없습니다. 이게 오늘의 결론이자 여러분들의 현실입니다.

콜 밴에 최 주임, 덩달아 힘이 쪽 빠진다.

최 주임   (한숨) 그래. 내가 집이 없는 건 다 이유가 있었어…
강필승(E) 그런데 정말 희망이 없을까요?

다시 귀 쫑긋거리는 최 주임.

강필승   정말 방법이 없을까요?

강필승, 자신감 넘치는 표정으로 청중들 훑어본다. 그 모습이
오히려 더 신뢰가 가는 느낌이다.

강필승   개인 상담 시간 때 뵙겠습니다.

마이크 놓고 나가는 강필승.
콜 밴에 최 주임, 차 문 열고 내리려고 한다.

박 주임   행님 어디가?
최 주임   개인 상담 받으러.
박 주임   (잡아당기며) 미쳤어? 빨리 들어와 문 닫아.
최 주임   (억울한 표정으로 차 문 닫는) 나도 저런 집 갖고 싶은데… 저런 얼
         굴도 갖고 싶고.

임 대리, 객석들 사이 돌며 설문지 걷고 있다.

박 과장   설문지 제출하신 분들은 대기하고 계시면 호명해 드리겠습니다.

도기와 고은, 담담하게 자리에 앉아 있다.

고은   얘기만 들었는데도 너무 의지하고 싶게 만드네. 정말 저 사람이 내 집 장만 시켜 줄 거 같아요.

도기   …

S#32.   개인 면담실. 낮
         박 과장 안내 받으며 면담실 안으로 들어오는 도기, 고은 커플.
         벽에 붙은 커다란 서울 지도가 눈에 들어온다.
         자리에 앉아 말없이 설문지 보는 강필승, 마치 채점하듯 문항별로 동그라미, 엑스 치며 읽어 내려간다.
         도기, 책상 위에 두 분류로 나누어진 설문지들에 시선이 간다.

도기   (들고 있는 홍보 팜플렛 내려놓으며) 강 프로님 사진 너무 멋지던데요. 애들도 너무 귀엽고. 조카분 아니면 따님?

수행 비서 쓸데없는 질문은 자제 부탁드립니다.

강필승   왜. 그런 딸내미 갖고 싶습니까?

도기   그게 어디 저희 마음대로 되나요.

강필승	(설문지 보며 대수롭잖게 픽 웃는) 될 수도 있죠.
도기	…

강필승, 설문지 채점 끝내고 도기와 고은을 본다.

강필승	커플티 잘 어울리네요.
도기, 고은	(미소)
강필승	(설문지 보며) 아내 분은 택시회사 경리. 남편 분도 택시 운전하시고.
고은	그냥 택시 아니고 모범이에요. 모범택시.
강필승	(서류 보며) 소득 조건이나 청약 기간도 좋고. 혼인 기간도 짧고. 자산이 3억. 경리가 연봉이 괜찮나 봐요. 아닌가 택시가 잘 버나? 당첨되면 계약금은 걱정 없겠어요.
고은	알바도 했어요. 내 집 마련 하려고요.
강필승	어떤 알바요?
고은	음… 가장 최근엔 트로트 가수 알바도 했어요.
강필승	(픽 웃는) 남편 분이 든든하시겠어요. (설문지 왼쪽에 올리며) 이 정도면 제가 안 도와줘도 내 집 마련 성공하시겠어요.
도기	…?
수행 비서	수고하셨습니다. 그만 가 보시죠.

당황스러움이 엿보이는 도기와 고은.

S#33.   개인 면담실 앞 복도. 낮
         복도 걸어오는 도기와 고은.

고은   (당황) 우리 지금 뭔가 안 된 거죠?
도기   (담담) 그런 거 같은데요.
고은   어떡해. 내가 서류에 뭘 잘못 적었나 봐요.

         활짝 웃고 있는 강필승 홍보 사진 보는 도기.

도기   괜찮아요. 서류야 뭐. 있다가도 없는 거니까.

S#34.   필 컨설팅 사무실 앞 / 콜 밴 안. 밤.
         콜 밴 안 모니터에 필승 건물 CCTV 화면들이 보인다.
         타이핑하는 고은, 엔터키 치면 CCTV 화면들이 정지된다.

고은   이제 들어가시면 됩니다.

         경비, 필 컨설팅 건물 로비 순찰 도는데 갑자기 팍 정전이 된다.

경비   뭐야?

         입구 잠금쇠 열고 밖으로 나오는 경비.
         작업자용 조끼에 불 켜진 안전모 쓴 채 경비에게 오는 박 주임과 최 주임.

최 주임   어라, 여기도 불이 나갔어요?
박 주임   맞네. 여기도 나갔네 나갔어.

경비, 안전모 불빛 때문에 눈이 부시다.
경비 뒤 열린 출입문으로 유유히 들어가는 도기.

최 주임   (안타까운) 아아, 왜 이렇게 계속 나갈까.
박 주임   (씁쓸) 안 나갔으면 좋겠는데.
경비   누구…?
고은(E)   (타박) 김도기 기사님 벌써 들어갔는데 뭐해요? 빨리 불 켜 달
             래요! 안 보인다고!
최 주임   (움찔. 경비 보며) 조금만 기다리세요. 금방 켜 드릴게요.

안전모 불 끄며 급하게 돌아가는 박 주임과 최 주임.
고개 갸웃하며 두 사람 보고 있는 경비.

S#35.   필 컨설팅 사무실 안 / 콜 밴 안. 밤
             사무실 안에 불이 들어오면, 문 앞에 서 있는 도기가 보인다.

도기   (컴퓨터에 USB 연결시키며) 서연이랑 소망이에 대한 자료가 있는
             지 찾아봐 주세요. 나는 설문지들 좀 찾아볼게요.

도기, 사무실 이곳저곳 살펴보다가 박 과장 자리에 설문지 뭉치 찾아낸다.
파일 내용을 훑어보는 도기.

고은(E)   우리가 찾는 자료는 없고, 죄다 부동산 관련 자료들 밖에 없어요.

도기   모범 답안을 이렇게 써야 했네.

고은(E)   모범 답안이 뭔데요?

도기   금전적으로 여유가 없거나 청약 조건에 미달되는 부부들. 이 설문지들도 하드에 있나요?

고은   아뇨. 아직 업데이트 안 했나 봐요.

도기   오늘 할 일 내일로 미루면 왜 안 되는지 알아요?

고은   왜요?

도기, 책상 밟고 올라가 라이터 꺼낸다.

도기   처음부터 다시 해야 되거든요.

도기, 라이터로 스프링클러 터트린다.
온 사방에 물이 '쾰쾰쾰' 나온다.

S#36.   필 컨설팅 사무실 안. 낮
           출근한 직원들, 난리통인 사무실 분위기에 아연실색한다.

박 과장, 설문지 뭉치들 들어서 본다. 물에 젖어서 다 번졌다.
뒤늦게 사무실로 들어오는 강필승.

강필승   서류 취합한 건 어떻게 됐어요.
박 과장   그게 다 젖어 버려서…
강필승   데이터로 저장은 했어요?
박 과장   그게 아직…

강필승, 한숨 나온다. 손가락 '딱딱' 튕기고는 박 과장 가리
키면.
수행 비서, 성큼성큼 다가와 박 과장 따귀를 '짝짝' 때린다.

박 과장   (얼굴 부여잡고) 죄송합니다 대표님!
강필승   (짜증스런) 일을 두 번 하게 만들어요. 처음부터 빨리 다시 해요!
박 과장   예! 알겠습니다!

S#37.   개인 면담실. 낮
다소곳이 앉아 있는 도기, 고은 커플.
강필승 뒤에 수행 비서, 서 있기만 하는 데도 위압감이 느껴
진다.
강필승, 채점하듯 설문지를 읽어 내려간다. 동그라미가 제법
많아 보인다.
갸웃하며 설문지를 보는 강필승.

도기	다시 뵈니까 너무 반갑습니다 강 프로님.

설문지 내려놓는 강필승.

강필승	그새 자산이 확 줄었네요.
고은	(도기 옆구리 쿡) 이이가 코인으로 다 날렸어요.
도기	(헛기침) 강아지 코인…
강필승	서류 보니까 두 분은 내 집 장만이 쉽지 않겠어요.
도기	그럼 저희는 안 되는 건가요?
강필승	저는 모든 사람들을 다 도와드리지 않습니다. 어디까지나 저의 원칙에 딱 들어맞는 사람들만을 위해 움직입니다. 제가 시간 낭비를 몹시 싫어하거든요.
도기	(마른침 꿀꺽) 그 원칙이…
강필승	절실함.
고은	…
강필승	진실로 절실한 사람.
도기	…저희는 절실합니다.
강필승	그래요? 내 집 마련에 얼마큼이나 절실한가요?
도기	매우 절실합니다.
고은	하늘만큼 땅만큼.
강필승	아까도 말씀드렸지만 저는 절실하지 못한 사람을 위해 제 시간을 낭비하고 싶지 않습니다. 그러니 거짓말은 절대 안 되겠지요.
도기	물론입니다.

강필승	(고은 보며) 제가 시키는 건 뭐든지 다 할 수 있습니까?
고은	네.
강필승	내 집 마련만 할 수 있다면 무엇을 시키든 할 준비가 되어 있습니까?
도기	(진지) 네.
강필승	그 어떤 것도 기꺼이?
도기	…

고은, 조마조마하게 도기를 보고 있다.
도기, 책상에 놓인 홍보 팜플렛에 서연 사진을 본다.

도기	저는 온 마음을 다해서… 강 프로님을 절실히 원합니다.
강필승	…

미소 머금는 강필승.

S#38.   **놀이동산. 낮**
          장 대표, 서연을 데리고 놀이공원으로 들어온다.
          서연, 고개 갸웃하며 장 대표 올려다본다.

장 대표	장난감 가게는 이 끝에 있어. 근데 가는 동안 할아버지가 타고 싶은 놀이 기구가 있는데 그것 좀 타고 가도 될까?
서연	(고민하다가 고개 끄덕끄덕)

빙긋 웃는 장 대표. 양손 주머니에 넣은 채 서연과 나란히 걸어간다.

S#39.   도로. 낮
           도로를 달리는 모범택시.

고은   젊은 사람이 무슨 의심증 환자 같지 않았어요? 무슨 테스트
           하는 것도 아니고.

           도기의 핸드폰이 울린다.
           도기, 발신자 확인하곤 애써 밝게 전화 받는다.

도기   네 강 프로님… 네?
고은   ?
도기   아닙니다. 오히려 저희가 영광입니다… 네 이따 뵙겠습니다.

           굳은 표정으로 전화 끊는 도기.

도기   테스트 맞는 모양인데요.
고은   왜요?
도기   우리 신혼 주소지 어디로 적어 났죠?
고은   대표님 자택으로 해 놨는데. 왜요?
도기   지금 오겠다는데요. 우리 신혼집으로.

고은	(찐 당황) 네에?! 지금이요?
도기	…
고은	(난감한) 어떡해요? 준비된 게 하나도 없는데.
도기	해야죠. 준비…

바로 전화 거는 도기.

S#40. 놀이동산 / 달리는 모범택시 안. 낮

장 대표, 회전목마 타고 있는 서연을 흐뭇하게 구경하고 있다.
전화벨이 울린다.

장 대표	어 김 군 무슨 일인가? (화들짝) 신혼집? 우리 집을??
도기	저보고 들어오라면서요. 지금 들어가려고요.
장 대표	(어이없는 웃음) 그래. 알았어. 김 군 뜻대로 해.

전화 끊는 장 대표.

장 대표	신혼집… 허허. (자기가 말하면서도 웃긴다)

회전목마에서 서연이 다 타고 나온다. 재밌다.

장 대표	재밌었어?
서연	(끄덕끄덕)

장 대표   (다른 놀이기구 가리키며) 우리 저것도 한 번 타고 갈까?

          신나게 고개 끄덕이는 서연. 자기도 모르게 장 대표 손잡고
          앞서서 걸어간다.
          입가에 미소가 지어지는 장 대표.

S#41.   달리는 콜 밴 안. 낮
          심각한 표정으로 스피커폰 통화 중인 박 주임과 최 주임.

고은(E)   시간 얼마 없으니까 최대한 서둘러 주세요. (뚝 끊는)
박 주임   (혼란스런) 행님… 신혼방은 대체 어떻게 꾸며야 돼?
최 주임   주어진 시간이 얼마 없다… 일단 모으자.
박 주임   또 모아?
최 주임   (맘이 급하다) 시간 없다. 밟아.

          도로를 질주하는 콜 밴.

S#42.   장 대표 집 앞. 낮
          장 대표 집 앞에 승합차와 고급 외제 차가 도착한다.
          승합차에서 내리는 수행 비서와 임 대리, 후다닥 뛰어와 외제
          차 문 열어 준다.
          뒤늦게 도착하는 도기와 고은.

도기	아이고. 저희보다 먼저 도착하셨네요.

강필승, 장 대표의 집을 올려다본다.

강필승	(갸웃) 집이 생각보다 좋네요?
도기	다는 아니고. 이 중에 방 한 칸만 월세로 쓰고 있습니다.
고은	들어오세요.
임 대리	저는 밖에 대기하고 있겠습니다.

강필승과 수행 비서, 도기 고은과 함께 집 안으로 들어간다.
승합차에 임 대리, 갓길에 주차하다가 사이드미러에 뛰어가
는 서연이 비친다.

임 대리	어!

S#43.	택시 회사 앞 / 안. 낮

택시 회사 앞으로 걸어오는 임 대리.
주차장 택시들 사이로 곰인형 든 서연이 지나간다.
택시 회사 안으로 들어오는 임 대리. 사방을 살핀다.
다행히 간발의 차로 서연이가 먼저 임 대리 알아보고는 택시
뒤에 숨는다.

임 대리	맞는 거 같은데…?

발소리에 서연이가 숨어 있는 택시 쪽으로 발걸음을 옮기는 임 대리.

서연이 있는 곳을 '획' 들여다보는데… 없다.

서연이가 한 템포 먼저 다른 택시로 숨었다.

택시와 택시 사이에 '획' 나타나 확인하는 임 대리.

택시 밑으로 살금살금 걸음을 옮기는 서연의 발.

또 다른 택시 뒤쪽으로 얼굴을 빼꼼 내미는 임 대리.

고개 숙여서 택시 밑을 살펴본다.

택시 타이어 정중앙에 서 있어서 발이 보이지 않는 서연.

몰래 걸음을 옮기던 서연, 실수로 바닥에 있던 타이어 휠을 '툭' 찬다.

임 대리, 소리 나는 쪽으로 시선을 옮긴다.

더 피할 곳이 없는 서연, 인형을 껴안고 자리에 주저앉는다.

임 대리, 서연이를 향해 다가오는데, 갑자기 불쑥 나오는 장 대표.

장 대표	무슨 일입니까?
임 대리	(당황) 혹시… 여기 어린애 한 명 들어오지 않았어요?
장 대표	어린애? 여기서 제일 어린애라면… (돌아보며) 막내야~!
박 주임	막내 여깄어요~ (두 사람 보며) 저 찾으셨어요?
최 주임	(불쑥) 그 다음 어린애는 아마 나지? 혹시 나 찾아오신 거?
임 대리	(당황) 아무래도 저희가 착각한 거 같습니다.

꼬리 내리고 택시 회사 빠져나가는 임 대리.

장 대표 고개 돌리면 정비실에 숨어 있던 서연이 보인다.

장 대표   무섭지 않았니?
서연   안 무서웠어요.

서연, 창문에 아동 안전지킴이 스티커 가리킨다.

서연   여기는 지켜 주는 곳이잖아요.

장 대표, 서연 손잡고 들어가다가.

장 대표   (최 주임 돌아보며) 참, 집은 어떻게 잘 꾸몄고?
최 주임   (자신감 뿜뿜) 아휴. 잘했다마다요. 모르긴 몰라도 두 사람 다 매
          우 만족스러워하고 있을 걸요.
박 주임   (흐뭇) 생각만 해도 고소하네.

S#44.   장 대표 집 앞마당. 낮
          마당에 들어서는 고은과 도기. 둘 다 '헉' 한다.
          앞마당이 온통 하트 LED 전구들이 화려하게 번쩍거리고 있다.
          현관 옆에 LED 하트 나무도 번쩍거리고 있다.
          말을 잇지 못하는 도기와 고은.
          번쩍거리는 불빛들에 최 주임, 박 주임 환영이 뜨더니 두 사
          람에게 하트 보낸다.

강필승	인테리어가 독특하군요.
도기	저희가 애정이 좀 넘쳐서… 들어오세요.

S#45. 장 대표 집 안. 낮

현관문을 열고 안으로 들어가는 고은과 도기. 둘 다 또 '헉' 한다.

갖가지 모양의 LED 하트가 집 안 곳곳에 도배되어 있다. 50개는 넘을 듯.

강필승	(눈 부비며) 어우 어지러워.
고은	(변명도 쉽지 않다) … 들어오세요.

도기, 발 앞에 놓인 하트 슬리퍼 수납장 밑으로 '툭' 차 버리곤 들어간다. 강필승, 뒤따라 들어가다가 문 열린 방을 본다. 한결같이 하트 하트한 방인데, 침대가 1인용이다. 베개도 하나밖에 없다.

강필승	(의아한) 여기가 두 분 월셋방?
도기	네. 맞아요.
강필승	침대가 1인용 같은데.
도기	신혼 침대는… 작을수록 좋죠.
강필승	베개도 하나던데?
고은	저는… (도기 팔 끌어당기며 수줍) 팔베개…

강필승	...
도기	(애써 침착) 커피 한 잔 하시죠.

도기, 집 안에 무수한 하트 풍선들 지나 주방으로 가는데.

| 강필승 | (손가락 딱딱 튕기며) 잠깐만요. |

강필승의 손가락질에 바로 반응하는 수행 비서.
멈춰 서서 돌아보는 잉.꼬 커플.
강필승, 부드러운 미소 머금으며 두 사람을 돌아본다.

| 강필승 | 당신들 부부 아니지? |

표정이 굳어지는 도기와 고은.
순간 눈빛이 날카로워지는 강필승과 표정 굳어진 도기와 고은의 모습에서.

5화 끝.

TAXI DRIVER

DRIVER

두 번째 운행

6화

어른들이
너무 미안해

S#1.   장 대표 집 안. 낮

현관문을 열고 안으로 들어가는 고은과 도기. 둘 다 또 '헉' 한다.

갖가지 모양의 LED 하트가 집 안 곳곳에 도배되어 있다. 50개 는 넘을 듯.

강필승   (눈 부비며) 어우 어지러워.

고은   (변명도 쉽지 않다) ··· 들어오세요.

도기, 발 앞에 놓인 하트 슬리퍼 수납장 밑으로 '툭' 차 버리 곤 들어간다. 강필승, 뒤따라 들어가다가 문 열린 방을 본다. 한결같이 하트 하트한 방인데, 침대가 1인용이다. 베개도 하 나밖에 없다.

강필승   (의아한) 여기가 두 분 월셋방?

도기   네. 맞아요.

강필승	침대가 1인용 같은데.
도기	신혼 침대는… 작을수록 좋죠.
강필승	베개도 하나던데?
고은	저는… (도기 팔 끌어당기며 수줍) 팔베개…
강필승	…
도기	(애써 침착) 커피 한 잔 하시죠?

도기, 집 안에 무수한 하트 풍선들 지나 주방으로 가는데.

강필승	(손가락 딱딱 튕기며) 잠깐만요.

강필승의 손가락질에 바로 반응하는 수행 비서.
멈춰 서서 돌아보는 잉꼬 커플.
강필승, 부드러운 미소 머금으며 두 사람을 돌아본다.

강필승	당신들 부부 아니지?

눈빛이 날카로워지는 강필승.
고은, 뭔가 말하려는데 도기가 먼저 나선다.

도기	우리가 부부가 아닌 게 내 집 마련에 더 유리한가요?
강필승	…
고은	말씀만 하세요. (다정하게 도기 팔짱 끼며) 저희 얼마든지 이혼할 수 있어요.

강필승	…
고은	(도기 보며) 자기 생각은 어때?
도기	…
강필승	(웃음 터트리는) 두 사람 정말 재밌네요. 쇼 잘 보고 갑니다.

돌아서서 나가는 강필승.
도기, 강필승을 물끄러미 보고 있다.

고은	(당황스런) 뭔가 잘못된 거 맞죠?
도기	네. 들통난 거 같은데요.
고은	어떡해요 이제.
도기	무릎 꿇고 빌어야죠.
고은	네?
도기	절실하게.

| S#2. | 장 대표 집 앞마당. 낮 |
| | 강필승, 나가려는데. |

| 도기(E) | 강 프로님! |

도기, 달려 나와 강필승 앞에 '털썩' 무릎 꿇는다.

| 도기 | 죄송합니다. 강 프로님 말씀대로 저희는 진짜 부부가 아닙 |

니다.

강필승   …

도기   회사 동료인데 저희가 집이 너무 갖고 싶어서 그랬습니다.

강필승   …

도기   속여서 정말 죄송합니다 강 프로님.

강필승   속이려면 제대로 속이던가. (LED 하트 보며) 사랑이 없을수록
          이런 걸 많이 해 놓더라고. 집에 안 와 봤으면 나도 깜빡 속을
          뻔했어요. 두 사람만 보면 정말 서로 위해 주는 게 느껴지거
          든요.

도기   면목이 없습니다.

          강필승, '픽' 웃으며 고은 돌아본다.

강필승   그러니까 두 사람은 내 집 마련을 하겠다는 의지로 마음에도
          없이 서류상으로만 결혼을 하셨다?

고은   …죄송합니다.

          강필승, 도기 앞에 눈높이 맞춰 앉는다.

강필승   내가 한 말 기억합니까?

도기   …?

강필승   내가 어떤 사람들을 도와준다고 했는지.

도기   …집 없는 사람?

강필승   (빙긋) 거짓말은 괘씸하지만. 그 절실함은 마음에 쏙 드네요.

도기	…
강필승	(일어나며) 두 사람 현실은 잘 봤고, 미래는 어떨지 볼까요?
도기	미래요?

S#3.   모델 하우스 안. 낮

넓고 고급스러운 인테리어 분위기를 물씬 풍기는 모델 하우스 내부.

모델 하우스 정문을 열고 들어오는 강필승, 수행 비서, 도기, 고은.

강필승	어때요? 마음에 들어요?

거실에 들어서자 감탄이 절로 나오는 도기와 고은.

도기	집이 너무 아름답습니다. 강 프로님.
강필승	(도기 보며) 남편 분 혈액형이 어떻게 되시죠?
도기	…A형.
강필승	사모님은?
고은	B형이요.
강필승	A, B. (웃는) 혈액형 운빨도 좋으시네.
고은	?
강필승	집이 생기면 명의는 누구 걸로 할 건가요?
도기	…네?

강필승	그 정도는 사전에 정해 두는 것도 좋을 텐데.
도기	그 말씀은… 저희를 픽해 주시는 건가요, 강 프로님?

강필승, 대답 대신 옅은 미소 머금는다.

강필승	조만간 연락 갈 테니까. 그동안 와이프 몸조리 잘 시키고 있어요.
도기	몸조리요?
강필승	몰랐어요? 당신 와이프 애 있는 거.
고은	(애써 미소) 저는… 아이가 없는데요.
강필승	내가 있다면 있는 거예요. (웃는) 사실 내가 마술사거든요. 마술사.

뭐가 재밌는지 웃는 강필승.
애써 같이 웃어 주는 도기와 고은.
웃음 뒤에 날카로워지는 도기 눈빛.

S#4.   장 대표실. 낮

장 대표	(동화책 읽는) 새까만 밤하늘에 작은 빛이 피어났습니다.

장 대표, 소파에 앉아 서연에게 동화책 '달 샤베트'를 읽어 주고 있다.

장 대표	토끼들이 덩실덩실 춤을 추며 새집으로 돌아갔습니다. 반장 할머니도 시원하고 달콤한 잠을 청했습니다. (할머니 목소리 내며) 모두 잘 자요… 끝. (책 덮으며) 재밌어?
서연	(끄덕이며) 네.
장 대표	이번엔 또 뭐 할까?
서연	(동화책 가리키며) 여기에 나온 토끼 그림 그려도 돼요?
장 대표	그림? 잠깐만.

일어나 서랍에서 무언가 꺼내는 장 대표.
서연은 동화책을 펼쳐 토끼 그림을 본다.
장 대표, 서연 앞에 크레파스랑 스케치북 놓아 준다.

장 대표	이걸로 그리면 더 잘 그릴 거 같은데.
서연	(스케치북 보며) 여기 그려도 돼요?
장 대표	그럼. 서연이 그리고 싶은 거 다 그려도 돼.
서연	(기분 좋은) 고맙습니다.

스케치북을 펼쳐 동화책 속 토끼 그림 그리기 시작하는 서연.
장 대표, 그 모습 흐뭇하게 본다.

S#5.	지하 정비실. 낮
	지하 정비실에 모여 있는 멤버들.

고은	뭔가 이상하지 않아요? 우리 걸렸잖아요. 근데 왜 픽을 하지?
도기	(한숨) 실체가 아직 안 보여요.
고은	실체요?
도기	우리가 내 집 마련에 성공했을 때 저들에게 돌아가는 이익.
고은	그러니까요. 부동산 중개료 받자고 그렇게까지 할 리는 없을 거 같고.
장 대표	서연이에 대한 입양 자료는 계속 찾아보고 있긴 한데 쉽지가 않아.
고은	저도요. 더 찾아보려고 해도 데이터가 없었어요.
장 대표	입양 관련된 자료는 아직 수기로 작성하는 곳도 많아서 전산에 잘 잡히지 않을 거야.
도기	…
장 대표	아이를 입양하고 신고하려면 그 중간에 법정 대리인, 입양 실무자가 꼭 있어야 해. 그걸 넘어설 수는 없을 거야. 그런데 그거 말고 서연이한테 다른 문제가 더 있는 거 같아.
고은	다른 문제요?

장 대표, 서연이 그린 스케치북 보여 준다.
장대비 내리는 놀이터에서 놀고 있는 아이들 그림이다.

고은	비 오는 놀이터에서 노는 그림이네요?
장 대표	이 아이들이 모두 같이 있는 거 같아.
최 주임	근데 이거 비가 좀 희한하네?

도기, 그림을 물끄러미 본다.

도기   비가 아니에요… 창살을 그린 거예요.
고은   창살이요??
도기   놀이터에서 노는 게 아니라 구경하는 거예요. 어딘가에 갇혀
          서…
장 대표   내 생각도 그래.

표정이 굳어지며 스케치북을 보는 멤버들.

S#6.   몽타주. 낮. 과거
          곰돌이 놀이터.
          아이들이 뛰어놀고 있는 곰돌이 놀이터.
          놀이터가 점점 멀어지며 철창이 쳐진다.

          보육원.
          어린아이 하나가 몇 명이 철창이 쳐진 창문에 붙어 서서 놀
          이터에서 노는 아이들 구경하고 있다.
          낡고 허름한 보육원 안에 대여섯 명의 아이들이 있다.
          서연, 이불 개고 어린아이(소망이)에게 반갑게 다가온다.

서연   소망이 언제 일어났어?
소망이   언니, 나 엄마 보고 싶어.

서연, 다정하게 소망이 머리 정리해 준다.

소망이   언제 엄마 볼 수 있어?

서연   소망아. 언니랑 놀이터에서 술래잡기 할래?

신나게 고개 끄덕이는 소망이.

곰돌이 놀이터.
놀이터 곳곳을 뛰어다니며 즐겁게 뛰어노는 서연과 소망.
소망과 서연, 차례로 미끄럼틀 타고 내려오고 있다.

보육원.
소망이, 눈 꼭 감은 채 서연 무릎 베고 누워 있다.

서연   언니가 미끄럼틀 내려와서 소망이 잡으러 뛰어가고 있어.

눈 감은 채 상상하고 있는 소망이 까르르 웃음꽃이 핀다.
갑자기 보육원 문 '벌컥' 여는 40대 초반의 보육원장.
아이들, 놀라며 구석으로 '우르르' 도망친다.

보육원장   (한숨) 삼촌 오셨는데 반가운 척이라도 좀 해라.

강필승   (빙긋) 얘들아 삼촌 왔다.

안으로 들어오는 보육원장. 그 뒤로 구둣발로 들어오는 강필승.

강필승   (방 안 보며) 청소 좀 해 놓지. 앉을 데가 없네.
보육원장   아아. 내가 청소를 시킨다고 시켰는데…

보육원장, 눈치 보다가 겉옷 벗어서 바닥에 깔아 준다.
겉옷 위에 앉는 강필승, 아이들에게 빵과 우유 든 검은 봉지
던져 준다.
아이들, 앞에 놓인 빵과 우유 물끄러미 보기만 할 뿐 아무도
먹지 않는다.
강필승, 차임벨을 땡 울리자 그제야 달려들어 먹기 시작하는
아이들.
그 모습 웃으며 보고 있는 강필승.

강필승   (소망이 보며) 네가 지금 몇 살이지?
서연   (소망이 손 잡으며) 소망이 네 살이에요.

고개 끄덕이며 핸드폰에 기록하는 강필승.
그 모습 불안하게 보고 있는 서연.

S#7.   지하 정비실. 낮
            도기의 핸드폰이 울린다.

도기	(전화 받으며) 언제 전화 주시나 기다리고 있었습니다. 강 프로님.
강필승(E)	김도기 씨. 아빠 될 준비는 됐어요?
도기	(?) 네?
강필승(E)	문자로 약도 보낼 테니까 와이프랑 같이 와요.
도기	…
강필승(E)	뭐 궁금한 거 있어요?
도기	없습니다. 저는 뭐든 할 준비가 되어 있습니다.
강필승(E)	(웃는) 당신들은 운이 참 좋아. (딸깍)

전화 끊는 도기.

고은	뭐래요?
도기	고은 씨랑 같이 오라는 걸 보니까 입양 이야기를 꺼낼 거 같아요.
장 대표	그렇다면 (스케치북 보며) 아이들이 있는 곳으로 갈지도 모르겠구먼.
도기	(끄덕끄덕) 네.
고은	(무겁게 스케치북 보는) 대체 이 아이들은 다 어디서 온 걸까요…

스케치북 속 아이들 보는 도기.

S#8.   허름한 병원 안 응접실. 밤
         핸드폰 울린다.

강필승, 전화 받으면, 분할 화면으로 술에 쩔은 보육원장이
나온다.

강필승   무슨 일이에요?
보육원장   서연이는 어떻게… 아직 못 찾으셨어요?
강필승   찾고 있어요. 그리고 찾아봤자 이제 학교 들어갈 때가 돼서
          더 쓰지도 못해. 근데 그건 왜 묻지? 관심도 없으면서.
보육원장   아아. 하하하… 서연이 걔가 벌써 8살이에요?
강필승   애들한테 관심 좀 가져요. 그러니까 폐업이나 당하지. 꿈동산
          원장님.
보육원장   (히죽 웃는) 지난주에 간판 바꿔서 지금은 꿈나비에요. (빈 술병
          보며) 전화 드린 건 딴 게 아니고. 이번 달치가 아직 입금 안 돼
          서요… 부탁 좀 드리겠습니다 강 프로님. 충성.
강필승   (끊고) 에이. 알콜 중독자 새끼.

S#9.   허름한 병원 입구. 밤
          문 열고 도기와 고은이 들어온다.

고은   (다소 어리둥절) 여기 병원 아니에요?
도기   …

          두 사람 맞이하는 수행 비서.

수행 비서	강 프로님이 안에서 기다리고 계십니다.

수행 비서 안내 받으며 안으로 들어가는 도기와 고은.
곳곳에 걸린 '산모 대기실', '분만실' 등의 안내판들이 보인다.

도기	…

S#10. **허름한 병원 안 응접실. 밤**
응접실 안으로 들어오는 수행 비서와 도기, 고은.
강필승, 파티션으로 나뉘어진 내부 응접실에 앉아 있다.

수행 비서	두 분 모셔왔습니다.
강필승	아이 이름은 지었어요?
도기	?
강필승	이거 아빠 될 준비를 전혀 안 했네. 눈치가 없는 타입이었어요?
도기	(애써 미소) 아닙니다. 눈치 있습니다. 저희 입양하라는 말씀이 시죠?
강필승	(피식) 물론 입양도 청약 점수 올리기가 좋아요. 좋은데, 심사 도 해야 되고, 실사도 대비해야 되고, 좀 복잡해. 손이 많이 가. 그런데 두 사람은 정말 운이 좋아요. 두 사람의 절실함이 하늘에 닿았다고나 할까. (웃는) 아니지. 내 마음에 닿은 거지. 하하하.
도기	무슨 말씀이신지…

조용히 뒤에서 전화 받고 끊는 수행 비서.

| 수행 비서 | 임 대리 도착했습니다. |
| 강필승 | 그래요? |

인서트 병원 입구
병원 안으로 임 대리와 만삭의 미혼모가 안으로 들어온다.

강필승, 미소 머금으며 도기 앞에 서류 하나 내민다. 출생 신
고서다.

강필승	오늘 아이가 태어나면 두 사람 앞으로 출생 신고하세요.
고은, 도기	!
강필승	그럼 심사니 실사니 다 필요 없어요. 친자식인데 무슨 심사가 필요해.

편안하게 미소 짓는 강필승.
표정 굳는 도기와 고은.

도기	…친자식이요?
강필승	왜. 맡아서 키우라 그럴까 봐 걱정돼요? 때 되면 우리가 다 알 아서 수거해 줄 테니까 걱정 말아요.
고은	…?
강필승	나중에 다 정리되면 두 사람은 그냥 간단하게 실종 신고만

하면 돼요.

강필승, 핸드폰이 울린다. 발신자 확인하고 받는다.

강필승   바로 옆에 있으면서 무슨 전화예요. 들어와서 얘기하면 되
            지… 뭐? 알았어요. 있어 봐. (인상 쓰며 전화 끊고 일어나며) 금방
            다시 올 테니까 서류 작성 좀 하고 있어요.

고은, 굳은 표정 숨기지 못하고 강필승 노려본다.

강필승   아내 분이 표정이 좋지 않네.
도기   (고은 다독이며 애써 미소) 이름이 생각 안 나서…
강필승   (피식) 이름이야 아무거나 하면 되죠. (벽에 걸린 문구 가리키며) 저
            기 믿음, 소망, 사랑 중에 아무거나 하나 써요. 키울 것도 아닌
            데. (나가다 말고) 아, 소망이는 빼고. 그건 썼다.
도기   …

커튼 젖히고 나가는 강필승.
고은, 굳은 표정으로 출생 신고서 보고 있다.

고은   서연이도, 소망이도, 아이들을 이런 식으로 데리고 오고 있었
            어요… 이런 식으로…

눈빛, 매섭게 변하는 도기.

S#11.   허름한 병원 분만실 앞. 밤

분만실 복도 쪽에서 여자 목소리가 들린다.

산모(E)   죄송해요. 못 하겠어요.

'짝' 따귀 때리는 소리가 들린다.
도기, 발소리 죽이며 다가가 보는데, 분만실 앞 의자에 양일
굴 부여잡은 채 앉아 울고 있는 만삭의 산모와 흥분한 채 왔
다 갔다 하는 강필승이 보인다.
수행 비서, 소매 한쪽 걷은 채 산모 옆에 서 있다.
도기, 만삭의 앳된 산모를 본다.

도기   ···

강필승, 정색한 표정으로 앳된 산모 앞으로 다가와 앉는다.

강필승   다시 한 번 말해 봐 봐.
산모   죄송해요··· 아무래도 못 하겠어요.

인상 확 구겨지며 손을 번쩍 드는 강필승.
산모, 놀라며 자기 얼굴 감싼다.
강필승, 한심한 표정으로 산모 머리 쓰다듬는다.

강필승   이봐요 미혼모 아가씨. 네가 한다 그래서 병원도 섭외해 놓고

	부모도 다 구해 놓고, 돈이 얼마가 깨졌는데 네가 물어낼래?
산모	제가 일해서 다 갚을게요.
강필승	일해서 언제? 이건 경우가 아니지. 혹시 돈 달라고 이러는
	거야?
산모	(원망스레 보는) 돈 필요 없어요. 그냥 제가 키우게 해 주세요.
강필승	이게 지금 나랑 장난치나. 안되겠다 너.

강필승, 손가락 '딱딱' 튕기고는 산모 가리키며.
수행 비서, 다시 팔 걷어붙이며 산모에게 다가온다.

| 산모 | (무서운) 살려 주세요. |

도기, 주변 둘러본다. 화재경보기가 보인다.

산모	제발 우리 애기 살려 주세요! 이렇게 빌게요.
강필승	누가 애 죽이겠대? 내놓으라고.
산모	저희 그냥 보내 주세요!

수행 비서, 산모에게 주먹 내지르려는데, 병원 내에 화재경보
기가 쩌렁쩌렁 울린다.
순간 당황하는 강필승, 임 대리.

| 강필승 | 뭐야 이거. |
| 임 대리 | 어디 불났나 본데요? |

강필승	여기 우리밖에 없는데 불이 어디서 나! 가서 확인해 봐.

우왕좌왕 둘러보며 나오는 수행 비서와 임 대리.

S#12. **허름한 병원 로비. 밤**
로비로 나오는 강필승.
도기와 고은, 당황스러워하며 서 있다.

강필승	아무래도 오늘은 날이 아닌가 보네요. 출산 날짜 다음으로 미룹시다. 원래 아이가 생길 때 진통도 오고 그런 거잖아요?
도기	(애써 미소) …

다급하게 뛰어나오는 임 대리.

임 대리	강 프로님! 그 미혼모! (도기, 고은 의식하는)
강필승	(짜증) 그냥 말해요!
임 대리	(눈치 보며) 도망쳤는데요.
강필승	(정강이 차며) 그럼 잡아 와야지 여기 이러고 있으면 어쩌자고!

'후다닥' 나가는 임 대리.
도기, 미소가 서늘해진다.

S#13.   외진 도로. 밤

임 대리, 승용차로 서행하며 주변 둘러보고 있다.
전방에 도망치고 있는 산모가 보인다.
산모, 가쁜 숨 몰아쉬며 힘겹게 뛰어가고 있다.

임 대리   (정강이 쓰다듬으며) 아 씨. 까졌어. 저거 때문에 맨날 나만 깨져.

산모에게 하이빔 쏴 대는 임대리.
놀라는 산모, 더 빨리 도망치고 싶지만 그것도 쉽지 않다.

임 대리   계속 도망치는 거 봐 저거. 확 어디 하나 부러뜨려? (문득) 어!
           좋은 생각인데!

임 대리의 승용차, 도망치는 산모 쪽으로 차선 바꾼다.
산모, 승용차의 불빛이 위협적으로 다가온다.

임 대리   (씨익 웃는) 안 될 게 뭐 있어.

사거리 가로질러 뛰어가는 산모의 뒤에서 액셀을 '콱' 밟는
임 대리.
비명 지르며 몸 웅크리는 산모.
임 대리의 승용차가 굉음을 내며 산모 뒤를 덮치는데, 강철
프레임이 임 대리 승용차 옆면에 강하게 충돌한다.
도기의 모범택시, 강철 프레임으로 승용차를 찍으며 그대로

질주한다.

순식간에 산모의 시야에서 사라지는 임 대리의 승용차.

가속 페달을 '꽉' 밟는 도기, 속도를 더 높인다.

겁에 질린 임 대리, 아무리 핸들을 조작해도 움직여지지 않는다.

모범택시 운전석을 보는데, 운전자가 도기다.

임 대리   어!?

도기, 급브레이크를 밟자, 급정거하는 모범택시.

관성으로 튕겨 나가는 임 대리의 승용차, 도로를 '데굴데굴' 구르며 날아간다.

만신창이 상태로 도로 한편에 멈춰 서는 승용차. 임 대리도 기절해 있다.

S#14.   외진 길 풀숲. 밤

풀숲에 웅크리고 앉아 숨죽여 흐느끼는 산모.

담요 하나가 산모의 등을 덮어 준다.

산모, 놀라 돌아보면, 고은이 옆에 앉는다.

고은   괜찮아요. 그놈들은 더 이상 따라오지 않을 거예요. 안심하세요.

산모, 고은의 다독임에 오히려 참았던 눈물이 터진다.

S#15.   달리는 모범택시 안. 밤
              뒷자리에 나란히 앉아 있는 고은과 산모.
              고은, 훌쩍이는 산모를 연신 다독거려 준다.

산모   그 남자가 아이를 잘 키워 줄 거라고 했어요… 그 말만 믿고…
도기   …

              도로를 달리는 모범택시.

S#16.   미혼모 상담 센터 앞. 밤
              '미혼모의 집' 푯말이 걸린 건물 앞에 멈춰 서는 모범택시.
              집 앞에 서 있던 센터장, 모범택시로 다가온다.

센터장   파랑새재단 장 대표님한테 연락 받았어요.

              산모 데리고 모범택시에서 내리는 고은. 센터로 들어간다.
              말없이 보고 있는 도기. 전화벨이 울린다. 발신자 '장 대표님'

S#17.   지하 정비실. 밤

정비실에 모여 있는 멤버들.

장 대표   미혼모 아이를 빼앗아 다른 부부에게 출생 신고하는 방식으
         로 한 거면, 최초 입양 실무자를 통해 아이들을 찾는 루트도
         소용이 없겠어.
도기   …
고은   그럼 이제 어쩌죠?
도기   강필승한테 아파트가 30채 넘게 있었다고 했죠? 빌딩도 있
         었고.
고은   네, 엄청 많았어요.
도기   모든 소재지를 다 지도에 띄워 줄 수 있어요?
고은   (컴퓨터 앞에 앉으며) 그거야 어렵지 않죠.

모니터에 대한민국 지도가 뜬다.
타이핑하는 고은.
지도 위에 강필승 소유의 건물들이 표시된다.

최 주임   대도시에 다 몰려 있네.
도기   이 중에서 투자 가치가 제일 없는 곳이 어딘지 알 수 있어요?
고은   투자 가치가 제일 없는 곳… 잠시만요.

빠르게 타이핑하는 고은. 지도 위로 건물들의 공시 지가가 빼
곡하게 표시된다.

고은	근데 거긴 왜 찾는 거예요?
도기	부동산 컨설팅 일타 강사가 투자 가치가 없는 건물을 갖고 있다면.
장 대표	(모니터 보며 끄덕끄덕) 돈이 목적이 아닌 건물을 찾는다…

고은, 엔터키 '탁' 치면, 지도에 표시된 곳이 다 없어지고 도심 외곽 지역 한군데만이 남는다.

고은	여기에요. 오랜 상가 건물 중에 점포 한 곳을 소유하고 있어요.
박 주임	점포가 사진관이네?
고은	그런데 저기… 우리가 서연이를 처음 만난 곳 근처네요?
도기	…

S#18.   사진관 / 콜 밴 안. 밤

셔터가 내려진 사진관 앞에 멈춰 서는 도기의 모범택시.

택시에서 내려 셔터 올리는 도기. 문이 잠겨 있다.

도기, 카드 하나 꺼내 문 틈새로 넣는다. 문이 안으로 밀리며 열린다.

사진관 안에 불이 켜진다. 전체적으로 잘 정돈되지 않고 허름하다.

낡은 사진들이 벽면에 어지럽게 걸려 있다. (어린 시절 온하준 사진 포함)

책상에 아무렇게나 구겨 버린 영수증들 살펴보는 도기. 먼지

쌓인 카드 단말기와 수납함 살펴본다. 카메라 장비들도 손으로 '스윽' 닦으며 먼지 확인한다.

도기   영업은 하지 않는데, 사용은 꾸준히 하고 있어요.

고은(E)   사진관으로 잡힌 매출이 하나도 없네요.

도기, 사진관 내부 공간 둘러보는데, 아이들 촬영용 옷들이 행거에 걸려 있다. 다가가 옷들을 보는데, 구석에 하얀 천으로 덮어 놓은 물건들이 보인다.
천을 걷어 내자 아무렇게 세워 놓은 사진 액자들이다.
사진들을 꺼내 보는 도기.

도기   …돈 안 받고 이런 사진을 찍고 있었네요.

도기, 서연의 양부모와 찍은 가족사진을 굳은 표정으로 본다.

고은(E)   서연이 가족사진이잖아요. 그런데 우리가 아는 사람들이 아닌데요?

도기, 다른 액자들도 하나씩 꺼내서 본다.

도기   양부모가 왜 서연이를 못 알아봤는지 이제 알겠네요.

도기, 액자 사진 내려다본다.

사진관 안. 낮. 과거

도기 뒤로, 출입문 열고 서연과 최초 양부모가 들어온다.

뒤이어 들어오는 강필승과 보육원장.

박 과장, 촬영 공간으로 들어가 양부모 자세 잡아 준다.

강필승	액자에 담아 줄 테니까. 집에 제일 잘 보이는 곳에 걸어 두세요. 나중에 집으로 실사 나오면 이거만큼 효과 좋은 것도 없어요.
보육원장	(서연이 툭 치며) 가서 엄마 아빠 사이에 서 보자.
서연	네.

도기, 설레는 표정으로 양부모에게 다가가는 서연을 본다.

양부모 사이에 서는 서연. 설레는 표정으로 엄마 올려다본다.

미소 짓는다.

서연	(혼잣말) 내 엄마예요?

서연, 가만히 엄마 손 잡으려는데, '확' 뿌리치는 양모.

양모	뭐하니 너!
보육원장	뭐야 왜 그래?

강필승, 서연 노려보더니 커다란 빈 여행 가방을 활짝 열어젖힌다.

강필승	내가 말 안 들으면 어떻게 한다 그랬지?
서연	(겁먹은) 잘못했습니다. 다신 안 그러겠습니다.

도기, 금방이라도 울 것만 같은 표정의 서연을 본다.

도기	…
강필승	너 표정이 왜 그래. 웃어야지. (여행 가방 보란 듯 툭툭 지며) 웃어.

눈가 그렁한 얼굴로 애써 미소 짓는 서연.

박 과장	자, 하나 둘 셋.

플래시가 '팡' 터지면서 서연의 가족사진이 보인다.
플래시가 '팡팡' 터질 때마다 액자 속 애써 웃고 있는 서연 주변으로 양부모가 다른 사람들로 계속 바뀐다. 서연만이 그 자리에 멈춰 있는 듯 보인다. 마치 촬영 소품처럼.

도기	…

도기, 일렬로 세워 놓은 가족사진 액자들을 내려다본다.

도기	서연이는 모두 네 번의 엄마 아빠가 있었어요.

같은 옷차림의 서연이 서로 다른 엄마, 아빠와 찍은 네 개의

가족사진 액자들.
도기 돌아보면.

사진관 안. 낮. 과거
가족사진 촬영이 끝난 첫 번째 양부모부터 네 번째 양부모들
모습이 컷 컷으로 보인다.
강필승과 담소 나누며 문 열고 나가는 양부모들의 마지막 모
습들.
'잘 좀 부탁드려요', '강프로님만 믿어요', '25평짜리만 돼도
소원이 없겠어.'
촬영 공간에 혼자 우두커니 서서 양부모들이 나가는 모습 보
고 있는 서연.
마지막 네번째 서연 양부모(5부에 나왔던 양부모), 서연을 힐끗
돌아보곤 그냥 나간다.
우두커니 서 있는 서연의 눈가가 그렁해진다.

고은   말도 안 돼… 어린애한테 어떻게…
도기   …

가족사진 속 환하게 웃고 있는 서연.

S#19.   보육원 앞. 낮. 과거
         보육원 문 열고 소망이 데리고 나오는 보육원장과 강필승.

소망	어디 가요?
강필승	엄마 아빠 만나서 가족사진 한 장 찍으러 가자.

서연, 소망이에게 뛰어온다.

서연	(뛰어오며) 소망아!
소망	(웃는) 언니. 나 엄마 아빠 보러 간대.
서연	(울먹거리며 필승 보는) 아저씨 그냥 제가 갔다 오면 안 돼요?
강필승	(웃는) 몇 번 해 보니까 재밌냐? 너는 따로 갈 데 있으니까 기다리고 있어.

소망이를 데리고 나가는 강필승과 보육원장.
쇠사슬 둘러쳐진 철문 앞에서 소망이 바라보는 서연.

서연	(울음 터트리는) 소망아…

S#20.	장 대표실. 밤

잠든 서연의 뺨을 타고 눈물이 흘러내린다.
장 대표, 서연 토닥이며 깨운다.

장 대표	서연아… 서연아…

잠에서 깨 일어나는 서연.

장 대표	안 좋은 꿈을 꿨구나.
서연	(눈물 글썽) 소망이가 울어요. 지금 많이 무서울 텐데.
장 대표	…그래서 우리 서연이가… 빨리 가서 안아 줘야 된다 그랬구나. 소망이가 무서워할까 봐.

눈물 닦으며 고개 끄덕이는 서연.
무거운 마음으로 서연 안아서 토닥여 주는 장 대표.
서연의 머리 쓰다듬어 주다가, 손끝에 뭔가가 만져진다.

장 대표	?

S#21.   사진관 안 / 앞. 낮
출입문 열고 박 과장 일행들이 사진관으로 들어온다.

박 과장	(부하 직원에게) 곧 도착할 거니까 바로 세팅해 놔.

박 과장 뒤로 보육원장과 어린아이 하나가 같이 들어온다.

보육원장	(아이한테 윽박지르며) 사진만 찍고 갈 거니까, 쓸데없이 어른한테 말 걸지 말고. 알았어?

박 과장, 아이 데리고 촬영 공간으로 가는데, 구석 그늘진 곳에 누군가 앉아 있는 게 보인다.

화들짝 놀라는 박 과장.

박 과장	깜짝이야! 거기 누구야?
도기	…
박 과장	어? 오늘 그쪽 사진 찍는다는 말 없었는데.

도기, 말없이 자리에서 일어나 촬영용 의자 앞에 아이에게 다가간다.
아이 앞에 앉아 시선 맞추는 도기.

아이	내 아빠에요?
도기	어른들이… 너무 미안해.

아이 꼬옥 안아 주는 도기.
박 과장 일행과 보육원장, 어리둥절한 표정으로 도기 보고 있다.
도기, 아이를 번쩍 안아서 입구로 걸어간다.
사진관 안으로 들어오는 최 주임, 도기에게 아이를 건네받고는 밖으로 나간다.

보육원장	이봐, 당신 도대체 지금 뭐하는 거야!

사진관 셔터가 '좌르륵' 내려간다.
서슬퍼런 표정으로 돌아서는 도기.

당황한 박 과장 일행과 보육원장.

사진관 앞.
박 주임과 최 주임, 셔터 내리고 걸쇠로 건다.
안에서 '와장창' 깨지는 소리와 비명 소리가 들리기 시작한다.
지나가던 행인이 소리에 쳐다보면.

최 주임   촬영 중이에요. 촬영 중.

박 주임   액션 영화.

보육원장이 벽으로 내던져지며 '쿵' 쓰러진다.
조명 기구들과 함께 나뒹구는 박 과장과 일행들.
아수라장이 된 사진관에 이미 다들 쓰러져 있다.
몸도 못 가누며 고통스러워하는 보육원장 앞에 그림자가 드리워진다.
보육원장, 주변 흘끔거리며 보는데, 다른 이들도 이미 다 널브러져 있다.

도기   다른 아이들은 지금 어딨지?

보육원장   살려 주세요.

도기   아니. 쓸데없는 말 지껄이지 말고. 어딨어.

보육원장   (마른침 꿀꺽) …

S#22.   달리는 모범택시. 낮

빠른 속도로 도로를 달리는 도기의 모범택시.
도기 굳은 표정으로 운전대 잡고 있다.

고은   아이는 대표님한테 인계했어요.

도기   강필승은 자신이 물색해 놓은 부부들에게 아이들을 입양시
       켜 아파트에 당첨시켰던 거예요. 그리고 모든 일이 끝나면 그
       아이들을 데려와 또 다른 부부에게 입양시켰던 거죠.

고은   어떻게 이런 짓을 할 수 있죠? 도대체 뭐 때문에 이렇게까지…

도기   서른 채가 넘는 아파트를 강 프로가 어떻게 마련했을까요?

S#23.   필 컨설팅 대표실 안. 낮

수행 비서, 강 프로 앞에 서류 내려놓는다.

수행 비서 소유권 이전 완료됐습니다.

강필승   (흐뭇한) 수고했어요.

강필승, 기분 좋게 서류 들고는 커다란 서울 지도가 붙은 벽
면 앞으로 온다.
버튼 '꾹' 누르자 커다란 지도 액자가 열리며 진열대가 나온다.
마치 트로피인 양 하나하나 진열되어 있는 수십 개의 계약
서류들이 고급스런 조명을 받고 있다.
강필승, 계약서를 들어 냄새 맡는다.

강필승	나는 이 잉크 냄새가 그렇게 좋더라.
	수행 비서의 전화벨이 울린다. 예의 바르게 구석으로 가 전화 받는다.
	강필승, 비닐에 계약서 넣고 밀봉해 34번 진열대 위에 계약서 올려놓는다.
강필승	(흐뭇하다) 최 비서님도 이제 집 평수 넓힐 때가 됐죠?
수행 비서	(황송한) 생각해 주셔서 감사합니다. 강 프로님!
서연 부(E)	강 프로!
	대표실로 들어오는 서연의 네 번째 양부모. 부부 막아서는 수행 비서.
강필승	(진열대 닫으며) 됐어요. 비켜 드려. (부부 보며) 이 시간에 어쩐 일로.
서연모	강 프로 우리한테 이러는 법이 어딨어!!
서연부	시키는 대로 다 했잖아. 누군지도 모르는 아이 출생 신고하라고 해서 했고, 하나 더 입양하라고 해서 다 했는데. 갑자기 이렇게 빼앗아 가면 우린 어떡하라고.
강필승	큰일 날 분들이네. 당신들 명의로 분양 잘 끝났고, 애들은 내가 다시 다 수거해 줬는데 뭘 빼앗아 가? (갑자기 인상 험악해지는) 그리고 말은 바로 하죠. 하는 건 내가 다 했지. 물건도 내가 잡아 줘. 애새끼들 붙여서 점수도 내가 올려 줘. 수거도 내가 해. 돈도 내가 다 빌려줘. 니들이 도대체 뭘 했지?

서연 모	갑자기 돈 갚으라 그러면 다 빼앗아 가는 거랑 뭐가 달라!
강필승	내 돈 내가 회수하겠는데 왜? 당신들 갚을 돈 없잖아. 그래서 집으로 대신 받는 거고. 뭐 잘 잘못됐어?
서연 모	우리 돈 없는 거 다 알면서 꾀했잖아! 내가 경찰에 신고할 거야!
강필승	(피식) 신고해. 불법 입양 확인되면 어차피 분양은 다 취소될 거고, 당신들은 법대로 감빵 갈 거고. 평생 빚만 잔뜩 남을 텐데. 그거 다 감당할 수 있겠어?
서연 부	(듣기만 해도 절망스럽다) …
강필승	내가 얘기 드린 거 안 잊었죠? 얼마나 절실한가! 그 정신으로 내 집 장만을 위해서 다시 열심히 뛰셔! (주먹 불끈) 파이팅!

서연 부모, 굳어진 표정으로 화통하게 웃는 강필승 본다.
전화 받는 수행 비서, 금세 표정이 굳어진다.

수행 비서	강 프로님. 보셔야 할 게 있습니다.
강필승	뭔데 그래요?

핸드폰 화면에 사진관에서 사람들 때려눕히는 도기 모습이 나온다.

강필승	(멍) 뭐야 이 새끼…

강필승, 화면 속에 쓰러져 있는 보육원장을 본다.

강필승   (갑자기 싸한) 애들… (다급하게) 차 대기 시켜!

서둘러 뛰쳐나가는 강필승.

S#24.   도로. 낮
          차들 사이를 가로지르며 달려오는 봉고차.
          조수석에 앉아 있는 강필승, 수행 비서에게 연신 신경질 내고
          있다.

강필승   뭐 해! 더 밟아! 더 더!

          강필승, 손 뻗어 연신 운전대 경적 울리고 있다.

S#25.   보육원 앞 / 안. 낮
          낡은 보육원 앞에 멈춰 서는 도기의 모범택시.
          도기. 쇠사슬이 감겨 있는 출입문을 훌쩍 뛰어넘어 안으로 들
          어간다.
          보육원 안쪽 깊숙이 낡은 가건물이 보인다.
          그리고 그 주변에 보이는 생활 흔적들과 낡은 운동화들. 모두
          어린이용이다.
          보육원 안에서 작게 아이들의 웃음소리가 들린다.

도기	…

조심조심 문 열고 들어가는 도기. 아이들이 안 보인다.

철창문 너머에서 작게 아이들 소리가 들려온다.

다가가는 도기.

알고 보니 철창문 밖 멀리 곰돌이 놀이터에서 놀고 있는 아이들 목소리다.

갑자기 철컹하며 문이 닫힌다.

놀라 돌아보는 도기.

강필승, 철창에 쇠사슬 감아서 잠근다.

문을 잡아 흔드는 도기. 쇠사슬이 단단히 감겨 열리지 않는다.

강필승, 석유통 가져와 출입문 주변에 마구 들이붓는다.

한발 물러나는 도기.

강필승	(통 던져 버리며) 너 누구세요? 경찰이에요?
도기	…
강필승	아니다. 이 새끼 택시 기사였지 참. 그럼 뭐예요?
도기	아이들 어딨냐.
강필승	혹시 잃어버린 애 찾고 있어요? 애 아빠예요? 애 이름이 뭔데요?
도기	미안하단 생각. 한 번이라도 한 적 있냐?
강필승	뭐?
도기	엄마 아빠를 만날 거란 희망을 주고, 그걸 다시 짓밟고.
강필승	…

도기	그 짓거릴 반복하면서 단 한 번이라도 미안하단 생각한 적은 있냐?
강필승	이름이 뭐냐니까 뭔 딴소리에요. 누군지 알아야 내가 말이라도 전해 주죠. (갑자기 웃는) 니네 아빠 죽었다고. ㅋㅎㅎㅎ.

강필승, 지포라이터 꺼내 석유에 불 붙인다.
순식간에 보육원에 불이 옮겨붙는다.
불길을 피해 물러나는 도기.
강필승, 손 '툭툭' 털며 돌아서 간다.

강필승	별것도 아닌 게.

승합차에 오르는 강필승.
승합차 안에 아이들, 강필승이 타자 무서워한다.

강필승	조용! 얌전히 있어!

S#26.	보육원 앞 도로 / 콜 밴 안. 낮
	보육원 앞으로 오는 콜 밴.
	보육원 안쪽에서 검은 연기가 올라온다.

최 주임	저 안에서 불난 거 같은데?

반대쪽 차선으로 승합차 한 대가 지나간다.

박 주임, 승합차 안에 강필승과 아이들이 타고 있는 걸 본다.

박주임	행님, 저기 애들!
최주임	(굳은 표정으로 검은 연기 보며) 김도기 기사!
고은	(다급하게 교신) 김도기 기사님 괜찮아요? 지금 그쪽으로 갈게요!
도기(E)	아뇨. 오지 말고 강필승을 쫓아가요. 아이들이 먼저예요.
고은	무슨 소리에요? 기사님 지금 위험하잖아요!
도기(E)	내 말 들어요!

인서트 가건물 안

위협적으로 번지는 불길에 갇혀 있는 도기.

도기, 필사적으로 퇴로를 찾고 있다.

도기	(화내며) 놓치지 말고 강필승을 쫓아요. 나도 뒤따라갈게요.

멀어지는 승합차와 검은 연기 번갈아 보며 어쩔 줄 몰라 하는 박 주임, 최 주임.

고은	(교신기 벗으며) 김도기 기사님이 먼저예요! 빨리 구하러 가요.
박주임	('어떡하지?') 김도기 기사가 뒤쫓으라고 했잖아!
고은	그러다가 기사님 죽어요!
박주임	(울고 싶다) 형님, 이럴 땐 어떡해야 돼?
최주임	(고심 끝에) 늘 하던 대로 하자. 설계는 김도기 기사가 하는 거

야. 강필승을 쫓자. 고은아.

고은   (수긍하면서도 너무 괴롭다) …

거칠게 출발하는 콜 밴, 강필승을 쫓는다.

S#27.   보육원 안. 낮
화염에 휩싸인 가건물 내부.
도기, 생수 물에 수건 적셔 코와 입 막는데, 어디선가 아이 기
침 소리가 들린다.

도기   !

도기, 벌떡 일어나 내부의 모든 문을 다 열어 본다.
옷장 아래 어린아이 하나가 웅크려 앉아 울고 있다.
불길이 점점 크게 번지며 도기를 향해 다가온다.
도기, 착용하고 있던 물수건 빼서 어린아이에게 해 준다.
아이 안고 불길 피해 구석으로 가는 도기. 자세 낮춘 채 한곳
을 주시한다.
철문을 지지하고 있는 이음새 부근이 점점 녹아내리고 있다.
도기, 바닥에 이불 들어 아이를 덮어 준다.

도기   답답해도 조금만 참아.

천정이 내려앉기 시작한다. 타이밍 기다리는 도기.

이음새 부근이 둔탁한 소리를 내며 끊어진다.

도기 머리 위에 천정이 내려앉는다.

도기, 철문 향해 달려가 몸을 던진다.

보육원 밖으로 튕겨져 나오는 도기.

내부가 불길에 완전히 휩싸이는 가건물.

이불 걷어 아이 상태 확인하는 도기.

도기   괜찮아?

아이   (끄덕끄덕)

굳은 표정으로 불길 보고 있는 도기.

S#28.   도로 몽타주. 낮

도로를 달리고 있는 강필승의 차.

그 뒤를 뒤쫓고 있는 콜 밴.

도기(E)   놓치지 않았죠?

고은   김도기 기사님!

최 주임   봐! 내가 괜찮을 거라 그랬잖아.

맹렬한 속도로 따라오고 있는 도기의 모범택시.

도기   금방 따라갈게요.

               핸드폰이 울린다. 발신자 '장 대표'
               도기, 이어폰 전화 받으면 병원 진료실에서 나오는 장 대표가
               분할로 나온다.

장 대표   서연이 머리에 혹이 있었어.
도기   ?
장 대표   의사 말로는 상처가 아물기 전에 지속적으로 가해진 외부 충
               격 때문에 흉터는 없어지지 않는다고 하더구먼.
도기   …

               인서트 달리는 승합차 안
               강필승, 옆에 세워 둔 커다란 여행 가방을 신경질적으로 발로
               '탕탕' 찬다.

강필승   (여행 가방 향해) 조용하라니까 왜 말을 안 들어! (또 발로 차며) 왜!

               어금니 질끈 무는 도기. 가속 페달 '꽉' 밟는다.
               굉음을 내며 질주하는 모범택시.

S#29.   필 컨설팅 건물 앞. 낮
               지하 주차장으로 들어가는 승합차.

강필승	애들 사람 눈에 안 띄는 곳에 숨겨 놔.

건물 앞에 멈춰 서는 콜 밴. 박 주임과 최 주임, 고은, 지하 주 차장으로 뛰어간다.

S#30.   지하 주차장. 낮
엘리베이터 타는 강필승과 수행 비서.
박 주임과 최 주임, 고은, 엘리베이터 안에 두 사람만 타고 있 는 걸 본다.

고은	애들이 없어요.
최 주임	분명 이 근처에 있을 거야. 흩어져서 찾아보자.

각자 다른 방향으로 뛰어가는 박 주임과 최 주임, 고은.

S#31.   필 컨설팅 대표실 안. 낮
강필승, 금고에서 서류들 챙기고 있는데, 문밖에서 소란스런 소리가 들린다.
'함부로 들어오면', '으악!', '당신 뭐야!', '아악' 류의 단발마들.

강필승	(울컥 짜증) 또 뭐야! (손가락 튕기며 수행 비서 보는) 가 봐!

겉옷 벗는 수행 비서, 몸의 근육들이 더 도드라져 보인다.
가볍게 목을 풀어 주자 으드득 소리가 위압적으로 들린다.
살벌한 표정으로 성큼성큼 문 열고 나가는 수행 비서.

수행 비서(E)   어떤 새끼야!

물건들이 부서지고 깨지는 소리가 쉴 새 없이 들린다.

강필승   …?

강필승, 문 쪽으로 다가가는데 문이 '벌컥' 열리며 수행 비서
가 '주르륵' 미끄러져 들어온다. 이미 기절했다.

강필승   !!

문 열고 도기가 들어온다.

강필승   (믿겨지지 않는) 너 이 새끼 뭐야.

강필승, 허둥지둥 골프채 집어 들고 돌아서는데, 다가와 강필
승의 목 움켜잡는 도기.

인서트 필 컨설팅 건물 내부
문이란 문은 다 열어 보며 아이들 찾고 있는 박 주임.

도기	…아이들은 어딨어.
강필승	컥컥! 몰라. 이 새끼야…
도기	(더욱 힘주어 움켜쥐는) 아이들 어딨냐.
강필승	컥컥…

인서트 지하층

화장실, 창고 등등 숨을 만한 곳을 모두 열어 보는 최 주임.

고은. 한쪽에 주차된 승합차로 뛰어가 보는데 안에 아이들이 없다.

더 이상 찾아볼 곳이 없자, 세 사람의 표정이 점점 어두워진다.

최 주임	(불안한) 대체 애들을 어디에 숨겨 놓은 거야.

목에 핏대가 올라가는 도기.

도기	말해.
강필승	나… 죽으면… 애들도 죽어…
도기	…

플래시 인서트 어두운 공간

칠흑같이 어두운 공간에 누워 있는 아이들. 가쁜 숨 몰아쉬며 떨고 있다.

강필승, 숨을 못 쉬고 있다.

도기, 손에 힘이 점점 풀어진다.
도기 손에서 풀려나 거친 숨 몰아쉬는 강필승, 도기의 약점을
눈치챘다.
갑자기 돌변해 도기를 거칠게 밀어 버리는 강필승.

강필승   (기세등등) 죽여 봐. (주먹질하며) 죽여 보라고! 새끼야!

강필승의 주먹질에 제대로 대응하지 못하는 도기.

강필승   (웃는) 그래! 애들 살리고 싶으면 이래야지! 그래야 애들이 안
              죽지!
도기   …

도기, 주먹 쥔 손이 부르르 떨린다. 그러나 내지르진 못한다.
강필승, 도기의 그 모습에 몹시 기분이 좋다.

강필승   난 이래서 애들이 너무 좋아. 난 애들을 보호하고, 애들은 날
              보호하고. 상부상조.

인서트 지하 주차장
분주히 돌아다니는 고은.
주차장 앞을 지나가다가 문득 걸음 멈추는 고은. 강필승의 외
제 차를 본다.
외제 차 살짝 한 번 움직인다.

고은	…?

책상 위에 명패 집어 드는 강필승.

강필승	여기서 네가 뒈지면 애들은 다 풀어 줄게.
도기	…
강필승	(명패 쥐며) 만약 피하면 애들은 다 죽어.
도기	…
강필승	(다가가며) 피하기만 해. 모조리 다 죽여 버릴 테니까.

어금니 질끈 물며 그 자리에 서서 강필승 노려보는 도기.
강필승, 명패 치켜든다.

인서트 지하 주차장
공구 이용해 외제 차 트렁크 여는 박 주임과 최 주임. 안도의
한숨부터 나온다.
트렁크 안에 아이들이 다닥다닥 누워 있다.

고은	김도기 기사님. 아이들 찾았어요!

힘껏 명패 휘두르는 강필승.
날아오는 명패를 '꽉' 잡는 손.

강필승	어쭈. 잡아?

명패 '꽉' 움켜잡은 채 강필승 노려보는 도기.

강필승   (눈에 힘주며) 애들 살리기 싫다 이거야!

진지하고 준엄한 강필승의 얼굴을 정면으로 강타하는 도기
의 주먹.
도기 주먹에 얼굴이 일그러지는 강필승의 얼굴.
얼굴 부여잡고 뒷걸음질 치는 강필승. 입술에 피가 터진다.

강필승   이 새끼가 너 미쳤어!?

명패 던져 버리고 다가오는 도기. 강필승을 강타한다.
'붕' 날아가 서울 지도가 붙은 벽에 부딪혀 쓰러지는 강필승.
고통스러울수록 열 받는다.

강필승   (이성 잃은) 애새끼들 다 죽이고 싶어?! 내가 다 죽여 버릴 거야!

표정 변화 하나 없이 뚜벅뚜벅 다가오는 도기.
강필승, 분위기가 왠지 싸하다.

강필승   너 이 새끼!! (가만… 설마…) 찾았어?

강필승을 '확' 덮치는 도기.

강필승	으악!

S#32. 쓰레기 소각장. 낮

쓰레기봉투들이 잔뜩 쌓여 있는 소각장 앞으로 대형 이민 가방 하나가 '좌르륵' 굴러와 벽에 '쿵' 부딪힌다.
이민 가방이 꿈틀대더니 지퍼가 살짝 열리며 강필승 얼굴이 가방 밖으로 '쏙' 나와 거친 숨 몰아쉰다.

강필승	뭐야. 여기 어디야!
도기	여기 마음에 들어?

주변 살펴보는 강필승. 온통 쓰레기들밖에 안 보인다.
가방 안에서 몸부림치는 강필승, 가방 지퍼가 더 이상 안 열린다.

도기	너한테 어울리는 집은 어디일까 생각해 봤어. 필요한 거 있으면 주변에 잘 찾아봐 웬만한 건 다 있을 거야.
강필승	(당황. 애써 침착) 오케이! 그래 좋아! 내가 집 한 채 줄게!
도기	…
강필승	초역세권 로얄층! 한강 조망! 대한민국에서 이거 쉽지 않은 거 알지?

도기, 의자 가져와 강필승 앞에 앉는다.

강필승	(준엄하게 꾸짖듯) 이봐요 택시 기사님! 당신 한국 사람 아냐? 내 집 마련하기 싫어?! 똘똘한 놈으로 집 한 채 준다니까!
도기	네놈한텐 그런 집이 없을 텐데?
강필승	(어이없어 웃는) 뭔 소리야. 내가 집이 얼마나 많은데.

강필승의 웃음에 미소로 응대하는 도기.

인서트 필 컨설팅 대표실
버튼 '꾹' 누르자 커다란 지도 액자가 열리며 진열대가 나온다.
최 주임, 진열대에 서류들 가방에 모조리 챙기고 있다.

최 주임	인감도장도 챙겨야 돼.
박 주임	(수납함에서 도장과 증명서들 꺼내며) 증명서도 다 해 놨네. 쌩큐지.

소각장에 도기, 미소가 싹 건힌다.

도기	마지막으로 기회를 줄게. 내 질문에 솔직하게 대답하면 여기서 너 풀어 줄게.
강필승	…진짜?
도기	(끄덕끄덕) 약속할게.
강필승	알았어. 사실대로 말할게요.
도기	그 애들한테 단 한 번이라도 미안하다고 생각해 본 적 있어?
강필승	아니 그게 왜 그렇게 궁금한 건데?
도기	솔직하게 얘기해 봐.

강필승	아니 사실 뭐, 걔들은 어차피 버려진 애들이고. 그런 애들 데
	려다가 필요한 곳에 쓰면 좋잖아요. 먹여 주고 재워 주는데.
도기	…
강필승	더 솔직히 말하면, (괜히 은밀하게) 가성비로 따지면 이거만 한 게
	없어요. 애 하나당 가산점이 좋아. 내 집 장만하기 얼마나 어려
	운 세상인데. 그 애들 몇 명만 잘 굴려도 아파트 한 채씩 땡길
	수 있다니까. 당신이라면 안 하겠어요? 그 애들 안 써먹겠냐고.
도기	아이들이 받을 상처는 어떡할 건데.
강필승	뭔 상관이야. 어차피 기억도 못 할 텐데.
도기	…
강필승	나 진짜 솔직하게 얘기했어요. 약속대로 풀어 줘요.
도기	싫어.
강필승	…어어?
도기	넌 여기서 절대 나가지 못할 거야.
강필승	(억울한) 이건 말이 틀리잖아… (너무 억울한) 풀어 준다고 약속
	했잖아!
도기	너는 지켰냐? 부모님 만나게 해 준다고 아이들에게 수없이
	한 약속. 너는 단 한 번이라도 지켰냐?
강필승	저기…
도기	하긴 오늘 지나면 어차피 아무것도 기억 못 할 텐데. 무슨 상
	관이야.
강필승	기억 못 하다니… (인상 확 구겨지며) 이게 무슨 개 같은!!

도기, 강필승의 입에 골드티켓 붙여 준다.

도기	축하해. 이 집 네 거다.
강필승	(눈이 휘둥그레) 읍읍!! 읍읍!!

도기, 냉정하게 돌아서서 나간다.
필사적으로 몸부림치는 강필승. 옴짝달싹 못 한다.
강필승의 머리 위로 쓰레기 더미가 쏟아져 내린다.
쓰레기 더미에 파묻히는 강필승.

S#33.　　　도로. 낮
　　　　　　시원하게 도로를 달리는 모범택시와 콜 밴.

고은	김도기 기사님 이제 운행 종료할 거죠?
도기	네.
고은	그럼 운행 종료하기 전에 우리 이혼부터 할까요?
도기	(미소) 그럴까요?
고은	(미소) 좋아요. 합의 이혼.

도로를 달리는 모범택시와 콜 밴.

S#34.　　　택시 회사 외부 경리실 앞. 낮
　　　　　　근퇴 카드 찍는 도기.
　　　　　　택시 한 대가 도기 앞에 멈춰 선다. 온하준이다.

온하준	(오며) 어. 도기 형님 일찍 나오셨네요. 아닌가 퇴근이신가?
도기	(미소) 퇴근이요.
온하준	부럽다. 저는 출근인데… 차량번호 5678 운행 나갑니다!
도기	수고해요.

택시 회사 빠져나가는 온하준의 택시.

S#35.   도로. 낮

'계단 말고 엘리베이터' 노래 들으며 운전하고 있는 온하준.

길가에 서서 택시 잡는 손님이 보인다.

온하준, 손님 보고도 태우지 않고 그냥 지나간다.

S#36.   도심 외곽 고급 저택. 낮

온하준의 택시가 커다란 저택 입구에 도착한다.

커다란 출입구가 자동으로 열린다.

저택 안으로 들어가는 온하준의 택시.

저택 내부 정원 가로질러 저택 입구에 멈춰 서는 온하준의
택시.

저택 사람들 몇 명이 나와 예를 갖춰 온하준에게 인사한다.

택시에서 내리는 온하준, 직원1에게 차 열쇠 '툭' 던져 준다.

| 온하준 | 오늘은 일곱 팀만 받죠. |

직원1   (꾸벅) 네, 실장님.

              직원1, 온하준 대신 택시 몰고 저택을 나간다.

S#37.   저택 내부 하준의 공간. 낮
              와인을 잔에 따라 한 모금 음미하는 온하준.
              잔 들고 여유롭게 커튼이 쳐진 벽 앞으로 가서 커튼 걷어 내면,
              커다란 벽면에 모범택시 멤버들. 장 대표, 도기, 박 주임, 최
              주임 사진과 프로필이 붙어 있다.
              그 아래로 무지개 운수 모든 직원의 사진들도 엑스 표시된
              채 붙어 있다.
              와인잔 든 채 고급 소파에 앉아 모범택시 멤버들 보고 있는
              온하준. 표정이 지극히 무미건조하다. 완전 다른 사람처럼 느
              껴진다.

S#38.   주택가 도로. 낮
              운전하고 있는 장 대표.

라디오(E)   얼마 전 허위 입양과 파양까지 알선한 불법 브로커 조직 일
              당이 적발 되었다는 소식 전해 드렸었죠. 이번엔 한 익명의
              기부자가 전국 33곳의 아동 위탁 기관에 거액을 기부한 것으
              로 알려져 화재가 되고 있습니다.

장 대표의 핸드폰이 울린다. 라디오 끄고 전화 받는 장 대표.

장 대표   어. 고은아 왜?

고은(E)   대표님. 그걸 다 기부하셨어요? 우리 택시비까지?

장 대표   (웃는) 성장기 애들이라 잘 먹어야 돼. 성인 될 때까지 생각보
          다 돈이 많이 들어.

          주택가 주차장으로 들어서는 장 대표 차.
          전화 끊고 차에서 내리는 장 대표. 어딘가 기분 좋아 보인다.

S#39.   서연의 집 안. 낮
          양손 가득 장난감 선물이 들어 있는 쇼핑백을 들고 들어오는
          장 대표.
          서연, '할아버지~' 부르며 달려와 장 대표에게 안긴다.

장 대표   잘 지냈어?

서연   보고 싶었어요. 할아버지.

장 대표   (토닥토닥) 할아버지도… (선물 건네며) 자, 생일 축하해요.

          서연의 부모, 마중 나와 장 대표와 반갑게 인사한다.

서연   (주방 향해) 소망아~ 와서 할아버지한데 인사드려야지!

입가에 생크림 묻힌 소망이, 서연 옆으로 다가와 장 대표에게
인사한다.

소망   안녕하세요.
장 대표   그래 반가워 소망아.

서연, 소망이의 입가에 묻은 생크림을 소매로 닦아 준다.

서연   할아버지 올 때까지 케이크에 촛불 안 켜고 있었어요.
장 대표   그럼 빨리 들어가서 같이 생일 축하할까?

고개 끄덕이는 서연. 소망이랑 같이 주방으로 간다.
뒤따라가는 장 대표. 소망이와 서연이 함께 찍은 가족사진들
본다.
사진 속 더없이 밝게 웃고 있는 서연이와 소망이.
흐뭇하게 사진 보고 있는 장 대표.

서연(E)   할아버지 빨리 와요. 촛불 켰어요.
장 대표   그래~

장 대표, 주방으로 들어가다가 문기둥에 표시된 선들을 본다.
서연과 소망의 키를 날짜별로 표시한 선들이다.
환하게 미소 짓는 장 대표의 표정.

S#40.   동문 건설 아파트 단지 앞. 낮

        콜 밴 안에 최 주임, 박 주임, 그리고 고은이 앞좌석에 나란히

        앉아 있다.

        아파트 안으로 들어오는 콜 밴. 멈춰서 내린다.

고은   여긴 왜 왔어요?

최주임   고은이 집 구한다며. 진언이랑 나랑 심혈을 기울여서 골랐어.

고은   아니 내가 살 집인데 왜 두 분이?

최주임   여기 CF 모델이 되게 유명한 사람이야.

박주임   유명한 사람 누구?

최주임   있어. 잘생긴 사람.

고은   이런 데 살면 좋긴 한데⋯ 내가 사기엔 좀. 아직.

최주임   어허. 집은 사는 게 아니라 (사람이) 사는 거야.

고은   뭐래. 빨리 가요. 배고파.

최주임   배 고프면 안 되지. 가자.

        다시 콜 밴에 타는 세 사람.

고은   (단지 보며) 그래도 참 좋긴 좋네⋯ (쩝)

S#41.   서연 양부모의 집. 밤

        거실 왔다 갔다 하고 있는 서연 양부모. 정서 불안처럼 보인다.

양모	(빽) 어떻게 할 거야! 눈 뜨고 집 빼앗겼는데!
양부	아 조용히 좀 하고 있어!
양모	연락 준다 그래 놓고 아직까지 없잖아! 이러고 당하고만 있을 거야?

'딩동' 초인종 소리.

| 양부 | 이 시간에 누구야! |

다시 '딩동' 초인종 소리.
인상 쓰며 현관문 쪽으로 가는 서연 양부. 뒷걸음질 치며 들어온다.
검은 가죽장갑 낀 도기, 구둣발로 집 안으로 들어온다.

양부	누, 누구요!
도기	서연이 어깨에 아물지 않은 상처가 두 개 있었어.
양부모	!!
도기	그 상처가 왜 생겼는지. (날 선 눈빛) 지금부터 나한테 설명 해야 할 거야.

놀라 입이 안 다물어지는 서연 양부모.
도기의 등 뒤로 '철컹' 닫히는 문.

S#42. 에필로그. (서울역) 지하철 역사. 밤

노숙자들이 임시로 거처하는 종이 박스 집들이 주욱 늘어서
있다.
그 노숙자들 사이에 퀭한 몰골의 강필승도 보인다.
강필승, 쉴 새 없이 혼자 중얼거리며 웃고 울고 짜증 낸다.

강필승   건방진 새끼들. (손가락 튕기며) 내가 누군지 알아?

지나가던 노숙자 하나가 빵 반쪽 '툭' 놔 준다.

강필승   (빵 먹으며 흐뭇) 내가 집이 33채야 33채. 내 명의로. (갑자기 우울)
근데 다 빼앗겼어. (분노) 그 택시 기사 새끼가!

뚜벅뚜벅 다가오는 구둣발. 강필승 앞에서 멈춰 선다.
빵 먹다가 남자 올려다보는 강필승. 순간 표정이 굳는다.

강필승   (두려움에 휩싸여 더듬거리는) 제가 안 그랬어요…

강필승의 머리를 쓰다듬는 남자의 손. 그런데 손에 인장 반지
가 보인다.

강필승   제가 그분께 다 설명드릴 수 있습니다. (눈물) 그 택시 기사가
다 빼앗아 갔어요! 전부 그 새끼 짓이에요.

강필승의 시선으로 남자의 얼굴이 화면에 잡히는데, 온하준 이다.

온하준   (미소) 택시 기사라… 그 얘기 좀 자세히 해 줄 수 있을까요?

순식간에 표정 바뀐 온하준, 눈빛만큼이나 표정도 차갑다.

6화 끝.

TAXI DRIVER

DRIVER

두 번째 운행

7화

제발 우리 언니
좀 도와주세요

S#1.   도심 외곽 고급 저택. 낮

            온하준의 택시가 커다란 저택 입구에 도착한다.
            커다란 출입구가 자동으로 열린다.
            저택 안으로 들어가는 온하준의 택시.
            저택 내부 정원 가로질러 저택 입구에 멈춰 서는 온하준의
            택시.
            저택 사람들 몇 명이 나와 예를 갖춰 온하준에게 인사한다.
            택시에서 내리는 온하준, 직원1에게 차 열쇠 '툭' 던져 준다.

온하준   오늘은 일곱 팀만 받죠.
직원1   (꾸벅) 네, 실장님.

            직원1, 온하준 대신 택시 몰고 저택을 나가자.

온하준   (직원2에게) 데려왔어요?
직원2   네, 안에서 기다리고 있습니다.

S#2.   대저택 응접실. 낮

긴 테이블을 중심으로 고풍스러움이 한껏 묻어나는 고급 응접실 안.

테이블 끝에서 바깥 풍경 보며 여유롭게 차 마시는 남자, 온하준이 응접실로 들어서자 반갑게 인사한다.

계약인	온 실장, 왔어?
온하준	죄송합니다. 조금 늦었습니다.
계약인	아니야, 덕분에 여유롭게 티타임도 즐기고, 여기 뷰가 아주 좋네.
온하준	저희 계약서는요?
계약인	(계약 서류 건네며) 시에서 재공사 승인 떨어지면 바로 인테리어 들어가고 리뉴얼 오픈까지 4주 정도 걸릴 거야.
온하준	(계약서 읽으며) 잘 됐네요.
계약인	내가 온 실장 믿고 운영권 다 넘기는 거야.
온하준	언제부터 절 믿으셨다고, 저희가 입찰을 높게 넣은 거죠.
계약인	아무튼, 우리는 이제 큰돈 만질 일만 남았어. 하하하.
온하준	(핸드폰 만지며) 지금 계약금 입금했습니다.
계약인	(확인하며) 어. 들어왔네. (웃으며) 근데, 자네 지금 조금 어설펐어.
온하준	내가요?
계약인	내가 도장을 찍고 입금해야지. 먼저 입금했는데 만약 내가 도장 안 찍으면 자네 큰 손해 보는 거야. 하하하.
온하준	(픽) 네.

계약인, 도장 찍고 일어나다가 갑자기 휘청하며 주저앉는다.
가쁜 숨 몰아쉬며 자신이 마신 홍차를 본다.

온하준   제가 계약서를 꼼꼼히 검토해 보니까, 계약 상대방의 일신상
의 이유로 계약을 불이행 됐을 때가 제일 큰돈을 벌 수 있겠
더라고요.

계약인   (어금니 질끈) 온 실장…

온하준   지금 당신이 없어지면 저희가 호텔의 우선순위 채권자가 되
더라고요. (빙긋) 좀 어설펐어요. 그러니까 당신한테 이런 일이
일어나는 거고.

계약인   우리… 친구 아니었나…

온하준, 미소가 차디찬 냉소로 바뀐다.

온하준   친구는 무슨. 체급이 비슷해야 친구지. (빙긋) 잘 운영해 볼게
요. 이제 저희 건데.

계약인, 쓰러져 정신 잃는다.
계약서 챙겨서 담담하게 나가는 온하준.

S#3.   저택 내부 하준의 공간. 낮
        와인을 잔에 따라 한 모금 음미하는 온하준.
        잔 들고 여유롭게 커튼이 쳐진 벽 앞으로 가서 커튼 걷어 내면,

커다란 벽면에 모범택시 멤버들. 장 대표, 도기, 박 주임, 최 주임 사진과 프로필이 붙어 있다.
그 아래로 무지개 운수 모든 직원의 사진들도 엑스 표시된 채 붙어 있다.
와인잔 든 채 고급 소파에 앉아 모범택시 멤버들 보고 있는 온하준. 표정이 지극히 무미건조하다. 완전 다른 사람처럼 느껴진다.

S#4.   장 대표실. 낮
            도기 앞에 서류 내려놓는 장 대표. '양문산 자살 사건'

장 대표	어제 양문산 중턱 차량 안에서 신원 미상의 시신이 발견됐어.
도기	…?
장 대표	강 프로. 아 강필승인가.
도기	(서류 펼쳐 보는) …
장 대표	코타야 일도 그렇고 이번에도… 마치 뭔가를 은폐하려고 하는 거 같단 말이야.
도기	그 반대인 거 같은데요.
장 대표	반대?
도기	(서류 보며) 지하철 역사에 노숙하던 강필승을 양문산 중턱까지 옮겨서, 보란 듯이 자살로 꾸몄어요. 은폐가 아니라 자기 과시에 가까워요. (서류 덮으며) 유희를 즐기는 타입이에요.
장 대표	유희를 즐기는 타입이라… 그럼 이미 우리 존재를 알고 있을

	지도 모르겠구먼.
도기	이미 우리를 지켜보고 있을지도 모르죠. 생각보다 가까운 곳에서.

도기, 눈빛이 날카로워진다.

S#5. 지하 정비실. 낮

최 주임, 고은 데리고 지하 정비실로 들어온다.

고은	아 뭔데요.
최 주임	얼른 와 봐 봐.
고은	그냥 얘기하면 안 돼요? 위에 지금 좀 바쁜데.
최 주임	(모범택시 뒷좌석 열어 주며) 타.
고은	이잉?
최 주임	아유 일단 타 봐 봐.
고은	(한숨. 일단 타며)

박 주임, 운전석에 앉아 있다.

박 주임	안전벨트 매시죠.
고은	그냥 빨리 얘기해요. 나 바쁘다고.
박 주임	안전벨트를 매야 얘길 하지.
고은	(또 한숨 쉬며 벨트 매는) 별 얘기 아니기만 해 봐 진짜.

박 주임	다 맸어?

회심의 미소 머금는 박 주임. 핸들 옆에 버튼 '꾹' 누르자, 뒷자리 고은의 벨트가 훅 당겨진다.

고은	(뒤로 훅 딸려 가며) 엄마야!
박 주임	(대만족) 어때! 평상시에 안전벨트로 쓰다가 유사시엔 나쁜 놈 꼼짝 못 하게 묶어 놓는 결박 벨트로 변신! 힘으로 절대 못 풀어.

고은, 아무리 벨트 버튼 눌러도 꽉 조이기만 할 뿐 좀처럼 풀리지 않는다.

박 주임	앞좌석은 결박과 동시에 의자까지 딱 넘어가게 해 놨어. 어때? (흡족) 완전 괜찮지?
최 주임	(박수) 기가 막힌다 기가 막혀. (돌아보며) 고은아 어때?
고은	(이글이글) 좋은 말로 할 때 풀어요 빨리.

고은 표정 본 최 주임, 예감이 몹시 안 좋다.

최 주임	(슬슬 자리 피하며) 맞다. 나 화장실 가던 참이었는데.

박 주임, 뒤늦게 고은 표정 보곤 뿌듯한 미소가 싹 걷힌다.

박 주임	그게 아니라. 나는 고은이한테 검사 맡으려고…

고은	풀라고 했어.
박 주임	(버튼에 손이 가다가 말고) 풀어 주면 나 때릴 거지…
고은	…

박 주임, 결박 설정 풀고 후다닥 도망친다.

| 박 주임 | 경구 형 같이 가! |

벨트 풀고 차에서 내리는 고은. 살기 가득한 눈으로 웃으며
따라간다.

| 고은 | 박 주임님 잠깐만 와 봐. 할 말이 있어요. |

더 빨리 도망치는 박 주임과 최 주임.

| 박 주임 | (절박하게) 경구 형이 하자 그랬잖아! |

S#6.	택시 회사 안. 낮
	자판기에서 커피 뽑아 나오는 온하준.
	사무실에서 장 대표와 도기가 나온다.

장 대표	(지나가며) 온 기사 일찍 들어왔네.
온하준	(밝은 미소) 다시 나가려고요. 도기 형님 저 오늘 일곱 팀 받았

어요.

도기   (엄지척 해 주는)
장 대표   (정비소 보며) 저긴 또 왜들 저러고 있어.

정비실에 박 주임과 최 주임, 정비 중인 택시 안에 들어가 있다.
고은, 씩씩대며 문 열려고 하지만 잠겨 있다.

고은   좋은 말 할 때 빨리 문 열어!
최 주임   말만 좋은 거잖아! 나 바보 아냐! 그리고 진언이가 다 만들었
           다고!
박 주임   (어이없는) 행님이 그렇게 얘기하면 안 되지! 나 너무 섭섭할라
           그래.

박 주임과 최 주임, 택시 안에서 열심히 서로에게 책임 떠넘
기고 있다.
장 대표와 도기, 정비소로 다가온다.

장 대표   무슨 일인데 그래?
고은   별일 아니에요. 신경 쓰지 마세요.

고은, 말은 별거 아닌데, 쇠꼬챙이 집어 들어 차 유리 틈 사이
로 욱여넣는다.
격하게 손사래 치는 박 주임과 최 주임.
택시 지붕에 팔 걸친 채 커피 마시는 온하준. 멤버들을 물끄

러미 보고 있다.

표정 없이 보고 있는 온하준의 표정이 오히려 더 서늘하게 느껴진다.

종이컵 구겨 버리곤 택시 타고 나가는 온하준.

택시 회사 빠져나가는 온하준 돌아보는 도기. 다시 무심히 시선 거둔다.

S#7. 순백회관 앞. 낮

지붕 꼭대기에 십자가와 비슷한 순백교의 상징물을 타고 내려오면, 마당 딸린 순백회관 건물 앞.

20대 중반의 진희, 회관 안으로 들어가려 한다.

건장한 남성들(순백 단원) 몇 명이 앞을 막아선다.

진희   제발 좀 비켜요! 우리 언니만 데려간다고요!

순백 단장, 성큼성큼 다가와 진희 밀어낸다.

바닥에 넘어지는 진희. 고통스럽다.

순백 단장이 길을 터주면, 옥주만 교주가 순백회관으로 걸어온다.

다리에 힘이 풀려 잘 일어나지도 못하는 진희.

순백 단원들, 옥주만에게 고개 숙여 인사한다.

진희   (울먹) 부탁드릴게요. 제발 우리 언니 놔주세요.

백 단장	모든 건 스스로의 선택일 뿐, 저희는 누구도 붙잡지 않습니다.
진희	제발 우리 언니만 데려가게 해 주세요!
옥주만(E)	데려가?

가던 걸음 멈추고 진희 돌아보는 옥주만.

옥주만	당신이 뭔데?
진희	저한테 하나뿐인 가족이에요. 제 언니에요.
옥주만	(웃는) 가족… (정색하며) 당신은 지금 가족이라는 이유로 스토킹을 하고 있는 거야. 네 언니의 믿음까지 폄훼하면서.

경찰차가 순백회관 앞에 멈춰 선다.
경찰 두 명이 진희에게 다가온다.

진희	(경찰 보며) 도와주세요. 언니가 저 안에 있어요! 이 사람들이 못 나오게 하고 있어요!
경찰1	(진희 보며) 여기서 이러시면 안 됩니다. 민원이 들어왔어요.
진희	(눈물) 우리 언니 병원 가야 돼요. 병원 가면 치료할 수 있어요.
옥주만	(경찰 보며) 뭘 보고 있어요? 빨리 내 사유지에서 끌어내요.
경찰2	(빈정 상하지만 어쩔 수 없이) 자, 그만 나가시죠.

경찰1, 2, 진희 데려가려는데.
진희, 경찰1, 2, 뿌리치고는 경찰차 밑으로 들어간다.

진희	언니랑 같이 가기 전엔 절대 못 가요! 언니~!

경찰1, 안 되겠는지 뒤에 여경 부른다.
여경, 다가와 진희 붙잡고 끌어낸다.
차량 붙잡고 버티는 진희.
옥주만, 한심하게 고개 절레절레 흔들며 순백회관 안으로 들
어산다.

진희	언니! 제발 좀 나와 언니!
경찰1	이러면 공무 집행 방해가 될 수 있어요!

진희, 손에 힘이 점점 빠지는데, 차량 밑판에 붙어 있는 스티
커가 눈에 띈다.
'대신 해결해 드립니다. 080 - XXX - XXXX'

진희	…?

옆자리에 나란히 붙어 있는 스티커. '우리는 당신의 억울함을
듣고 싶습니다.'
경찰들, 차량 밑에 진희를 잡아당긴다.
멍하게 스티커 보고 있는 진희, 차량 밖으로 끌려 나간다.
끌려 나가면서도 차량에서 눈을 떼지 못하는 진희.

S#8.   공원 앞. 낮
              멀리 모범택시가 다가오고 있다.
              진희, 눈가가 그렁한 상태로 공원 앞 벤치에 앉아 있다.
              진희 앞에 멈춰 서는 모범택시. 뒷문이 '딸깍' 열린다.
              택시에 타는 진희.

S#9.   달리는 모범택시 안. 낮
              뒷자리에 앉아 눈물 닦고 있는 진희.
              티슈 꺼내 건네주는 도기.

도기   무슨 일이 있었는지 얘기해 줄래요?
진희   (울먹) 어떻게 해야 할지 모르겠어요… 제발 우리 언니 좀 도
              와주세요.
도기   …

              터널 속으로 들어가는 도기의 모범택시.

S#10.   진선의 원룸 안. 낮. 과거
              어릴 때부터 단 둘이 다정하게 찍은 사진들이 선반에 진열되
              어 있다. 진선과 교복 차림의 진희, 노트북 앞에 앉아 있다.
              진희, 두 손으로 노트북 화면 가리고 있다.
              둘 다 긴장한 표정이다.

진선	봐 봐.
진희	떨어지면 어떡하지?
진선	그런 소리 마. 우리 진희가 얼마나 똑똑한데.
진희	(손 내리다가 말고 다시 가리며) 그래도 떨어지면?
진선	만약에 떨어지면… 음…

진선, 진희의 손을 싹 치운다.

진희	(깜짝) 언니 잠깐만!
진선	붙었다.

진선과 진희, '꺄아아' 소리 지르며 기뻐한다.
진선, 대견스레 진희 안아 준다.

진선	대학교 가면 너무 공부만 하지 말고 친구들도 많이 사귀.
진희	싫은데 공부만 할 건데.
진선	괜히 등록금 걱정하지 말고. 남자 친구도 사귀고.
진희	싫은데 장학금 탈 건데.

금방 장난으로 이어지는 두 사람.

진희(E)	언니는 저한테 언니이자 엄마이고 아빠였어요.

S#11.   대학 교정. 낮. 과거
         졸업 기념사진 찍는 사람들로 분주한 교정 내 화단.
         다른 졸업생에게 사진 촬영 부탁하는 진희. 핸드폰 건네주곤
         뛰어온다.
         화단 앞에 나란히 서는 진희와 진선.
         진희, 진선에게 학사모 씌워 준다.

졸업생   자 찍을게요.
진희   네.
졸업생   (핸드폰 사진 찍으려다 말고) 저기…
진희   왜요?
졸업생   옆에 계신 분 코에…

         진희, 고개 돌려 진선 보면, 진선의 코에서 피가 흘러내리고
         있다.

진희   (놀라는) 언니!

         뒤늦게 확인한 진선, 서둘러 코 막는다.

진희   언니 어디 아퍼?
진선   (대수롭잖게) 아냐. 며칠 무리해서 그런가 봐. 괜찮아.

         걱정스레 진선 보고 있는 진희.

S#12.   병원 진료실 안. 낮. 과거
         의사에게 설명 듣고 있는 진선과 진희. 둘 다 충격 받은 표정
         이다.

진희(E)   너무 늦게 알았어요. 언니의 병이 생각보다 무서운 거였다
         는 걸.

         진희, 진선의 손을 꼭 붙든다. 애써 울음 참는다.

S#13.   병원 로비. 낮. 과거
         '희귀 난치성 질환 센터' 간판 올려다보는 도기. 뒤돌아보면
         원무과 대기 의자에 힘없이 앉아 있는 진선이 보인다.
         진선 옆자리에 회사원 복장의 진희가 와 앉는다.

진선   이 시간에 자리 비워도 돼?
진희   반차 쓰고 나왔어. 치료는 다 받았어? 또 언제 오래?
진선   치료 그만 받을까 봐. 계속 돈만 쓰는 거 같아. 나을 거 같지도
         않고.
진희   돈 때문이면 걱정 안 해도 돼. 우리 아직 엄마 아빠한테 물려
         받은 돈 많이 남았어.
진선   (피식) 많기는.
진희   아! 내가 얘기 안 했나? 나 이번에 연봉도 꽤 올랐어.
진선   …

진선의 표정이 다소 어둡고 힘이 없어 보인다.
진희, 다정하게 언니 손 잡는다.

진희   그거 알아? 우리 치료 시작한 지 오늘로 2년 됐어. 난 우리가
        2년 동안 정말 잘 싸웠다고 생각해. 앞으로도 우린 잘 싸울
        거야. 그래서 우리가 꼭 이길 거야. 그러니까 언니도 나쁜 생
        각 금지. 알았지?

진선   (애써 미소)

        전광판에 번호가 뜬다.

진희   여기 있어. 처방전 내가 받아 올게.

        진희, 진선 손에 번호표 가지고 일어나 원무과로 간다.
        진희 뒷모습 보다가 자기도 모르게 울음 터트리는 진선.
        애써 진정하려 하지만 쉽지 않다.
        뒷자리에 얼굴이 보이지 않는 여성, 진선에게 휴지 건네준다.

진선   고맙습니다.

        휴지 받아 눈물 닦는 진선. 눈물이 멈추지 않는다.
        뒷자리에 여성, 누군가 진선의 어깨를 다독거린다.
        그 모습 물끄러미 보고 있는 도기.

도기	…
진희(E)	그런데 언제부턴가 언니의 행동이 조금씩 이상해지기 시작했어요.

S#14.   진선의 집 원룸. 밤. 과거

진선, 유튜브 집중해서 보고 있다. 교회 단상 앞에서 간증하는 영상이다.

간증녀	(눈물 흘리며) 더 이상 희망이 없다고 했던 병원에서도 오히려 저한테 되물었습니다. 도대체 어떻게 치료된 거냐고. 어떻게 다 나은 거냐고.

간증녀의 뒤로 순백의 옷차림의 교주 옥주만이 고개 끄덕이며 듣고 있다.
욕실에서 샤워 끝내고 나오는 진희.

진희	언니 뭐 봐?
진선	(황급히 끄며) 아…아니야. 나 화장실 써도 돼?
진희	어? 어…

진선, 핸드폰과 이어폰 들고 욕실 안으로 들어간다.

| 진희 | …? |

진희(E)   저한테 감추는 게 점점 많아졌어요.

S#15.   진선의 집 앞. 낮. 과거
             진희, 우편함에 우편물들 꺼내다가 신용 정보 회사에서 온 독
             촉장들을 본다.

진희   대출?

             진희 손에 들린 우편물들 낚아채듯 가져가는 진선.

진선   왜 남의 우편물 함부로 보고 그래.

             진희, 언니 뺨 한쪽이 빨갛게 멍들어 있다.

진희   언니 얼굴이 왜 그래?
진선   아무것도 아니야. 넘어졌어.

             안으로 들어가는 진선.
             진희, 불안감이 점점 커진다.

S#16.   진선의 집 원룸. 밤. 과거
             진선, 빨랫감들 챙겨서 세탁실로 가져간다.

주방에서 설거지하던 진희, 손에 물기 닦고 나와 진선의 핸드
폰 열어 본다.
유투브 영상 확인하고는 놀라는 진희.
영상 속 진선이 교회 단상 앞에 서서 간증하는 모습이 나온다.

진선   아버님의 보살핌이 아니었다면 저는 아직도 병원에서 제 몸
을 망치는 치료를 받고 있었을 거예요.

영상 속 진선 뒤로 옥주만 교주가 자상한 얼굴로 보고 있다.
세탁실에서 나오는 진선, 굳은 표정으로 성큼성큼 다가와 핸
드폰 빼앗는다.

진선   너 지금 뭐 하는 짓이야.
진희   언니 지금 제정신 아니야. 치료를 안 받으면 어떡해!
진선   네가 뭘 안다고 그래.
진희   혹시 지금까지 병원비도 다 여기 갖다 준 거야?
진선   나를 치료해 줄 곳은 병원이 아니라 바로 여기야.
진희   그래서 대출까지 받은 거야? 이 이상한 곳에 갖다 주려고!
진선   (서늘한 표정) 너랑은 진짜 말이 안 통하는구나. 그분 말씀대로야.
진희   (믿겨지지 않는) 언니…

S#17.   병원 진료실. 낮. 과거
           의사 앞에 앉아 있는 진희.

의사	치료를 이렇게 받으시면 안 됩니다.
진희	(난감한) …
의사	환자 분의 상태도 그렇고 빠른 시간 내에 다시 치료를 시작 하지 않으면 더 위험해 질 수 있어요. 잘 설득하셔서 최대한 빨리 함께 오세요.
진희	…

S#18.   진선의 집 원룸 앞 / 안. 낮. 과거

무거운 표정의 진희. 애써 밝은 미소로 바꾸고 문 열고 들어
온다.

진희	언니!

집에 언니가 없다. 그런데 언니 짐들이 안 보인다.
옷 서랍과 화장대 열어 보는 진희. 옷 서랍이 '텅' 비었다.
탁자에 편지 한 장이 놓여 있다. 펼쳐서 읽어 보는 진희.

진선(E)	의사가 뭐라 그러든 믿지 마. 언니가 다른 방법을 알게 됐어. 지금은 무슨 말을 해도 믿지 않을 테지만. 시간이 지나면 너 도 알게 될 거야. 순백의 힘이 얼마나 위대한지.
진희	(불안한) 언니…

S#19.	순백회관 앞. 낮. 과거

회관 앞에 순백 단원들, 입장하는 신도들과 반갑게 인사 나눈다.

진선, 교리 책 들고 회관 앞으로 온다.

단원들, 다가와 진선과 친근하게 인사 나눈다.

병원에서 본 휴지 주인도 단원들 사이에 보인다.

진선, 회관 안으로 들어간다.

진희	(달려오며) 언니! 언니!

진선, 애써 진희 무시하며 회관 안으로 들어간다.

회관 안으로 들어가려는 진희.

순백 단원들, 문 앞을 가로막는다.

진희	이진선. 우리 언니에요. 저기 안에 있을 거예요.
백 단장	죄송하지만 신도가 아닌 분은 들어가실 수 없습니다.
진희	우리 언니 병원 가야 된다고요!
백 단장	진선 자매님은 여기서 몸도 마음도 잘 치료 받고 있습니다.

회관 문 열고 단원1이 나오더니 백 단장에게 귓속말한다.

백 단장	성함이 이진희님 맞으신가요?
진희	네. 제가 이진희에요.
백 단장	진선 자매님이 만나고 싶지 않다고 돌아가시랍니다.

진희	(믿을 수 없는) 그럴 리가 없어요. 우리 언니가 왜 나를 안 만나요.
백 단장	진선 자매님의 뜻은 전해 드렸습니다.

회관 안으로 들어가는 단원1.

| 진희 | 잠깐만요! 우리 언니 만나게 해 줘요! 잠깐이면 돼요! |

진희, 뒤따라 들어가려 하지만 순백 단원들에게 가로막힌다.
어찌할 바 모르는 진희.

S#20.   파출소 안. 낮. 과거
경찰관 앞에 앉아 있는 진희.

경찰	종교 문제는 저희가 개입할 부분이 없어요. 해서도 안 되고.
진희	사람을 납치하고, 가족도 못 만나게 하는 게 무슨 종교예요!
경찰	(피곤한 한숨)
진희	(간절한) 제발 도와주세요. 우리 언니 거기서 데리고 나와야 돼요!
경찰	당사자가 안 만나겠다 그랬으면 저희도 어쩔 수 없어요. 동생 분이 만나서 잘 한 번 설득해 보세요.
진희	만날 수가 없는데 어떡해요! 그 사람들이 못 만나게 하는데!
경찰	(난처한) 죄송합니다…

진희, 막막함에 눈물이 핑 돈다.

진희(E)　　아무도 도와주지 않아요. 제가 뭘 어떻게 해야 할지 모르겠
　　　　　어요.

S#21.　　　택시 회사 옥상. 밤
　　　　　밤하늘에 별이 촘촘하다.
　　　　　옥상 난간에 서서 밤하늘 올려다보고 있는 고은, 울적해 보
　　　　　인다.

도기(E)　　커피 마실래요?

　　　　　고은, 돌아보면.
　　　　　커피 두 개 들고 옥상으로 들어오는 도기. 고은에게 하나 건
　　　　　넨다.

고은　　　나 여깄는 거 어떻게 알았어요?
도기　　　(밤하늘 올려다보며) 언니 보러 갔겠다 싶어서.
고은　　　다 괜찮아졌다고 생각하다가도 가끔씩 그럴 때가 있어요. 우
　　　　　리 언니 돌아오지 않을까…
도기　　　…
고은　　　아침에 내 방문 열고 들어와서 또 늦잠 잘 거냐고 빨리 밥 먹
　　　　　으라고. 그렇게 아무렇지도 않게 그냥 돌아왔으면 좋겠다. (힘

없는 미소) 정말 주책이죠?

도기   (미소) 고은 씨가 주책이면… 저랑 장 대표님, 최 주임님, 박 주
임님. 모두 다 주책이죠 뭐.

고은   …

고은. 밤하늘에 반짝이는 별 본다.

고은   의뢰인한테 언니 찾아 줬으면 좋겠어요… 꼭.

도기   (끄덕끄덕) 내일 바로 가 볼게요.

다시 기운 차리며 고개 끄덕이는 고은.

S#22.   **순백회관 앞 / 안. 낮**
모범택시가 순백회관 길 건너에 멈춰 선다.
도기, 조수석 창문 내리고 순백회관 전경 살펴본다.
순백회관 앞에서 사람들 모여 바리케이드를 사이에 두고 순
백 단원들과 실랑이 중이다.

중년여   우리 아들 돌려줘!

중년남   여보! 잠깐만 나와 봐 봐, 여보!

차 한 대가 주차장으로 들어온다.
옥주만이 차에서 내리자, 백 단장, 다가와 인사한다.

옥주만, 눈살 찌푸리며 입구에 사람들 본다.

옥주만   경찰에 신고는 했어?

백 단장   그게. 아직 저희 사유지로는 들어오지 않아서…

옥주만   한발짝이라도 넘어오면 바로 신고해. 자유민주주의 국가에
         서 저 무슨 천박한 짓이야!

간증녀, 옥주만과 끈적한 눈빛 교환하고는 회관 안으로 들어
간다.
그 모습 놓치지 않고 보고 있는 도기.
신도들이 회관 안으로 들어가자 출입문이 닫힌다.
회관 건물 살펴보는 도기. 창문에 색지를 붙여 내부를 모두
가려 놨다.

도기   내부를 못 보도록 다 가려 놨네요.

고은(E)   잠시만요. 금방 연결할게요.

인서트 인근 전봇대. 낮
전봇대에 올라가 있는 박 주임. 덜덜 떨며 통신 단자함 연다.

최 주임   (독촉) 아직 멀었어? 어려운 것도 없구먼. 뭘 그렇게 꾸물거
         려?

박 주임   (넘 무서워) 행님이 여기 와 봐라! 알던 것도 다 까먹지! 근데 나
         여기 왜 올라왔지?

최 주임	(침착) 자아, 주머니 안에 봐 봐. 거기 뭐 있지?
박 주임	(USB 꺼내 들며) 어. 있어.
최 주임	아주 잘했어! 그걸 통신 단자 중간에 연결해.
박 주임	아 맞아. 나 이거 하러 올라왔지. (단자함에 연결하면)

순백회관 내부 CCTV에 불이 들어오며 움직인다.

인서트 콜 밴 안
콜 밴 모니터에 순백회관 내부 화면이 들어온다.

| 고은 | (타이핑하며) 김도기 기사님 화면 내보낼게요. |

모범택시 네비 화면에 한참 예배 중인 회관 내부가 나온다.
볼륨 스위치 돌리는 도기. 사이드 미러가 미세하게 움직인다.
도기, 화면 보며 라디오 주파수 채널 돌린다.
노이즈가 들어오다가 옥주만의 목소리가 선명하게 잡힌다.
새하얀 교주복에 흰 여우 목도리를 한 옥주만이 회관 안에
'쩌렁쩌렁' 울리게 설교하고 있다.

| 옥주만 | 세상에 종말이 오고 있어! 특히 백신! 몸이 아파서 병원에 가면 주사 놓고 약 먹이면서 악귀를 만들고 있어! 끔찍한 사탄을 만들고 있어! |

옥주만, 단상 앞 의자에 마주 앉아 있는 두 모녀를 내려다본다.

옥주만	너희 둘은 서로에게 무엇이야.
엄마	이 아이의 엄마입니다.
딸	우리 엄마 딸입니다.
옥주만	(진저리치며 일갈) 아니야~~!!!

마이크 뽑아 들고 두 사람에게 다가오는 옥주만.

| 옥주만(E) | 가장 가까운 가족 관계부터 단절해야 한다고 몇 번을 말해! 그래야 순백의 존재가 되고, 그래야 순백동산으로 가는 열차를 탈 수 있다고 몇 번을 말해! 남아서 악귀가 되고 싶어!? |

도기, 네비 화면 주시하고 있다.

| 도기 | … |

옥주만, 두 모녀의 따귀를 차례로 때린다.

| 옥주만 | (짝) 아프고! (짝) 고통스럽고! 이 순간만이라도 순백의 땅을 생각하고 그리워해! 제발 깨달음을 얻으라고! |

도기, 자리에 신도들을 본다. 누구 하나 일어나 말리지 않는다.

| 옥주만 | 서로를 도와줘. |
| 엄마 | (망설이는) … |

옥주만	너희들의 사사로운 가족 관계를 끊어! 너희의 유일한 관계는 오직 나 하나여야 한다고! 유일한 아버지!

엄마, 참지 못하고 울음 터트리며 딸의 따귀를 때린다.

옥주만	(딸 보며) 너도 도와줘!

딸 역시, 눈물 흘리며 엄마의 따귀를 때린다.

옥주만	계속! 계속 서로를 도와줘! 계속!

엄마와 딸, 오열하며 서로의 뺨을 때리고 있다.
굳은 표정으로 보고 있는 도기.

옥주만	(눈시울 붉어지며) 죽음이 가까이 다가왔을 때 비로소 그분께선 나에게 말씀을 내려 주셨어. 그릇이 되라고. 옥주만 네가! 빛이 되어서 고통 받는 인간들을 지옥불에서 데려오라고!

울음 터트리는 옥주만, 두 모녀를 끌어안는다.

옥주만	(마치 통성기도 하듯 울음 섞인) 그렇기에 나는 절대 포기 안 한다! 너희들 모두! 마지막 하나까지! 모두 순백동산으로 데리고 갈 거다! 물러서지도 않을 거고! 포기하지도 않을 거다!

목 놓아 대성통곡하는 옥주만.

모녀, 오열하며 옥주만에게 안긴다.

보고 있던 신도들 역시, 울음 터트리며 나와 옥주만에게 안긴다.

엄마도, 딸도, 신도들도 모두들 옥주만을 향해 '아버님'이라 부르고 있다.

옥주만, 통곡하며 한 명이라도 더 끌어안는다.

옥주만   나는 절대 너희를 놓지 않을 것이다! 절대 포기하지 않을 것이다!

신도들   (울음 섞인) 아버님!

옥주만   그러니 제발 하나가 되자! 우리 모두 함께 순백동산으로 가자!!

고함치듯 통곡하는 옥주만 뒤로 순백동산 형상과 그곳으로 날아가는 열차 그림이 걸려 있다.

도기   …

S#23.   지하 정비실. 밤

정비실 모니터에 고성지르며 통곡하는 옥주만 모습이 나오고 있다.

굳은 표정으로 보고 있는 택시 멤버들.

순백교 유투브 영상들 서칭하는 고은.

고은	성당엔 신부님. 교회엔 목사님. 여기 순백교에는 아버님이 있어요.
도기	(모니터 보며) 저 울보 아버님은 어떤 사람이죠?
고은	(빠르게 서칭하며) 옥주만 아버님은요. 원단 도매업을 오랫동안 하셨어요. 중국으로 넘어가서 원단 사업을 하다가 말아먹고, 국내로 돌아와서 다시 원단 장사를 했어요. 원단 장사만 계속 쭉 했었네요.
최 주임	평범한 이력인데?
고은	그죠. 평범하죠. (자료 띄우며) 이 평범한 이력 사이사이에 전과가 14개씩이나 있네요. 다단계, 횡령, 허위 사실 유포, 사기 등등.
박 주임	(고개 절레절레) 아니 원단 장사를 어떻게 하면 저렇게 돼?

고은, 모니터에 화려한 순백성전 공사 조감도 띄운다.

최 주임	저건 뭐야? 백악관이야?
고은	현재 옥주만이 열정적으로 진행 중인 순백성전 조감도예요.
박 주임	보기만 해도 돈 엄청 많이 들겠다.
최 주임	저기 들어가서 왕처럼 군림하겠다 이거네. 딱 봐도 사이비인데 진선 씨는 뭐가 좋다고 자기 동생도 안 만나려 할까나? 이해가 안 돼.
장 대표	자신이 믿는 종교가 사이비라고 생각하는 사람은 아무도 없으니까. (조감도 보며) 믿음을 악용해서 저런 사리사욕을 채우는 이들이 범죄인 거지. 그런데 정작 더 큰 문제는 신도들 자신들이 범죄의 피해자라는 걸 깨닫기 힘들다는 거야. 바로 그

믿음 때문에.

도기   (모니터 화면 넘겨 보며) 죽음, 악귀, 지옥불… 두려움과 공포감을
불러일으키는 방식으로 사람들을 통제하고 있어요.

장 대표   몸과 마음이 약해지면 질수록 교주에게 의지하는 정도도 점
점 강해질 테고. 그걸 극대화시키려고 강제로 가족 관계를 단
절시키는 거지.

고은   하나 뿐인 동생도 만나지 않을 정도로 말이죠?

장 대표   가족을 강제로 떼어 놓는 종교는 더 이상 종교가 아니야. 그
냥 사이비 범죄 집단이지.

고은   저 나쁜 아버님을 어떡하면 좋죠?

멤버들의 시선이 도기에게 모인다.
도기, 모니터 속 옥주만 보며 고민하다가… 박 주임에게 다가
간다.

도기   박 주임님.

박 주임   ?

도기   저 다섯 대만 때려요.

박 주임   (움찔) 어??!!

도기   아니. 10대 때려도 돼요.

박 주임   싫어. 안 때릴래. (최 주임 보며) 행님이 때려라. 그러고 싶어 했
잖아.

최 주임   (단호한) 아니. 싫어. 절대 안 때릴 거야.

말 끝나자마자 도망치듯 나가는 최 주임.
박 주임, 다리에 힘이 풀리는지 '스르르' 주저앉는다.

S#24.   대저택 응접실. 밤
테이블에 앉아 있는 온하준과 50대 중반의 박현조.
테이블 상석에 놓인 카메라에 붉은 빛이 점멸하고 있다.
박현조, 서류들 '쭉쭉' 넘겨 보고 있다.

박현조   부동산들은?
온하준   이미 다 현금화했던데요.
박현조   빼돌린 계좌는 확인됐어?
온하준   (빙긋) 아뇨.
박현조   (온하준 보며) 아니라니?
온하준   전국 기관 시설에 분산해서 모조리 기부했더라고요.
박현조   비영리 법인으로 자금 관리를 하고 있는 건가?
온하준   아뇨. 말뜻 그대로인데요. 기. 부.

박현조, 인상 찌푸리며 서류 내려놓는다.
서류 안에 택시회사 멤버들 프로필들이 언뜻 보인다.

박현조   부동산 자금 관리 담당이 얘네들한테 또 날아갔어. 이건 온
실장 책임도 있는 거야. 그렇게 밍기적거리지만 않았어도 애
초 이런 일은 일어나지 않았잖아? 대체 온 실장 거기서 뭐하

는 거야? 소꿉놀이 해?

온하준   소꿉놀이라뇨. 우리 박현조 님 하나만 알고 다음을 너무 모르신다.

박현조   (눈 부릅) 뭐?

온하준   현조 님은 지금 이 상황이 이해가 가세요?

박현조   무슨 상황? 돈 빼앗기고 한 푼 못 찾아온 한심한 상황?

온하준   멍청한 말씀 그만하시고 지금 상황을 보라고요. 푼돈에 신경 끄고!

박현조   ?

온하준   내가 코타야에 구축해 놓은 운용 체계는 완벽했어요. 만일의 상황에 대비해 형사 반장까지 매수해서 뒷문 단속도 시켜 놨던 거예요. 함부로 뚫을 구조가 아니에요. (어이없는 웃음) 그런데 거길 뚫고 들어왔어.

플래시백 이미지

아래의 이미지들이 빠르게 보인다.

- 코타야 공항 뒷길에서 가이드 만나 인사하는 도기.
- 천금 감옥에서 조용히 빠져나오는 도기.
- 가이드 거꾸로 매달아 놓고 가방에서 여권들 꺼내는 도기.
- 불꽃들 사이를 뚫고 날아와 부하들을 제압하는 도기.
- 불꽃을 등에 업고 부하들을 일방적으로 쓰러뜨려 나간다.
- 드럼통 실은 트럭이 달려와 반장의 차를 들이받는다. '쾅' 충돌하는 반장의 차와 트럭.

온하준	웬 택시 기사가 내가 만들어 놓은 구조의 가장 취약한 부분을 타고 들어와서는 뿌리까지 다 뽑아 버렸어요. 웃기죠? 그런데 이게 한 번이 아니야.

플래시백 이미지
- 떳다방에서 상담 받고 있는 '잉꼬' 도기와 고은.
- 임 대리의 봉고차를 강철 프레임으로 받아 버리는 도기.
- 사진관에서 보육원장과 박 과장 때려눕히는 도기.
- 불길 속에서 아이 데리고 가건물 탈출하는 도기.

자리에서 일어나 창밖 바라보는 온하준.

온하준	집 구한다고 접근해서는 부동산 자금줄에 우리 사육 시설까지 찾아내 다 박살 내 버리고 애새끼들까지 전부 데려갔어. (웃긴다) 현조님은 이 상황이 이해가 가세요? 난 도저히 이해가 안 가요.

온하준, 서류들 사이에 택시 멤버들 사진을 하나씩 '툭툭' 집는다.
말할수록 눈빛에 점점 광기가 서려 온다.

온하준	늙은 택시 회사 사장, 별 쓸모도 없는 연구원 출신 정비공 둘, 순경질 하다가 온 경리 직원, 그리고 군인 출신 택시 기사. 이런 오합지졸들한테 계열사 두 개가 날아갔다고요. 이런 하찮

은 것들한테. (카메라를 보며) 궁금하지 않으세요? 왜, 무엇 때문에 이렇게까지 하는지.

테이블 상석에 놓인 카메라가 물끄러미 온하준을 보고 있다.

온하준   분명 뭔가가 있어.

광기 어린 온하준의 눈빛.

S#25.   허름한 DVD방. 밤
        오래된 DVD방을 조심스레 열고 들어서는 진희.
        손에 든 '택시 드라이버 DVD'를 데크에 넣고 플레이 버튼 누른다.
        예전 비디오 경고 화면이 흘러나온다.

옛날 목소리   옛날 어린이들은 호환, 마마, 전쟁 등이 가장 무서운 재앙이었으나, 현대의 어린이들은 무분별한 불량 불법 비디오를 시청함으로써 비행 청소년이 되는 무서운 결과를 초래하게 됩니다.

경고 화면이 끝나자, 택시가 무지개 뜬 화면에 나타난다.
캐릭터가 택시에서 내려 상냥한 목소리로 하단 자막과 함께 안내한다.

목소리	안녕하세요. 먼저 저희 무지개 택시 서비스를 찾아 주셔서 감사해요. 이용자님의 안전과 편의를 위해 몇 가지 주의 사항을 말씀드릴게요. 의뢰가 진행되는 동안 택시 미터기는 계속 켜져 있을 예정이에요. 운임은 모든 의뢰가 종료된 뒤 후불 정산되며 경우에 따라 추가 할증이 붙을 수 있고요. 그리고 택시 기사님 요청 사항이 있을 경우 이용자님께서는 꼭 협조해 주셔야 해요. 약속하실 수 있죠?
진희	…
목소리	택시를 이용하신 후 이용자님께서는 가족, 친지, 친구 등 다른 이들에게 무지개 택시에 관한 일을 언급해서는 안 돼요. 또한 각종 SNS와 일기장에도 써서는 안 돼요. 꼭 부탁드릴게요.

산들바람에 흔들리는 해바라기 위로 떠 있는 무지개 화면.

목소리	자 이제. 모범택시에 의뢰를 맡기고 싶다면 파란 버튼을, 맡기고 싶지 않다면 빨간 버튼을 눌러 주세요.

화면 하단에 화살표가 나타나 빨간 버튼과 파란 버튼을 가리킨다.
화면 보고 있던 진희, 리모컨의 파란 버튼 누른다.

S#26. **출동 시퀀스**
지하 정비실.

모범택시가 회전 강판을 타고, 회전하며 올라온다.

공터.

'상품권 삽니다. 금니 삽니다. 최저가 매입' 문구 래핑하는 박
주임과 최 주임.

최 주임   이렇게 해 놓으면 아무도 안 올 거야!

콜 밴 뒷문 열고 탑승하는 고은.

고은   우리도 가요~!

박 주임과 최 주임, 콜 밴에 탄다.

콜 밴 뒷자리에 고은, 스위치 켠다.

쿨러 소리와 함께 콜 밴 안 전자 기기들에 불이 들어온다.

단독 주택 차고.

차고 위로 올라오는 모범택시.

외부 차고 셔터가 '지이잉' 올라간다.

차고 밖으로 나오는 도기의 모범택시.

도기. 귓속에 작은 이어폰 장착한다.

도기   5283 운행 시작합니다.

거리로 나온 모범택시가 서서히 출발한다.

S#27.   도로. 낮
            도로를 달리는 모범택시 뒤로 콜 밴이 합류한다.
            깊은 한숨 쉬는 박 주임, 표정이 안 좋다.

고은   걱정 마요 박 주임님 잘할 수 있어요.
최 주임   따라해 봐. 할 수 있다.
박 주임   그 소리 좀 그만해! 남의 속도 모르고.
최 주임   왜 몰라 내가. 다 알지. (코피코 하나 까 박 주임 입에 넣어 주며) 자,
            이거 하나 먹고 집중해!
박 주임   (코피코 먹으며) 집중! 집중!

            도기, 가속 페달을 '콱' 밟으면, 질주를 시작하는 모범택시.

S#28.   병원 로비. 낮
            '중증질환 센터' 로비에 앉아 있는 박 주임. 다크서클에 창백
            한 표정이다.
            오만상 찌푸린 채 원무과 대기의자에 앉아 있다.

박 주임   이런 일은 왜 꼭 나만 하는 거야?
최 주임(E)   네 얼굴엔 진정성이 있어.

박 주임	진정성?
최 주임(E)	네가 하면 정말 그렇게 보여.
고은(E)	박 주임님 메이크업 했어요? 정말 아픈 사람 같아요. 디게 잘 됐다.
박 주임	무슨 소리야. 나 아무것도 안 했어.
최 주임(E)	거봐. 진정성 있어 보이지.
박 주임	(울고 싶다) 근데 나 진짜 무서운데.

박 주임, 얼굴 감싸며 괴로워하고 있는데, 뒷자리에 중년 여성, 박 주임 등 '톡톡' 두드리며 휴지 건넨다.
바짝 긴장하며 휴지 건네 받는 박 주임.

박 주임	고…고맙습니다.

뒷자리에 중년 여성, 박 주임 어깨 '톡톡' 두드린다.

S#29.	커피숍. 낮

박 주임, 뜨거운 차 '호호' 불며 마시고 있다.
순백 단장과 간증녀, 마주 앉아 있다.

간증녀	병원에선 뭐라 그래요?
박 주임	(마시다 말고) 병원에선… 어렵다고…
간증녀	(안쓰러운) 저 아시는 분들도 병원에서 가망 없다고 했었는데.

완치 판정 받았었어요.

박 주임   (애써 호기심 어리게) 완치 판정을요? 어떻게요?

S#30.   순백회관 안. 낮
예배가 진행 중인 순백회관 안.
박 주임, 순백 단장의 안내를 받으며 안으로 들어와 앉는다.
간증녀, 단상 앞에 서서 열정적으로 간증하고 있다.

간증녀   병원에서 몇 천 만원을 쓰고 나서 결국 제가 들은 이야기는
치료할 수 없다는 것이었습니다. 모든 걸 잃고 도탄에 빠져
있을 때, 옥주만 아버님을 만났습니다. 아버님은 저에게 말씀
하셨습니다. 너는 나아라. (감정에 북받쳐) 그 후 기적처럼 몸이
나아짐을 느꼈습니다.

신도들   아버님~

단상 위에 옥주만, 눈가가 그렁해진 채 간증녀의 이야기 듣고
있다.

간증녀   의심이 많은 어리석은 저는 병원을 가서 검사를 받았습니다.
암이 다 나았다며 의사가 되려 저한테 묻더라고요. 어떻게 나
았냐고.

눈물 훔치는 옥주만, 감정에 북받쳐 순백동산과 열차 그림 가

리키며 외친다.

옥주만　모두 치유 받고! 다 같이 영생의 길로 가자! 순백동산으로 가
　　　　는 열차는 내가 준비해 놓겠다! 여기 있는 모두가! 한 사람도
　　　　빠짐없이! 좌석표를 끊어라. 모두가 하나가 되자!
간증녀　(감동) 아버님.

　　　　옥주만, 단상 앞으로 내려와 앞줄에 앉아 있는 신도들을 쓰다
　　　　듬어 준다.
　　　　앞자리에 진선의 코에서 피가 흐르는 걸 본 옥주만. 다가가
　　　　쓰다듬어 준다.

옥주만　지금 많이 아프다고 절대 병원 따위를 가면 안 된다. 몸 안에
　　　　악한 귀신과 순백의 기운이 싸우고 있기 때문에 네가 아픈
　　　　것이다. 아플수록 기뻐하고 아플수록 더욱 순백해져라.
진선　　(고개 숙이며) 아버님.

　　　　걱정스럽게 진선 보고 있는 박 주임. 주변 신도들 둘러본다.
　　　　진선뿐만 아니라, 다른 신도들도 많이 야위고 아파 보인다.

옥주만　너희들 중에 여전히 믿음이 약한 이가 있다는 걸 알고 있다.
　　　　티끌만한 불신. 그것이 무엇인지 아느냐.

　　　　옥주만, 별도로 놓인 커다란 수족관 앞으로 간다.

물이 가득 담긴 투명한 수족관 위로 잉크 한 방울 떨어트린다.
투명한 물이 순식간에 탁해진다.

옥주만	이것이 바로 티끌이다.
신도들	아버님~
옥주만	선택 받은 자만이 나 옥주만과 영생을 얻을 수 있다. 나를 아버님으로 섬겨라. 티끌 하나 없는 순백이어야 낙원으로 갈 수 있다!

옥주만, 수족관에 손가락 끝을 담그자, 혼탁했던 물이 다시
투명해진다.
감동하는 신도들.
탈진 상태의 옥주만, 눈가가 촉촉해진 연민 가득한 표정으로
신도들 본다.

옥주만	내가 무엇을 더 약속해야 너희들이 나에게 올 것이냐. 내가 무엇을 더 보여 줘야 너희들이 나를 믿을 것이냐… 내가 무엇을 더 해야…
신도들	믿습니다, 아버님!

옥주만을 찬송하는 노래 부르는 신도들. 몇 명은 감정을 주체
하지 못하고 뛰쳐나간다. 신도들 따귀 때리며 눈물짓는 옥주
만. '아프냐. 나도 아프다'
이 상황이 몹시 낯설고 어색한 박 주임.

소심하게 박수 치며 진선 옆으로 자리 옮기는 박 주임.
진선, 눈물 흘리면서 간절하게 기도하고 있다.

박 주임   저기…

고개 돌려 박 주임 보는 진선. 그런데 진선의 한쪽 얼굴이 부
어 있다.

박 주임   (놀라는) 괜찮으세요? 많이 아프실 거 같은데…
진선   괜찮습니다. 저는 많이 좋아지고 있습니다.
박 주임   네? 네…
진선   아플수록 마음속 악귀랑 치열하게 싸우고 있는 거니까요.
박 주임   이진선 씨 맞으시죠?
진선   ?
박 주임   (주변 둘러보곤) 동생분이 밖에서 기다리고 있어요.
진선   …제 꿈이 뭔지 아십니까?
박 주임   ?
진선   순백동산으로 가는 열차에 우리 진희도 함께 태우는 거예요.
박 주임   여기서는 치료 못 해요. 병원에서 치료 받으세요.
진선   내가 완치되면 우리 진희도 순백의 힘을 믿을 겁니다. 그래서
          나는 반드시 꼭 나을 겁니다.
박 주임   …

기도에 집중하는 진선.

난감한 표정의 박 주임. 할 말도 생각 안 난다.
박 주임의 안경테 끝에 빨간 불이 작게 깜빡거린다.

S#31.   한복집 안. 낮
             한복집 안에 각종 퓨전 한복들 살펴보고 있는 도기. 이어폰으
             로 진선과 박 주임의 대화 듣고 있다.

진선(E)   옥주만 아버님을 믿으세요.

도기   …

S#32.   순백회관 앞 갓길 / 인사동 거리. 낮
             '각종 상품권, 금 최고가 판매. 최저가 매입' 입간판 내놓고 영
             업 중인 콜 밴.
             문 열고 밖으로 나오는 고은. 입간판이 마땅찮다.
             박 주임. 길 건너 콜 밴으로 온다.

박 주임   김도기 기사가 시키는 대로 데리고 나오려 해 봤는데 안 통
             해. 어떻게 저렇게 덮어놓고 옥주만을 믿을 수 있지?

             인사동 거리.
             토속 상점에 물건들 살펴보고 있는 도기.
             각종 옥으로 만든 항아리들 '톡톡' 쳐 본다.

고은(E)	이러면 우리가 데리고 나와도 소용없는 거 아니에요? 또 들어갈 텐데.
도기	그렇겠죠. 옥주만이 직접 나가라고 하면 몰라도.
고은	그 사이비 교주가 스스로 신도들을 내보낸다고요?
박 주임	분위기 봐서는 절대 안 그럴 거 같은데.
최 주임	안 하지 절대. 어떻게 모은 신도들인데 그걸 자기 손으로 하겠어?
고은	김도기 기사님이 그렇게 만든다는 뜻인 거죠?
도기	(미소) 아뇨. 저도 못 해요. 제가 할 수 있는 게 별로 없어요.
고은	(당황) 기사님이 못 하면 누가 해요?

토속 상점 안에 도기. 들고 있던 옥색 항아리 내려놓는다.

도기	이번 의뢰의 성공 여부는 전적으로 박 주임님과 최 주임님, 두 분의 어깨에 달렸어요.

좁은 어깨 감싸는 최 주임.

최 주임	(깜짝) 우리 어깨에?

도기, 상점 처마에 달린 풍경을 '톡' 친다. 풍경 소리가 청량하게 울린다.

S#33.   지하 정비실. 밤
'탁!' 책상에 파일 하나 내려놓는 도기.

도기   여기 있는 거 전부 다 가능하게 해 주세요. 무조건.

파일 들어서 펼쳐 보는 박 주임과 최 주임. 첫 장 보자마자 입이 떡 벌어진다.

최 주임   이걸 다 가능하게 해 달라고?
도기   네. 거기 있는 걸 전부 성공시켜서 저한테 보내 주세요.
최 주임   (의욕 충만) 알았어. 맡겨만 둬.
박 주임   (소심) 이걸 우리가 할 수 있을까?
최 주임   김도기 기사 얘기 못 들었어? 성공 여부가 우리 어깨에 달렸다고. (자신감 충만한 미소) 걱정하지 마. 이 정도야 뭐.

박 주임, 시계 보고는 화들짝 놀라며 순백 교리책 챙긴다.

박 주임   아 씨, 갈 때마다 너무 무서워.
최 주임   잘 할 수 있어. 넌 진정성이 있으니까.

울상 지으며 급하게 나가는 박 주임.

S#34.   순백회관 안 낮.

옥주만, 상자에 담긴 정체불명의 하얀 가루를 한 주먹 쥐어 높이 치켜든다.

옥주만   순백의 힘!

옥주만, 커다란 투명 물통에 하얀 가루를 넣고 '휘휘' 젓는다.
찬송가 부르며 단상 앞에 놓인 헌금함에 헌금하는 신도들.

옥주만   순백동산으로 가는 열차에 남은 자리가 얼마 없다! 더러운 재물은 모두 나한테 다 버리고! 우리 모두 순백이 되자!

헌금함에 돈 넣는 신도들, 그런데 헌금의 규모가 한결같이 커 보인다.

박 주임   (놀란) 헌금 규모가 장난 아닌데…

만 원, 오만 원 뭉칫돈 헌금함에 넣는 신도들.
옥주만, 헌금을 끝낸 신도들에게 성수를 손수 한 모금씩 먹인다.
진선, 다가가 옥주만이 주는 물 마신다.

옥주만   (물 먹이며) 순백의 힘.

박수 치며 입만 뻥긋거리는 박 주임, 자기 순서가 다가온다.
박 주임, 반으로 접은 천 원짜리 한 장 헌금함에 쏙 넣고는 지나간다.

박 주임을 빤히 쳐다보는 백 단장.

백 단장 시선 피하며 더 열정적으로 박수 치고 노래 부르며 옥주만 앞에 선다.

소주잔으로 박 주임에게 물 먹이는 옥주만. '순백의 힘'

자리에 앉아 있는 진선을 지나 자기 자리로 돌아오는 박 주임.

주변 눈치 보다가 입에 머금고 있던 물을 컵에 뱉는데, 갑자기 뒤에서 누군가가 박 주임 어깨를 '탁' 짚는다.

'깜짝' 얼른 다시 물 마시는 박 주임. 조심스레 돌아보면, 백 단장이 서 있다.

S#35.   순백회관 내 믿음의 방. 낮

믿음의 방문 열고 들어가는 박 주임.

사방이 막힌 고해성사실 크기의 방 안에 종이 한 장이 놓여 있다.

백 단장   신도님의 믿음을 단련할 시간입니다. 그 교리를 외우십시오.

박 주임   외워요?

백 단장   외울수록 믿음이 커지고, 기적을 경험하실 수 있습니다.

박 주임, 마른침 삼키며 A4 용지 한 장에 빼곡히 적힌 종이 든다.

박 주임	나는 유일한 아버님 옥주만을 섬기고 따른다··· 나의 유일한 가족은 오로지 옥주만 아버님··· (백 단장 보며) 이걸 다 외워요?
백 단장	언제 어디서든 암송할 수 있게끔 다 외우시면 문을 두드리십시오. 그때 문을 열어 드리겠습니다.
박 주임	그 말씀은··· 이거 다 외워야 나갈 수 있다는···

박 주임의 그늘진 얼굴 위로 '스윽' 문이 닫힌다.

S#36. 순백회관 맞은편 갓길. 낮

최저가 매입 입간판 세운 채 주차되어 있는 콜 밴.
운전석에 최 주임, 한복으로 옷 갈아입고 있다.
조수석 문 열고 콜 밴에 타는 박 주임. 다크서클이 진하다.
중간 창문 열고 박 주임 보는 고은.

고은	무슨 일 생긴 줄 알았잖아요. 왜 이렇게 늦게 나왔어요?
최 주임	(환복 끝) 어때? 잘 어울려?
고은	김도기 기사님 기다릴 텐데 빨리 가요. (중간 창문 닫고 들어가는)
박 주임	(심각) 행님 그거 알아?
최 주임	?
박 주임	(허공을 향한 초점 없는 눈동자) 순백동산··· 진짜 있을 지도 몰라.
최 주임	(뜨헉!) 너 지금 어디 있다가 왔어?
박 주임	믿음의 방.
최 주임	(허둥지둥 시동 걸며) 안 되겠다. 다른 믿음의 방으로 후딱 가자.

S#37.   고급 음식점 안. 낮

고급 음식점에서 밥 먹고 있는 옥주만과 간증녀.
선물 상자 하나가 테이블에 '툭' 놓여진다.

간증녀   (상자 속 목걸이 보며 감동) 이거 진짜 나 주는 거야?

옥주만   네 눈물 값. 열심히 하라고 주는 거야.

간증녀   근데, 요즘 새로 들어오는 신도들 상태가 전부 오늘 내일 하
         던데.

옥주만   죽을 날 받아 놨어도, 죽기 1분 전까지 살고 싶은 게 또 사람
         이야. 너라면 병원 들락거리면서 죽을 날 기다리고 있는 거
         랑, 오래 오래 살 수 있다고 말해 주는 거랑 어떤 걸 더 믿고
         싶냐?

간증녀   그러다 진짜 죽으면?

옥주만   원래 죽을 사람 죽는 건데 왜? 법적으로도 전혀 잘못이 없어.

간증녀   진짜 오빠한테는 사람을 믿게 하는 뭔가가 있나 봐.

옥주만, 밥 먹다가 말고 울컥 눈물 흘린다.

간증녀   (당황스런) 오빠. 갑자기 왜 그래?

옥주만   (고개 떨군 채 어깨 들썩거리며 슬프게 우는)

간증녀   (다독거리며) 무슨 일인데 그래.

고개 들어 간증녀 바라보는 옥주만. 눈가에 눈물이 가득하다.

옥주만   사람들은 내 말을 믿는 게 아니야.

간증녀   …

옥주만, 손등으로 눈가에 눈물 훔쳐서 간증녀에게 보여 준다.

옥주만   믿음은 바로 여기에서 생기는 거야. 알겠어?

간증녀   아우 뭐야 깜짝 놀랬잖아.

옥주만, 자기 손등에 눈물 쪽 빨아먹고는 호탕하게 웃는다.

옥주만   그러니까 너도 열심히 잘 울라고. 믿음이란 게 만들기까지가
          어렵지. 일단 만들고 나면 게임 끝이야.

간증녀   오빤 틀림없이 지옥 갈 거야.

옥주만   지옥? 그런 것도 믿고 사냐? 아직 어리다 어려.

웃기지도 않는 농담에도 즐겁게 웃는 간증녀와 옥주만.
웨이터, 다가와 옥주만 앞에 계산서 내려놓는다.

옥주만   (계산서 보며) 뭐야 이건?

웨이터   저쪽 테이블에서 보내셨습니다.

옥주만, 웨이터가 가리키는 곳 돌아보면.
몹시 힙스러운 한복 차림의 도기, '껄껄껄' 웃으며 전화 통화
하고 있다.

수발남 최 주임, 옆자리에 앉아 생선 뼈 발라 도기 접시에 놔
준다.
벌떡 일어나 도기에게 가는 옥주만. 도기 테이블에 계산서 탁
내려놓는다.

도기   ?
옥주만   당신들 먹은 걸 나보고 계산하라고? 장난쳐 지금? 비싼 밥
            먹고 뭐하는 짓이야.
도기   …

전화 끊는 도기, 옥주만 한 번 '스윽' 쳐다보고는 발라 놓은
생선 먹는다.

도기   네놈 목숨값으로는 싼값이지 않느냐.
옥주만   (말투에 당황) …
도기   머리 위나 조심하거라. 땅이 하늘에 있으니 네놈이 요절할 팔
            자구나.
옥주만   …

입안에서 생선 가시 하나 빼내는 도기. 최 주임 노려보며 포
크 움켜쥔다.

도기   이놈이. 정신을 어디다 두고 있느냐!
최 주임   송구합니다, 법사님.

옥주만, 조용히 그냥 다시 본인 테이블로 돌아온다.

간증녀   오빠 왜 그냥 와? 따지러 간 거 아니었어?
옥주만   그러려고 했는데, 아씨. 따질 수가 없네. 너무 또라이 같아서.

기분 잡친 옥주만, 입맛도 없어졌다.

S#38.   고급 음식점 앞 주차장. 낮
           옥주만, 음식점 밖으로 나오는데 바로 옆으로 부러진 간판 하
           나가 '쾅' 떨어진다.

옥주만   으악!

           화들짝 놀라 뒤늦게 피하는 옥주만. 놀란 표정으로 건물 위
           쳐다본다.

옥주만   어떤 새끼야!
간증녀   (뒤늦게 나오며) 오빠 무슨 일이야? (간판 보며) 이건 뭐야?

           옥주만, 특별한 뭔가가 보이진 않는다. 놀란 가슴 진정시키며
           부러진 뭔가를 보는데, 간판이다. 주변 가게 둘러본다.
           폐업한 부동산 가게 간판 자리에 녹슨 구조물만 앙상하게 남
           아 있다.

'끼익끼익' 기괴한 소리를 내는 철제 구조물.
옥주만, 부러진 간판 뒤집어 보면 '땅' 글자만 인쇄되어 있다.

옥주만   …

            플래시 인서트   음식점 안. 과거

도기   머리 위나 조심하거라. 땅이 하늘에 있으니 네놈이 요절할 팔
            자구나.

            멀뚱히 간판 보고 있는 옥주만.

옥주만   아씨 뭐야. 재수 없게.

            간판 위에 침 '탁' 뱉으며 나가는 옥주만.

S#39.   고급 음식점 안. 낮
            같이 밥 먹고 있는 도기와 최 주임.
            최 주임, 가시 발라서 도기 그릇에 놔 주려면.

도기   (막으며) 최 주임님 드세요.
최 주임   (정신 차리며) 아 갔지 참. 너무 집중하는 바람에. (자기 입에 쏙 넣
            는) 너무 맛있어. 여기 있는 거 모조리 다 먹고 가자고.

도기	많이 드세요.
고은(E)	김도기 기사님. 순백교에서 박 주임님한테 순백의 힘인가 뭔가 하면서 먹였던 하얀 물 있잖아요.
도기	?
고은(E)	물에서 메페리딘 염산염이 나왔어요.
도기	메페리딘 염산염… 아편 성분 진통제네요. 보통 중증 암환자들에게 많이 사용하죠.
고은(E)	너무 괘씸하지 않아요? 신도들한테 진통제 먹이면서 그렇게 병원 가지 말라고 난리 쳤던 거잖아요. 사람들 몸도 더 안 좋아질 텐데.
도기	내 소개는 된 거 같고. 공사부터 중단시키죠.
최 주임	벌써 잔뜩 넣어 놨지. (자기 어깨 툭툭 치며) 어깨 듬직한 두 사람이.

S#40. 공사 현장. 낮

'순백성전 건립 현장. 관계자 외 출입 금지' 팻말이 박혀 있는 뒤로.

중장비들이 멈춰 있는 공사 현장.

성큼성큼 공사 현장으로 걸어오는 옥주만.

현장 소장, 급하게 뛰어와 옥주만에게 인사한다.

옥주만	그래 유물이 나왔다고? 어딨어?
소장	일단 인부들은 다 돌려보내고 작업은 중단한 상태입니다.
옥주만	어딨냐고 유물.

| 소장 | (손으로 가리키며) 저쪽 현장에 그대로 있습니다. |
| 옥주만 | (보며) 저기 저거야? |

현장 흙바닥에 낡은 항아리들이 보인다.
주변에 각목 하나 집어 드는 옥주만. 유물들을 모조리 깨부순다.
미처 말릴 틈도 없이, 놀란 표정으로 보고만 있는 소장.
뚜껑 덮인 채 봉인되어 있는 예사롭지 않은 항아리 앞에 서
는 옥주만.
도끼로 장작 찍듯, 항아리 내려친다.
'와장창' 깨지는 항아리.
깨진 항아리 깨고, 또 깨며 완전히 박살 내는 옥주만.
항아리 안에서 먼지와 함께 알 수 없는 검은 연기가 피어올
랐다가 허공에 사라진다.
검은 연기에 잠깐 당황하는 옥주만, 연기 '탁탁' 털어 내고.

옥주만	자, 이제 없지? 이거 더 이상 유물 아니야. 그냥 흙덩이, 돌덩이야.
소장	(어쩔 줄 모르는) …
옥주만	저번처럼 또 문화재니 뭐니 신고만 해 봐. 그거 때문에 공사기간 얼마나 까먹었어!
소장	저희가 일부러 그런 게 아니라… 공사 중에 유물이 출토되면 의무적으로 신고하게 되어 있어서.
옥주만	네가 죽으면 네 팬티랑 양말이 나중에 유물 되는 거야. 그게 무슨 의미가 있어! 이 자리에 들어서는 우리 순백성전이 몇

백배 더 의미 있는 거라고!

소장   …죄송합니다.

옥주만   다음에 또 이런 걸로 전화만 해 봐. 확 그냥.

각목 '툭' 던져 놓고 돌아서는 옥주만.
멀리 까마귀 떼가 '까악까악' 거리며 하늘을 맴돌고 있다.

옥주만   재수 없게스리…

뒤에서 잠자코 기다리던 백 단장, 다가와 옥주만 보좌한다.

백 단장   말씀 시간 거의 다 됐습니다.

옥주만   포교 활동 지금 어디 어디 활동하고 있어.

백 단장   말씀하신 병원 중환자실이랑 암센터 쪽 위주로 하고 있습니다.

옥주만   요양 병원 쪽으로도 한 번씩 돌아보고.

백 단장   네.

옥주만   (어깨 툭툭 치며) 자네 역할이 제일 중요해. 다른 사람은 몰라도 백 단장은 내가 친아들처럼 생각하고 있잖아. (차 시동 걸며) 자네가 우리 열차 첫 번째 칸에 일등석이야.

백 단장   감사합니다, 아버님.

차 타고 떠나는 옥주만.
백 단장, 멀어지는 차 향해 꾸벅 인사한다. 옥주만을 향한 진심이 느껴진다.

S#41.   산길 도로. 낮

안개가 자욱한 산길을 운전하고 있는 차.
갑자기 길 한가운데 차가 멈춘다.
차량 경고등이 들어온다.
옥주만, 다시 시동 거는데, 시동이 안 걸린다.

옥주만   (짜증) 에이 씨. 갑자기 퍼지고 난리야.

핸드폰 꺼내 전화하려는데, 수신 불가 지역으로 나온다.
한숨 쉬며 차에서 내리는 옥주만. 주변 둘러본다. 민가도 인
적도 전혀 없다.

옥주만   여기가 도대체 어디야?

어디선가 희미한 방울 소리와 함께 싱잉볼 소리가 은은하게
들려온다.

옥주만   ?

소리 나는 쪽으로 걸음 옮기는 옥주만.
안개가 옅어지며 서서히 보이는 시작하는 나무 기둥과 가지
에 주렁주렁 걸려 있는 오방색 끈들.
잡석을 쌓은 돌무더기들과 찢겨진 옷 조각들이 나뭇잎처럼
걸려 있는 나무.

그리고 그 중앙에 차려진 작은 서낭당 앞에 가부좌 틀고 앉아 있는 누군가의 뒷모습이 보인다.

번쩍이는 붉은빛이 감도는 예사롭지 않은 풍모의 도기 법사다.

다시 한 번 '때애애앵' 싱잉볼과 함께 승려들의 중저음톤 '오오오옴' 소리가 사방에서 들려온다.

옆에 놓인 무당 방울도 바람에 쓸려 영험하게 울린다.

옥주만, 이 예사롭지 않은 분위기가 썩 유쾌하지 않다.

옥주만   저기, 휴대폰 있으면 한 통화만 씁시다. 내가 차가 퍼져서.
도기   용케도 아직 안 죽었구나.
옥주만   뭐요? 가만. 너는 저번에 그…!

옥주만을 등진 채 미동도 없는 도기 법사.

옥주만   (눈 부릅뜨며) 진짜 듣자듣자 하니까! 언제 봤다고 함부로.
도기   네 이 노오오옴~!!

서낭당 주변에 '쩌렁쩌렁' 도기 법사의 일갈.

그 우렁참에 쌓아 놓은 돌탑 끝이 무너지고 커다란 나뭇가지가 비정상적으로 흔들린다.

깜짝 놀라 자기도 모르게 움츠러드는 옥주만.

옥주만을 돌아보는 도기 법사.

굳은 표정으로 도기 보는 옥주만.

'때애애앵' 은은하게 울리는 싱잉볼 소리.

서로 노려보는 두 사람의 모습에서.

7화 끝.

TAXI DRIVER

두 번째 운행

8화

친구가
될 수 있을까요?

S#1.   공사 현장. 낮

        '순백성전 건립 현장. 관계자 외 출입 금지' 팻말이 박혀 있는
        뒤로.
        중장비들이 멈춰 있는 공사 현장.
        성큼성큼 공사 현장으로 걸어오는 옥주만.
        현장 소장, 급하게 뛰어와 옥주만에게 인사한다.

옥주만   그래 유물이 나왔다고? 어딨어?
소장   일단 인부들은 다 돌려보내고 작업은 중단한 상태입니다.
옥주만   어딨냐고 유물.
소장   (손으로 가리키며) 저쪽 현장에 그대로 있습니다.
옥주만   (보며) 저기 저거야?

        현장 흙바닥에 낡은 항아리들이 보인다.
        주변에 각목 하나 집어 드는 옥주만. 유물들을 모조리 깨부
        순다.

미처 말릴 틈도 없이, 놀란 표정으로 보고만 있는 소장.

뚜껑 덮인 채 봉인되어 있는 예사롭지 않은 항아리 앞에 서는 옥주만.

도끼로 장작 찍듯, 항아리 내려치자, '와장창' 깨지는 항아리.

깨진 항아리 깨고 또 깨며 완전히 박살 내는 옥주만.

항아리 안에서 먼지와 함께 검은 연기가 피어올랐다가 허공에 사라진다.

검은 연기에 잠깐 당황하는 옥주만, 연기 '탁탁' 털어 내고.

옥주만   자, 이제 없지? 이거 더 이상 유물 아니야. 그냥 흙덩이, 돌덩이야.

소장   (어쩔 줄 모르는) …

옥주만   저번처럼 또 문화재니 뭐니 신고만 해 봐. 그거 때문에 공사 기간 얼마나 까먹었어!

소장   저희가 일부러 그런 게 아니라… 공사 중에 유물이 출토되면 의무적으로 신고하게 되어 있어서.

옥주만   네가 죽으면 네 팬티랑 양말이 나중에 유물 되는 거야. 그게 무슨 의미가 있어! 이 자리에 들어서는 우리 순백성전이 몇 백배 더 의미 있는 거라고!

소장   …죄송합니다.

옥주만   다음에 또 이런 걸로 전화만 해 봐, 확 그냥.

각목 '툭' 던져 놓고 돌아서는 옥주만.

멀리 까마귀 떼가 '까악까악' 거리며 하늘을 맴돌고 있다.

옥주만	재수 없게스리…

뒤에서 잠자코 기다리던 백 단장, 다가와 옥주만 보좌한다.

백 단장	말씀 시간 거의 다 됐습니다.
옥주만	포교 활동 지금 어디 어디 활동하고 있어.
백 단장	말씀하신 병원 중환자실이랑 암센터 쪽 위주로 하고 있습니다.
옥주만	요양 병원 쪽으로도 한 번씩 돌아보고.
백 단장	네.
옥주만	(어깨 툭툭 치며) 자네 역할이 제일 중요해. 다른 사람은 몰라도 백 단장은 내가 친아들처럼 생각하고 있잖아. (차 시동 걸며) 자네가 우리 열차 첫 번째 칸에 일등석이야.
백 단장	감사합니다, 아버님.

백 단장, 멀어지는 차 향해 꾸벅 인사한다. 옥주만을 향한 진심이 느껴진다.
공사 현장 인근에서 보고 있는 모범택시.
운전석에 도기, 떠나는 옥주만 차보며 핸드폰으로 전화 건다.

도기	어디까지 오셨어요?
장 대표(E)	난 벌써 도착했네만.

S#2.   산길 도로. 낮

안개가 자욱한 산길을 운전하고 있는 옥주만.
길가 버스 정류장을 '휙' 지나가는데, 까만 도포에 갓을 쓴 뭔
가를 언뜻 봤다.

옥주만   뭐야. 근처에 민속촌이 있었나?

시선 거두고 무심히 운전하는 옥주만.
차량에 경고등이 들어오더니, 차가 멈춘다.
다시 시동 거는 옥주만. 시동이 안 걸린다.

옥주만   (짜증) 에이 씨. 갑자기 퍼지고 난리야.

핸드폰 꺼내 전화하려는데, 수신 불가 지역으로 나온다.
한숨 쉬며 차에서 내리는 옥주만. 주변 둘러본다. 민가도 인
적도 전혀 없다.

옥주만   여기가 도대체 어디야?

어디선가 희미한 방울 소리와 함께 싱잉볼 소리가 은은하게
들려온다.
소리 나는 쪽으로 걸음 옮기는 옥주만.
안개가 옅어지며 서서히 보이는 시작하는 나무 기둥과 가지
에 주렁주렁 걸려 있는 오방색 끈들.
잡석을 쌓은 돌무더기들과 찢겨진 옷 조각들이 나뭇잎처럼

걸려 있는 나무.

그리고 그 중앙에 차려진 작은 서낭당 앞에 가부좌 틀고 앉아 있는 누군가의 뒷모습이 보인다.

번쩍이는 붉은빛이 감도는 예사롭지 않은 한복 차림의 법사 (도기).

'때애앵' 싱잉볼과 함께 승려들의 중저음톤 '오오오옴' 소리가 다시 들려온다.

옆에 놓인 무당 방울도 바람에 쓸려 영험하게 울린다.

옥주만, 이 예사롭지 않은 분위기가 썩 유쾌하지 않다.

옥주만	저기, 휴대폰 있으면 한 통화만 씁시다. 내가 차가 퍼져서.
도기	용케도 아직 안 죽었구나.
옥주만	뭐요? 가만. 너는 저번에 그…!

옥주만을 등진 채 미동도 없는 도기 법사.

옥주만	(눈 부릅뜨며) 진짜 듣자듣자 하니까! 언제 봤다고 함부로.
도기	네 이 노오오옴~!!

서낭당 주변에 '쩌렁쩌렁' 도기 법사의 일갈. 그 우렁참에 지축이 흔들린다.

깜짝 놀라 자기도 모르게 움츠러드는 옥주만.

도기(E)	썩 꺼지지 못할까!!

마치 산 전체가 호통하듯 사방에서 메아리쳐 울리는 도기의 호통.

도기의 두 번째 일갈에 쌓아 놓은 돌탑 끝이 무너지고, 커다란 나뭇가지가 비정상적으로 흔들린다. 꼭 보이지 않는 뭔가가 밟고 간 거 같은 움직임.

움츠린 채 그 모습을 고스란히 목격한 옥주만.

메아리치던 일갈이 사그라들자, 그제야 옥주만을 돌아보는 도기 법사.

영험한 만신의 기운(연기 혹은 아지랑이)이 어깨 위로 물씬 올라온다.

도기   지금은 그 요사스러운 것이 놀라 도망갔지만 조만간 다시 돌아올 것이다. 네놈 목숨을 가지러.

옥주만   ??

도기   어쩌겠느냐. 네놈이 요절할 팔자인 것을.

굳은 표정으로 도기 보는 옥주만.

마치 부처와 같은 눈빛으로 옥주만을 바라보는 도기.

다시 자세 가다듬자, '때애애앵' 싱잉볼이 울린다.

옥주만, 핸드폰이 울린다. 다시 신호가 잡힌다.

옥주만   (핸드폰 확인하며) 진짜 또라이야 뭐야. 사이비 새끼.

돌아서서 전화 받으며 내려가는 옥주만.

옥주만이 사라지자 그제야 일어나 돌아보는 도기.

고은(E)   김도기 기사님보고 사이비라는데요? 믿음이 너무 부족한 거
          아닌가?
도기   (옅은 미소) 믿음이 부족하면 채워야죠.

S#3.   지하 정비실. 낮
          대형 거울 앞에 박 주임, 콧노래 흥얼거리며 부품들 조립하고
          있다.

박 주임   (순백 찬송가 흥얼흥얼) 가자 순백동산으로~ 열차에 올라타~ (화들
          짝) 내가 지금 뭘 부르고 있는 거야. 정신 챙겨. 정신.
고은   (정비실로 들어오며) 아직 식전이죠? 치킨 먹고 해요.
박 주임   오오! 역시 고은이 밖에 없어.
최 주임(E) 양념도 챙겼지?

          붉은 조명이 확 켜지자, 거울에 비치던 박 주임이 사라지고
          최 주임이 거울 속에 나타난다. (취조실에서 쓰는 반투명 유리 거울)

고은   (기겁) 꺄아악!!
박 주임   (같이 놀람) 으아악!!
최 주임   아니 왜들 그렇게 놀래?
박 주임   아이 행님! 안에서 갑자기 불을 켜면 어떡해!

최 주임	안 보이니까 켰지!

최 주임, '딸깍' 불 끄자, 다시 거울이 된다.

최 주임	(거울 밖으로 나오며) 무슨 치킨이야?
고은	(울컥) 도대체가!
최 주임, 박 주임	(깜짝)
고은	(씩씩대며 다시 치킨 싸는) 먹지 마. 굶어.
박 주임	(억울) 고은아! 이번엔 진짜 일부러 그런 거 아니야!
고은	나 혼자 다 먹을 거야!
박 주임	내 치킨… 이게 다 행님 때문이야.
최 주임	치킨이 중요해? 명심해. 이번 의뢰는 전적으로 우리 어깨에 달렸어!

최 주임, 공구 들고 다시 거울 뒤로 들어간다.

S#4.	순백회관 교주실. 낮

신도들이 빳빳하게 교주복을 다리고 있다.
잘 다려진 교주복을 입고 있는 옥주만. 컨디션이 좋아 보인다.
백 단장, 굳은 표정으로 교주실로 들어와 옥주만에게 귓속말한다.

옥주만	(담담한) 언제.

백 단장	구급차 타고 병원으로 이송하는 중간에 사망했답니다.
옥주만	몇 명이나 봤지?
백 단장	말씀 강독 시간에 쓰러져서 지켜본 성도들이 많이 있습니다.
옥주만	(대수롭잖게 고개 끄덕이며) 그래 알았어. 나가 봐.

인사하고 나가는 백 단장.

벽거울 앞에 서는 옥주만. 교주복 핏 비춰 본다.

옥주만	옷을 아주 잘 다렸어.
신도들	(인사하며) 감사합니다. 아버님.
옥주만	덕분에 기분도 아주 새롭구먼. 순백의 힘으로 다시 열심히 해 보자고.

S#5.	순백회관 안. 낮

단상을 '탕탕' 때리는 옥주만.

옥주만	(격앙된) 병원 가면 악귀한테 잡아먹힌다고 그렇게 얘길 했는데도, 나 몰래 병원 들락거리고! 그러면 죽는다고 했어 안 했어! 도대체 내가 무엇을 더 해야 나를 믿을 것이냐. (단상 탕탕) 무엇을 더 해야!

S#6.	경찰서 안. 낮

형사 앞에 앉아 참고인 진술하고 있는 옥주만. 눈물 닦으며 슬픔에 잠겨 있다.

유가족들이 들어오자마자 옥주만에게 달려들자, 막아서는 형사들.

유가족1   네가 우리 아버지를 죽였어! 이 살인자야!

옥주만   집으로 돌아가 가족들과 마지막 시간을 보내라고 몇 번을 얘기했지만, 고인은 마지막 순간까지도 (목이 메이고) 내 곁에 있겠다며…

유가족1   네가 뭘 했는데. 네가 뭘 했냐고!

옥주만   기도 드렸습니다. 나으시라고. 다시 건강해지시라고.

형사   (서류 보여 주며) 돌아가신 분 사망 보험금 수취인이 가족이 아니라 순백교로 되어 있던데 혹시 알고 계셨어요?

옥주만   (서류 위로 떨어지는 눈물) 아니요. 하지만 평소 그런 말씀은 많이 하셨습니다. 가족보다 나를 더 믿는다고.

유가족2   거짓말 하지 마! 당신이 그러라고 시켰잖아!

옥주만   고인이 말씀하셨습니다. 자식들을 다 용서하겠다고.

유가족1   닥쳐, 이 살인자 새끼야!

흥분하며 다시 옥주만에게 달려드는 유가족과 가까스로 말리는 형사들.

옥주만, 손등에 묻은 눈물 '쪽' 빨아먹는다.

옥주만   (조용히) 천박한 것들.

S#7.   경찰서 앞. 낮

              경찰서에서 나오는 옥주만, 차 타고 간다.
              건너편에 주차되어 있는 콜 밴.

최주임   (흥분) 당장 저 새끼 족쳐야 되는 거 아냐!
박주임   (같이 흥분) 행님 말이 맞아! 당장 붙잡아서 혼내 주자!
고은   아우 진정들 좀 해요. 김도기 기사님이 한 얘기 못 들었어요?
              이번 건은 옥주만이 스스로 해야 된다 그랬잖아요.
최주임   (흥분) 몰라. 기억 안 나!

              고은, 뭔가 말하려다가 헤드셋으로 교신이 들어온 모양이다.
              여전히 흥분 가라앉히지 못하고 씩씩대는 최 주임.

고은   잠시만요. (헤드셋 연결 끊고 스피커 켜는) 이제 말씀하시면 돼요.

              인서트 외딴 공터. 낮
              장 대표, 차 트렁크 열며 전화 통화하고 있다.

장대표   지금 그 사이비 교주를 혼내 줘 봤자, 신도들의 믿음이 깨지
              지 않는 이상 달라지지 않아. 믿음의 뿌리부터 흔들자는 김
              군 얘기가 맞아. (미소) 그러니까 흥분들 가라앉혀.

              전화 끊는 장 대표, 트렁크에서 검은 도포 꺼내 든다.

장 대표	비단이라 그런가. 색이 참 곱네.

콜 밴에 고은, 스피커 '탁' 끈다.

고은	대표님 말씀 잘 들었죠? 그리고 두 사람 어깨에 모든 성패가 달렸다 그랬었는데 지금 이렇게 흥분하면 되겠어요, 안 되겠어요?
최 주임	…안 돼.
박 주임	설치도 아까 다 해 놨어.

최 주임, 고은 눈치 보며 리모콘 들어 보인다.

S#8.	도로. 밤

도로를 달리는 옥주만.
이번에도 길가에 새까만 도포 차림의 갓을 쓴 뭔가가 서 있다.

옥주만	뭐야 저거 진짜.

옥주만, 비상등 켜고 유턴하려는데, 갑자기 핸들 잠김등에 불이 들어온다.
고개 갸웃하며 계기판 보는데, 갑자기 벨트가 훅 당겨지며 옥주만 결박한다.

옥주만	으앗!

RPM이 쭉 올라가면서 차가 맹렬히 달려간다.
브레이크 '콱콱' 밟는 옥주만. 그런데 차 속도가 더 올라간다.

옥주만	(상기된 표정) 왜 이래 이거!

차가 갑자기 절벽을 향해 맹렬하게 달려간다.
옥주만, 핸들도 안 먹히고 브레이크도 안 든다.
굉음 울리며 절벽 향해 달리는 옥주만의 차.

옥주만	으아아악!

브레이크 '꽉' 밟는 옥주만.
브레이크가 작동되며 절벽 바로 앞에서 급정거하는 옥주만
의 차.
차 문이 '벌컥' 열리고, 기어 나오다시피 차 밖으로 빠져나오
는 옥주만.
허공에 까마귀 떼가 음산하게 '까악까악' 거리며 맴돈다.
얼굴이 파랗게 질려 있는 옥주만. 불안정한 호흡, 가쁘게 숨
내쉬고 있다.

S#9.   순백회관 복도. 밤

옥주만, 전화 통화하며 복도 걸어오고 있다.
옥주만이 지나갈 때마다 자동 센서등이 켜졌다가 꺼진다.

옥주만   이상이 없어? 정비 제대로 한 거 맞아? 브레이크랑 벨트가
          안 먹혔다고! 그거 때문에 죽을 뻔했구먼.

          인서트 콜 밴 안
          고객센터 담당자 고은, 친절하게 전화 상담하고 있다.

고은   저희 정비 기사님들이 꼼꼼하게 다 확인한 결과 전혀 이상이
          없었습니다 고객님. (친절) 그리고 반말로 응대하시면 안 되십
          니다. 고객님.

          순백회관 복도 걸어가다가 울컥 짜증 내는 옥주만.

옥주만   돈 내고 정비 받는데 내가 왜 너한테 굽실거려!

          신경질 내며 전화 끊는 옥주만.

옥주만   이 새끼들 정비 제대로 한 거 맞아? 돈만 받아 처먹고.

          교주실 문 열고 들어가려는데, 어디선가 바람이 음산하게 불
          어온다.
          순간 오한을 느끼는 옥주만. 복도 향해 돌아서면.

아무도 없는 복도 끝에 센서등이 반짝 켜졌다가… 꺼진다.

옥주만   ?

센서등이 꺼졌다 켜졌다를 반복하며 점점 가까이 다가온다.
마치 누군가가 다가오는 거처럼.

옥주만   (휘둥그레) ???

센서등이 '툭' 꺼진다.
옥주만, 숨죽인 채 어두운 복도를 가만히 보고 있는데, 다시
'확' 켜진다.
그리고 그 아래 까만 도포 차림에 갓을 쓴 검은 실루엣이 우
뚝 서 있다.

옥주만   으악!

놀라 뒤로 넘어지는 옥주만.
센서등의 음영 때문에 실루엣만 보이는 검은 도포. 희번덕거
리는 눈 한쪽이 옥주만을 '스윽' 내려다본다. 영화 '링'의 그
눈처럼.
비명 지르는 옥주만, 허둥지둥 기어가 소화기 치켜든다.
센서등이 꺼지자, 다시 어두워지는 복도.

옥주만	(소화기 치켜든 채) 나와… 나와!

교주실에서 나오던 간증녀, 옥주만에게 뛰어온다.

간증녀	(어리둥절) 오빠 무슨 일이야!
옥주만	(텅 빈 복도 향해 위협하며) 당장 나오라고 이 새끼야!
간증녀	누구보고 자꾸 나오라는 거야.
옥주만	(어두운 복도 가리키며) 저기에 누군가가 있어!

복도 걸어가 보는 간증녀. 센서등이 켜진다. 복도가 텅 비어 있다.

간증녀	아무도 없는데 무슨 소리야.
옥주만	…
간증녀	오빠 그러지 말고 내일 당장 병원부터 가 봐. 몸 안 좋으면 막 헛것도 보이고 그런다잖아.
옥주만	…

어두운 복도 보는 옥주만. 몹시 찝찝하다.

S#10.   병원 진료실. 낮
          의사 설명 듣고 있는 옥주만.

의사	뇌에 특정 질환이 있으면 환영이나 환청이 보일 수도 있긴 한데, 정밀 검사상에는 별다른 소견은 보이지 않습니다.
옥주만	…
의사	혹시 종교 있으세요?
옥주만	(손사래) 없어요. 종교 안 믿어요.
의사	종교가 없으시면 등산이나 낚시 같은 취미 생활을 가져 보세요. 스트레스 때문일 가능성도 있으니까요.
옥주만	…

S#11.   콜 밴 안 / 병원 앞. 낮

콜 밴 안에 고은, 병원에서 나오는 옥주만 보며 혀 끌끌 찬다.

고은	신도들한테는 병원 가지 말라고 그렇게 난리 치더니, 자기는 그거 조금 놀랐다고 온갖 검사 다 받는 거 봐.

차에 타는 옥주만.

옥주만	…

플래시 인서트
- 고급 레스토랑에 도기 "요절할 팔자구나."
- 옥주만 옆으로 '쾅' 떨어지는 '땅' 간판.
- 절벽을 향해 달려가는 옥주만의 차. 비명 지르는 옥주만.

- 복도에 서 있는 검은 실루엣.

- 산길 서낭당에 도기. "어쩌겠느냐. 네놈이 요절할 팔자인 것을."

옥주만   …

옥주만, 시동 걸고 출발한다.

S#12.   **법당 앞. 낮**

인적 없는 외진 곳에 덩그러니 놓인 법당 앞에 옥주만의 차
가 멈춰 선다.

구겨진 명함 손에 들고 확인하는 옥주만.

전통 복장의 수발남 최 주임, 옥주만에게 다가온다.

최 주임   예약하셨습니까?

옥주만   그런 것도 해야 되나?

최 주임   네. 저희는 무조건 예약제라.

옥주만   그래서 언제 되는데?

최 주임   (태블릿 꺼내 스케줄 보는) 가만있자. 가장 빠른 날짜가… 2025년
            12월 29일이네요. 예약하시겠습니까?

옥주만   (어이없는) 2025년?

최 주임   (다시 태블릿 보며) 앗, 지금 막 다른 분이 예약하셨습니다. 2026
            년으로 예약하시겠습니까?

옥주만   (눈 부릅) 장난쳐 지금!

도기(E)	무슨 소란이냐.

법당문 열고 나오는 힙 스타일 도기.

최 주임	예약 없이 법사님을 뵙겠다고 찾아왔습니다.
옥주만	거기 나랑 얘기 잠깐 하지!
도기	네 이놈! 아직 죽지도 않고 남의 사유지에서 무슨 행패더냐!
옥주만	뭐?
도기	또 소란 피우면 경찰 불러서 내쫓거라.
최 주임	(꾸벅) 네. (바로 꼿꼿하게 옥주만 보며) 썩 나가시오.

법당 입구 문이 '쾅' 닫힌다.
문전박대 당한 옥주만. 어이없는 표정으로 전화 건다.

S#13.	진선의 집 원룸. 밤

바닥에 '와장창' 쏟아져 내리는 살림 도구들.

진희	(무서운) 제발 그만 하세요!

난동 부리고 있는 사채업자1, 2, 인상 벅벅 쓰며 진희에게 온다.

사채남1	언니가 안 갚으면 동생이라도 열심히 일해서 갚아야 하지 않 겠어?

진희	…달라는 돈 제가 다 드렸잖아요.
사채남1	우리 이자가 좀 쎄. (음흉하게) 오빠가 일 할 곳 좀 연결해 줄까?

'딩동딩동' 초인종 울린다.

사채남1	(?) 여기 올 사람 있어?
사채남2	혹시 애 언니 아닐까요?
사채남1	빨리 가서 문 열어.

다시 '딩동딩동' 울리는 초인종 소리.
사채남2, 문 열면 앞에 고은이 옅은 미소 머금은 채 서 있다.
고은, 쓰러져 있는 진희와 방 안 분위기 둘러본다.

사채남2	(사채남1 돌아보며) 언니가 아닌데요?

고은, 다가와 진희 부축한다.

고은	다친 데는 없어요?
진희	(끄덕끄덕)
고은	이 사람들 허락 맡고 들어 온 거예요? 그냥 막 들어 온 거죠?
진희	…이웃들한테 폐 끼칠까 봐 들어와서 얘기해 달라고 했어요.
고은	(난감한) 아… 진희 씨가 들어오라고 했구나.
사채남1	허허허. 저 처자가 우릴 무슨 깡패로 오해한 모양이네. 어이. 둘이 무슨 사이인지는 몰라도 지금 합법적으로 대화 중이니

까 그만 꺼지지.

고은   (다시 미소) 다시 나가라고 하세요.

진희   네?

고은   세 번 이상 고지를 해야 확실하게 불법 주거 침입이 되거든요.

진희, 고은의 진지한 표정에 용기 내서 사채남 보며.

진희   나가 주세요.

사채남1 뭐?

진희   나가 주세요.

사채남1 (인상 팍) 지금 나랑 장난치냐?

진희   제발 나가 주세요.

사채남1 얌전하게 대해 줬더니 이걸 확!

사채남1, 진희에게 주먹 휘두르는데 고은, 막대기로 사채남1
의 팔을 탁친다.

사채남1 아야! 이런 씨!

막무가내로 달려드는 사채남1, 2.
고은, 일어나 막대기 '착' 펼친다. 막대기가 아니라 삼단봉이다.
삼단봉으로 사채남1, 2 때려눕히는 고은.

고은   깜박 잊고 이걸 반납 안 했지 뭐야.

고은, 삼단봉으로 사채남1, 2 가리킨다.

고은   자력구제에 의한 정당방위라 고소해 봤자 소용없어요. 이런
                 식으로 추심하는 것도 불법이니까 다신 찾아오지 말고요. 진
                 희 씨 놀랄까 봐 나 지금 최대한 참으면서 합법적으로 하는
                 거예요.

사채남1, 2, 경찰 삼단봉 보며 허둥지둥 나간다.
삼단봉 접는 고은. 진희에게 편안하게 미소 지어 보인다.

<시간 경과>
집 안 정리하는 고은과 진희.

고은   기운 내요. 틀림없이 언니는 돌아올 거예요.
진희   (흐느끼며) 정말 돌아올까요?
고은   진희 씨 언니 사랑하잖아요. 언니도 진희 씨를 그렇게 생각하
                 고 있을 거예요. 그러니까 우리도 믿음을 가져요. 언니가 돌
                 아올 거라는 믿음.
진희   어떻게 그렇게 확신하세요?
고은   지금도 열심히 믿음을 주입하고 있거든요.
진희   ?

S#14.   순백회관 교주실. 밤

도기, 머리에 두건이 씌여진 채 의자에 앉아 있다.
백 단장, 도기 양손을 뒤에서 묶고 있다.

옥주만   수고했어. 나가 있어.
백 단장   그런데 이 자는 왜…
옥주만   (인상 쓰는) 나가 있으라고.

백 단장, 더 물어보고 싶지만 순순히 밖으로 나간다.
옥주만, 도기 머리에 두건을 벗겨 내고는 입에 재갈을 빼낸다.

도기   이 무슨 짓이더냐!
옥주만   예약하고 만나면 2026년이라며. 내가 참을성이 없어서 말
          이야.

옥주만, 의자 가져와 도기 앞에 앉는다.

옥주만   너 만난 이후부터 내가 찜찜한 일이 많았어.
도기   네놈 어깨에 요사스러운 것들이 왜 얌전한지. 이제 알겠구나.
옥주만   (표정 굳히며) 너 내가 누군지 알지. 그렇지?
도기   기다리는 것이다.
옥주만   언제부터 날 미행했냐?
도기   주인이 오길 기다리고 있는 것이야. 네놈을 데려가려고!
옥주만   뭐가 이렇게 말이 안 통해! 대화가 전혀 안 되잖아! (앞으로 다
          가와 노려보며) 너 지금 내 얘기 하나도 안 들었지.

도기	(보며) 눈에 녹빛이 도는 것이 분명 보지 말아야 할 것을 본 게야.
옥주만	헛소리하지 말고 언제부터 나 따라다녔냐고.
도기	건드리지 말아야 할 걸 건드렸어. 그렇지?
옥주만	(멱살 확 잡으며) 진짜 죽고 싶어!
도기	죽는 건 바로 네놈이다!

팽팽하게 부딪히는 기 싸움. 서로 밀리지 않는 두 사람.

옥주만	10분 뒤 네가 어떻게 될 거 같냐? 용한 무당이면 그 정도는 알겠지?
도기	…
옥주만	넌 10분 뒤에 나한테 맞아 뒤질 거야.

일어나 몽둥이 가지러 가는 옥주만. 전신 거울 앞에 옥주만이 비친다.

옥주만	내가 일 아니면 웬만해선 안 때리는데, 넌 도저히 안 되겠어.
도기	네놈을 쫓아다니는 것이 혹 갓을 썼더냐.
옥주만	(몽둥이 들고서 돌아서는) 이제 좀 말이 통하네.
도기	눈매는 무섭고. 입술엔 독한 기운을 머금고.
옥주만	(씨익 웃는) 역시 몽둥이가 약발이 좋구나. 때리기도 전에 술술 불고.

갑자기 교주실에 불이 꺼지더니, 붉은 비상등으로 바뀐다.

옥주만   에이 씨 뭐야.

도기   그래. 내가 보기에도 결코 네놈을 포기하지 않을 상이구나.

옥주만, 자세히 보니 도기가 자기를 보며 얘기하는 게 아니다.

옥주만   너 지금 어디를 보고 얘기하는 거야. 날 보고 얘기해야지.

벽거울 앞을 '스윽' 지나가는 옥주만. 그런데 거울 속 옥주만
은 움직이지 않는다.
순간 섬뜩한 느낌의 옥주만. 조심조심 뒷걸음질 치며 거울을
보는데 거울 속에 검은 도포의 장 선비가 옥주만을 노려보고
있다.

옥주만   으아아악!!!

다리에 힘이 풀려 넘어지는 옥주만.
갑자기 교주실의 붉은 불빛이 점멸한다.

도기   빨리 내 손 풀거라!

장 선비, 넘어져 있는 옥주만을 보며 '스윽' 손을 뻗는다.
보기만 해도 숨이 막힐 거 같은 옥주만.

도기	손 풀래도!

그제야 돌아보는 옥주만, 달려와 도기 손을 풀어 준다.
손이 풀린 도기, 서둘러 부적 꺼내 거울에 붙이면, 거울 속 장
선비가 '스윽' 사라지면 원래의 거울로 돌아온다. 붉은 불빛
도 다시 원래대로 켜진다.
거친 숨 몰아쉬는 옥주만과 도기.

옥주만	(다가오며) 당신도 봤지! 저거 뭐야!
도기	거기서 얘기하거라! 가까이 오지 말고.
옥주만	(오다 말고) 저게 뭐냐고!
도기	도대체 무슨 짓을 했길래 저리 요사스런 것이… 네 이놈 도 대체 무얼 건드린 것이냐.
옥주만	아까부터 자꾸 뭘 건드렸다고 그래! 내가 뭘 건드렸는데!
도기	그걸 왜 나한테 묻느냐! 네놈이 건드려 놓고!
옥주만	(문득) 잠깐… 혹시 그건가?
도기	…

S#15.	공사 현장. 낮
	까마귀가 맴돌고 있는 공사 현장.
	옥주만, 머리 위에 까마귀 떼들을 불길하게 올려다보고 있다.
	도기, 흙무더기 사이에서 깨진 옥항아리를 발견한다.
	항아리 속에 까만 부적들이 보인다.

도기	(깊은 한숨) ··· 건드린 게 아니라 아예 부셔버렸구나.
옥주만	(다가오며) 이게 다 뭐야···
도기	나 같으면 밟지 않을 것이다.
옥주만	?

옥주만, 자기 발밑을 보는데 뱀 한 마리가 '스으윽' 지나간다.

| 옥주만 | (기겁) 우아앗! 와 씨! |

도기, 항아리 안에서 낡은 족자 하나를 꺼낸다.
바닥에 놓고 발로 밀며 조심조심 족자 펼쳐 보는데, 검은 도
포 차림에 갓을 쓴 장 선비 초상화다.
다가와 족자 속 장 선비 보는 옥주만. 표정 굳는다. '이 사람은!'

플래시 인서트 이미지
- 복도의 검은 갓을 쓴 실루엣.
- 거울 속에 검은 장 선비.

도기	(족자 속 장 선비 얼굴 보며) 역시 생김새만 봐도 살이 가득한 것 이. 절대 포기하지 않을 상이로구나. 네놈이 죽을 때까지.
옥주만	(상기되는) ···

S#16.   법당 안 / 앞. 낮

일필휘지로 부적 써 주는 도기.
앞마당에서 멀찌감치 서 있는 옥주만. 표정이 몹시 떨떠름
하다.

도기	아침볕이 들어오는 기둥에 한 장, 저녁 월광이 들어오는 기둥에 한 장, 네놈 책상 밑에 한 장 붙이거라.
옥주만	(다가오면)
도기	어딜 오느냐!
옥주만	(오다가 멈칫. 짜증) 그거 받으려면 가야 될 거 아냐!
도기	그 전에 약조 하나만 하거라.
옥주만	…?
도기	다신 찾아오지 말거라. 네놈을 본 이후로 내 몹시 재수가 없구나.
옥주만	(몹시 띠껍고 빈정 상하지만) 알았어.

최 주임, 도기에게 부적 받아 옥주만에게 건네준다.

도기	령을 발휘하는 7일의 낮과 밤 동안 절대로 재물을 늘리지 말거라.
옥주만	(받아 들며) 재물은 왜…
도기	부정 탄다.

옥주만, 더러운 기분 꾹 참고 일어나 부적 챙겨서 돌아서 가
는데.

최 주임, 어느새 옥주만 가는 길 따라 '휙휙' 소금 뿌리고 있다.

옥주만   그만 좀 해 진짜! 사람 기분 더럽게.
최 주임   (옥주만 차에도 소금 휙) 법사님이 어려운 시간 빼서 써 준 것이니
          고마운 줄이나 아시오.

          옥주만, 신경질적으로 차 타고 간다.
          법당 마루에 서서 멀어지는 옥주만 차 보고 있는 도기.
          고은, 법당 마루로 나와 도기 옆에 나란히 서서 옥주만 차 본다.

고은   (손 내밀며) 법사님 저도 부적 하나 주세요.
도기   (미소) 어떤 부적이요?
고은   음… 재물 승진 취업 건강 애정 결혼 다 잘 되는 걸로요.
도기   (고은 손에 뭔가 쥐어 주며) 다 잘 될 거예요. (가는)
고은   ?

          자기 손바닥에 놓인 네 잎 클로버 보고 미소 짓는 고은.

S#17.   순백회관 교주실. 낮
          옥주만, 책상 밑에 쪼그려 앉아 부적 붙이고 있다.

옥주만   (울컥 짜증) 아무 효과 없는 건데 이거.

벽거울 쪽 힐끔 돌아보는 옥주만. 종이 포장지를 벽거울에 붙여 막아 놨다.

옥주만   (마른침 삼키며 정성스레 부적 붙이며) 알면서 속아 준다. 알면서. (노크 소리 들리면) 누구야!

백 단장, 교주실 안으로 들어온다.

백 단장   예배 준비 다 됐습니다.
옥주만   (심기 불편) 뭐 하나 마음에 드는 게 없어 진짜.
백 단장   (안색 살피며) 어디 불편하신 데라도…
옥주만   (짜증 가득한) 설교 생략하고 (어금니 으득) 바로 탈색마당 준비해.

S#18.   순백회관 안. 낮
           신도들 몇 명이 단상 앞에 놓인 의자에 앉아 있다.
           박 주임, 단상 앞 의자에 앉아 있는 진선을 걱정스레 본다.
           기력이 많이 약해진 듯한 모습에 걱정이 앞서는 박 주임.
           옥주만, 단상 앞에 앉아 있는 신도들의 따귀를 후려친다.

옥주만   순백의 길! (머리채 잡아 흔드는) 나는 너를 포기 안 해!

           박 주임, 옥주만의 마구잡이식 폭행이 끝자리에 진선을 향해 가는 걸 본다.

눈 감은 채 순서 기다리고 있는 진선.

박 주임   (안절부절) 어떡해. 어떡해…

              옥주만, 신도 때리다가 시계가 풀어진다.
              아예 시계 풀어서 주머니에 넣으며 진선 앞에 서는 옥주만.
              자기도 모르게 벌떡 일어나 앞으로 뛰어나가는 박 주임. 진선
              밀어내고는 자리에 앉는 박 주임.
              옥주만, 박 주임을 내려다본다.

박 주임   저는… 그러니까… 제가 먼저 치유 받고 싶습니다, 아버님.

              갑자기 박 주임의 뺨을 '짝' 때리는 옥주만.
              화들짝 놀라며 얼굴 부여잡는 박주임.

옥주만   순백의 길! 손 내려! 포기 안 해!

              다시 따귀 때리는 옥주만. 박주임을 마구잡이로 쥐 패기 시작
              한다.

S#19.   회의 몽타주. 낮 (범 맥주 / 콜 밴 안 / 모범택시 안)
              불꽃 '화르르' 오르면, 화려한 조명의 맥주집 안.
              통닭에 붙은 불꽃 보고 놀라는 최 주임.

최 주임	(오버액션) 우와. 우와. 이것 봐. 리얼 통닭구이. 신기하지?

박 주임, 반응도 없이 훌쩍인다.

최 주임	(닭다리 하나 뜯어 주며) 그만 좀 울어. 닭다리 다 줄게.
박 주임	(그제야 눈물 훔치며) … 정말?

박 주임, 끄덕이며 닭다리 뜯으며 맥주 들이키는데, 고은에게 교신 온다.

고은(E)	최 주임님, 박 주임님 어디에요?
최 주임	(박 주임 눈치 보며 교신기에 소곤) 어… 잠깐 나와 있어.
도기(E)	박 주임님 괜찮아요?
박 주임	김도기 기사… 태어나서 이렇게 많이 맞아 본 적 처음이야.

범 맥주에 최 주임과 박 주임. 콜 밴 안에 고은. 모범택시 안에 도기.
서로 다른 공간에서 교신한다.

최 주임	그러게 왜 뛰쳐나가서 매를 맞어 맞긴.
박 주임	그럼 어떡해. 가뜩이나 몸도 아파 보이는데 폭행당하는 걸 어떻게 봐. 근데 행님. 그렇게 맞았는데 나 하나도 안 아파. 신기하지?
고은	아우 박 주임님 그 진통제 물 계속 마셨어요? 먹지 말라니깐.

박 주임	쳐다보는데 어떻게 안 먹어. 근데 그거보다 돈 요구가 더 심해졌어. 순백성전 지어야 된다고.
고은	법사님이 재물 탐하지 말라고 그렇게 얘기했는데. 진짜 말 안 들어.
도기	(손끝으로 운전대 톡톡 치다가) 박 주임님, 최 주임님. 플랜B로 가시죠.
최 주임	(의욕 충만) 우린 준비 됐어.
박 주임	너무 죽기 살기로 하는 거 아냐 행님?
최 주임	그런 어깨 좁은 소리 할 거면 너 먼저 집에 가.

선글라스 끼는 도기.

도기	아무래도 옥주만 어머니를 만나 봐야겠어요. 엄마 말은 듣겠죠.
고은	옥주만 어머니요? 오래전에 돌아가셨잖아요.
도기	그러니까요.
고은	???

S#20.	순백회관 안. 낮
	옥주만, 커다란 수족관 앞으로 가 잉크 한 방울 떨어트린다.

옥주만	이것이 바로 티끌이다.

술렁거리는 신도들. 그런데 수족관이 아니라 옥주만 뒤를 보고 있다.
옥주만, 뒤늦게 돌아보고는 '헉' 하고 놀란다.
검은색 줄기가 마치 핏줄처럼 커다란 벽 전체에 퍼지고 있다.

옥주만   (멍한) 뭐야…
백 단장   (상기된 표정) 아… 아버님. 옷에…

옥주만의 순백의 옷에도 괴이한 형태의 검은 얼룩이 번지고 있다.
'으앗' 소스라치게 놀라며 옷을 벗어 던지는 옥주만.

옥주만   백 단장 다들 내보내.
백 단장   (의아한) 네?
옥주만   신도들 다 내보내라고.
백 단장   …네. 아버님.

백 단장, 단원들과 함께 신도들 내보낸다.
옥주만, 상기된 표정으로 검은 줄기 올려다본다.

<시간 경과> 동 장소. 밤
텅 빈 순백회관 단상 앞으로 도기 법사의 얼굴이 '쑥' 들어온다.
도기, 벽 전체를 덮고 있는 검은 줄기 보며 고개 끄덕인다.

도기   내가 준 부적은 어찌했느냐.

S#21.   순백회관 교주실 안 / 복도. 밤
          기둥에 벽시계를 떼어 내자 까맣게 변한 부적이 보인다.

도기   혹시 누군가 몰래 들어와 이리 해 놓은 것은 아니더냐.
옥주만   없어. 여기 붙여 놓은 거 나 밖에 몰라.

          거울에 덕지덕지 붙여 놓은 종이 보는 도기.

도기   저건 왜 저리 해 놓은 것이냐?
옥주만   (얼버무리듯) 그냥 뭐…

          갑자기 옥주만 '휙' 돌아보는 도기.

도기   사람이 자기 죽을 걸 아는 게 꼭 나쁜 것만도 아니다.
옥주만   뭐야? 갑자기 말을 왜 그렇게 해?
도기   (주머니에 돈 꺼내 주며) 네놈한테 받은 돈이다. 더는 찾지 말거라.

          '성큼성큼' 도망치듯 가 버린 도기.

옥주만   이봐. 이러고 가면 어떡해! 왜 말을 하다가 말어!

S#22.	법당 안 / 콜 밴 안. 밤

법당 안으로 들어오는 도기. 뒤따라 옥주만도 들어온다.

도기	이놈 말이 말 같지 않느냐! 냉큼 꺼지래두!
옥주만	그냥 가면 끝이야? 그 귀신들 어떻게든 해 줘야 할 거 아냐.

최 주임, 소금통 옆에 들고 옥주만에게 소금 '착착' 뿌리고 있다.

옥주만	(소금통 빼앗아 멀리 밖으로 던지는) 이것 좀 그만해!
최 주임	(쫓아가며) 내 소금통!
도기	오냐. 네가 안 나가겠다면 차라리 내가 나가마!

도기, 법당 마루로 나가려는데, 갑자기 법당 문이 저절로 '쾅' 닫힌다.

그 소리에 화들짝 놀라는 도기와 옥주만.

법당 곳곳에 달려 있던 풍경들이 일제히 요란스레 울리기 시작한다.

법당 문이 쉴 새 없이 '쾅쾅' 여닫힌다.

뒷걸음질 치는 도기와 옥주만.

도기	(어금니 으득) 너 이놈… 지금 무엇을 데리고 온 것이냐.
옥주만	(공포에 질리는) 내…내가…?
도기	숨거라. 죽기 싫으면 당장 몸을 숨기거라!

다급하게 옷장 속으로 들어가 문 닫는 옥주만.
옷장 문 빗살 틈 사이로 법당 내부가 제한적으로 보인다.
(이후 법당 안의 모든 상황은 빗살 틈 사이. 옥주만의 시점으로 쭉 보인다.)
방울 소리가 요란하게 울린다. 뒷걸음질 치는 도기의 다리만
보인다.

도기(E)   여기는 신을 섬기는 신성한 법당. 손님이면 모습을 드러내시
            고 잡귀면 썩 물러가거라!

'쾅쾅' 하는 굉음과 함께 문짝이 뜯겨져 날아와 벽에 부딪힌다.
순식간에 아수라장이 되며 바닥에 물건들이 쏟아져 내린다.
믿겨지지 않는 표정으로 보고 있는 옥주만.

도기(E)   컥컥… 손님이면 모습을… 드러내시고… 잡귀면… 으악!

옷장 바로 앞에 도기가 털썩 엎어지며 기절한다.

옥주만   (기어 들어가는 목소리) 이봐… 정신 차려… 이봐…

순간, 정신 잃은 도기가 공중에 '스르륵' 올려지는 게 옷장 틈
사이로 보인다.
마치 보이지 않는 뭔가가 집어 들기라도 하는 듯.
동공이 '확' 커지는 옥주만. 자기 입을 막는다.
또 한 번의 큰 굉음 소리와 함께 순식간에 조용해진다.

옥주만. 거친 숨 몰아쉬며 틈 사이로 동태 살피는데.

도기(E)   (차분하고 부드러운) 주만아… 우리 주만이 어딨어.

옥주만   ?

도기(E)   주만아. 엄마가 왔는데도 안 나와 볼 거니?

옥주만   ??

콜 밴 안에 고은, 모니터에 하이텔, 천리안, 아이러브스쿨, 국
민학교 생활기록부 등 옥주만 관련 기록물들이 떠 있다.
사이트 넘나들며 빠르게 검색하고 있는 고은.

고은   우리 옥주만 아버님은 어릴 때 엄마가 사다 주는 찹쌀떡을
그렇게 좋아했네요.

법당 옷장 안에 옥주만, 어떻게 된 건지 상황 파악이 아직 안
되고 있다.

도기(E)   엄마가 찹쌀떡 안 사왔다고 안 나오는 거니?

옥주만   (흠칫) 엄마??

콜 밴 안에 고은, 홈피에 올린 사진들까지 죄다 서칭 한다.
옷장 안에 옥주만, 문틈 사이로 분주히 내다보는데.

도기(E)   오늘 깜빡하고 찹쌀떡을 못 사왔구나.

옥주만	(혼란스런) …
도기(E)	주만이가 몰래 소 끌고 가 팔아먹어서 혼날까 봐 그러니? 그래도 엄만 미워하지 않아.

옷장 문이 순간 '벌컥' 열린다. 옥주만, 옷장 안에 앉아 노려보고 있다.

옥주만	(표정 일그러지는) 거짓말! 나보고 나가 죽으라고 했잖아!

법당 한가운데 우두커니 서 있는 도기의 뒷모습. 옥주만을 향해 서서히 돌아본다. 이미 두 눈가가 촉촉하다.

도기	엄마가 속상해서 그랬어. 주만이 아프지만 않으면 돼.
옥주만	(흔들리는 두 눈) … 정말… 엄마야?
도기	엄마가 우리 주만이 잘못되게 놔두지 않을 거야.

엄마 도기, 눈물 흘리며 옥주만을 끌어안는다.
도기의 눈물 한 방울이 옥주만의 손등에 '톡' 떨어진다.
옥주만, 손등에 떨어진 눈물 멍하니 보다가… 덥석 입안으로 가져간다.
인상이 '확' 구겨지며 금세 눈물이 차오르는 옥주만.

옥주만	(목이 메여 말이 안 나오는) … 엄마.
도기	(고성과 절규 사이) 엄마는 우리 주만이 절대 포기하지 않을 것

이다!

엄마 도기 품에 안겨 무너지는 옥주만.

S#23.   **법당 앞마당. 밤**
           툇마루에 멍하게 앉아 있는 옥주만.
           도기. 수건으로 얼굴 닦으며 난장판이 된 법당을 보니 다시
           울화가 치민다.

도기   내 네놈 처음 볼 때부터 재수가 없었어. 저리된 거 어떡할 거
           냐! 아니다. (가진 돈 털어 주며) 제발 부탁이니 더는 찾아오지 말
           거라.

           돈 따위 관심 없는 옥주만. 도기에게 쪽지 보여 준다. 숫자들
           이 적혀 있다.

옥주만   엄마가 적어 준 거야.
도기   네 어미가 써 준 걸 나보고 어쩌란 것이냐! 난 모른다 이놈아.
옥주만   뭔지는 내가 알아.
도기   ?
옥주만   1.9.5.1. 5.2.4 이건 아빠 생일. 그 뒤에 이건 아빠 제사. 다음
           줄에 이 숫자들도 엄마 생일이랑 제사야… 마지막 줄에 있는
           이 숫자가 내 생일이고. 뒤에 숫자가…

도기	그렇다면 어미가 자식 죽을 날을 알려 주려 온 것이었구나.
옥주만	내가… 죽을 날…
도기	(달력 보며) 13일이면 남은 시간이 얼마 없구나. (측은하게) 가거라. 가서 가족들과 남은 시간을 함께 보내 거라.

옥주만, 넋이 나간 표정으로 숫자들 보고 있다.
도기, 법당 안으로 들어가려는데.

| 옥주만(E) | 법사님! |

도기 돌아보면, 앞마당에 털썩 무릎 꿇고 앉는 옥주만.

옥주만	세상에 어느 어머니가 자식 죽을 날을 알려 주러 오겠습니까? 살라고 알려 준 겁니다. 살라고.
도기	가라고 하지 않았느냐!
옥주만	제발 도와주십시오. 법사님.
도기	(진 빠지는) 참으로 말이 안 통하는 놈이구나.
최 주임	저놈이 법사님께 역살굿을 청하나 봅니다.
도기	(버럭) 네 이 놈! 그 입 다물지 못할까!
최 주임	(얼른 입 다무는)
옥주만	(이미 다 들었다) 역살굿? 그거 해 주세요! 그거!
도기	네놈이 지금 그게 무엇인지 알고나 지껄이는 것이냐? 역살굿은 나 역시 목숨을 담보로 해야 하는 아주 위험한 것! 네깟 놈 구하자고 내가 왜 목숨을 걸어야 하느냐! 싫다!

도기의 싫다는 말이 끝나자, 갑자기 주변 모든 문들이 거칠게 '쾅쾅' 여닫힌다.
법당에 풍경들이 또 한 번 일제히 울린다.
요란하게 울리는 풍경들 돌아보며 한숨 내쉬는 도기.

도기   네 어미가 정녕… 네놈을 살리고 날 죽이려나 보구나…
옥주만   (넙죽) 시키는 건 무엇이든 하겠습니다.
도기   …

천천히 옥주만 향해 돌아서는 도기. 입가에 옅은 미소가 지어진다.

도기   (한숨) 그래. 내 최선을 다해서… (표정 굳히며) 네놈을 살려 보마.
옥주만   (만면에 미소) 감사합니다. 은혜 잊지 않겠습니다.

굳은 표정의 도기 얼굴 위로, 징과 장구 소리가 들리기 시작한다.

S#24.   굿판 몽타주. 낮
         아래의 몽타주 장면들이 보이는 내내 꽹과리, 징, 장구 소리가 계속된다.

         서낭당.

꽹과리와 징, 장구 소리가 가득한 마당.

고은과 최 주임, 사람들을 진두지휘하며 성대한 굿판을 준비하고 있다.

정체를 알 수 없는 오색찬란한 깃발들이 올라가고 각종 산해진미가 차려진다.

법당 안.

옥주만에게 주의 사항 일러 주는 도기.

도기   역살굿을 준비하는 동안 절대 기도해서도 재물을 탐해선 아니 된다.

순백회관.

옥주만   헌금은 일절 내지도 말고 갖고 오지도 마. 기도도 하지 말고!

당황하는 신도들. 앞자리에서 듣고 있던 간증녀도 당황한다.

서낭당.

주변에 부적들과 커다란 탱화를 활짝 열어젖히며 오방색 박수무당 옷을 입은 도기가 굿판으로 나온다.

법당 안.

옥주만 앞에 박달나무 목걸이 내미는 도기.

도기	이것을 몸에 꼭 지니고 있거라. 절대 떼어 놓으면 아니 될 것이야.
옥주만	(받자마자 목에 거는) 예.
도기	절대 돈 따위 아끼지 말거라. 그래야 네놈도 살고 나도 산다.
옥주만	(의미심장) 예.

교주실.
교주 의자 치우면 비밀 금고가 나온다.
옥주만, 비밀 금고 문 열고 현금 다발을 가방에 담는다.
옥주만 목에 박달나무 목걸이가 흔들린다.

콜 밴 안.
모니터로 비밀 금고 안 현금 보고 있는 고은.

고은	우리 아버님 현금 부자시네.

법당 안.
옥주만, 탁자 위로 돈 가방 올려놓는다.

도기	(의미심장) 악기는 우리나라 최고의 명장을 데려와야 할 터.
옥주만	(의미심장하게 고개 끄덕) 예.

간증녀 집 안.
옥주만, 간증녀의 각종 귀중품을 자루에 싹 쓸어 담고 있다.

간증녀　　　오빠 도대체 뭔데 이래?

옥주만　　　시끄러! 부정 타게!

콜 밴 안.

모니터로 귀중품 쓸어 담는 모습 흐뭇하게 보는 고은.

고은　　　　달라는 대로 너무 다 주는데요?

도기(E)　　믿음이란 게 일단 만들고 나면 게임 끝이라면서요.

옥주만 집 앞.

우편함에서 우편물들 꺼내다가 '무지개 캐피탈' 우편물이 보인다.

간증녀　　　(고개 갸웃) 담보 대출??

서낭당.

징과 장구 치고 있는 고은과 최 주임.

박수무당 도기, 방울과 부채 흔들며 크게 추임새 넣으며 굿판을 벌이고 있다.

두 손 가지런히 모은 채 멍석 앞에 무릎 꿇고 앉아 있는 옥주만.

옥주만을 향해서 팥을 마구 던지는 도기. 따갑지만 꾹 참는 옥주만.

도기, 길게 펼쳐진 새하얀 천을 칼로 '쭉' 찢으며 요단강 건너듯 걸어간다.

옆에서 징치고 장구 치는 고은과 최 주임.

고은   (최 주임에게 넌지시) 근데 저거는 왜 하는 거예요?
최 주임   몰라. 돈 되는 건 다 하라 그랬어.

교주실.
오함마로 금고문 열어보는 간증녀, 안이 텅 비었다. 바로 전
화 건다.

간증녀   이 전화를 왜 네가 받아. 너 누구야? (놀라는) 뭐어? 어디라고??

서낭당.
작두 수십 개가 징검다리처럼 놓인다.
최 주임, 한지 한 장을 작두 위에 떨어트리자, 부드럽게 '사라
락' 찢어진다.
펄쩍 뛰어올라 맨 날로 작두날 뛰어다니는 도기.
그 모습에 더욱 신심이 깊어지는 옥주만, 무릎이 절로 꿇린다.

순백회관.
아무도 없는 회관 안에서 혼자 기도하고 있는 진선.
박 주임, 뒷자리에서 안타깝게 보고 있다.
힘겹게 기도하던 진선, 바닥에 쓰러진다.
깜짝 놀라 뛰어가는 박 주임.

서낭당.
옥주만의 온몸을 버들잎 가지로 '툭툭' 때리는 도기.

박 주임(E)   김도기 기사. 진선 씨가 쓰러졌어!

도기, 버들가지 꺾어 버리며 옥주만 노려본다.

플래시백 순백회관 안. 낮
진선의 따귀를 때리는 옥주만.

옥주만   순백의 길!!

도기, 옥주만의 따귀를 후려갈긴다.

도기   물러가라!!

고개가 '휙' 돌아가는 옥주만이 슬로우로 보인다.

플래시백 순백회관 안. 낮
엄마 신도의 머리채를 잡아당기는 옥주만.

도기, 옥주만의 머리채를 세차게 잡아 흔든다.

인서트 순백회관 안. 낮

옥주만, 나란히 앉아 있는 노인들 향해 주먹 치켜든다.

도기, 옥주만의 얼굴에 주먹 날린다.
정신 차릴 새도 없이 맞고 있는 옥주만.

서낭당.
서낭당으로 오는 간증녀, 만신창이가 된 옥주만을 본다.
옥주만, 힘겹게 두 손 모아 도기에게 치성 드린다.
매섭게 옥주만 노려보는 간증녀, '휙' 돌아서 가버린다.
옥주만에게 카운터펀치 날리는 도기.
옥주만, 마지막 일격에 '픽' 기절한다.

S#25.   옥주만의 방. 낮
          눈을 번쩍 뜨는 옥주만. 침대에 누워 있다.
          일어나려는데 온몸 안 아픈 곳이 없다.

          인서트 순백회관 교주실. 낮
          누군가가 옥주만의 의식용 옷을 입고 있다.
          옥주만, 시계 보고는 힘겹게 침대에서 나온다.

          인서트 순백회관 교주실. 낮
          깔끔하게 빗질하며 머리 정돈하는 누군가의 뒷모습, 은혜로
          운(?) 간증녀이다.

간증녀, 옥주만의 옷을 입고 '또각또각' 나간다.

옥주만, 허리 부여잡고 방문 열고 나간다.

S#26.   순백회관 안. 낮
          단상 위에 서서 신도들을 내려다보며 설교하는 간증녀.
          헤어스타일부터 옷차림까지 누군가를 심하게 닮았다.

간증녀   내가 아버님의 은혜를 입었으니. 이제부터 내가 은혜로운 어
          머님이다!
신도들   …

          간증녀, 프로젝트 화면 켜면, 외국의 한 해변가가 화면에 나
          온다.

간증녀   내가 지금까지 전 세계 60개국을 돌아다니면서 우리들이 가
          야 할 천국이자 에덴 동산을 찾고 있었어. 그리고 마침내 찾
          았어! 여기 모인 우리들이 순백을 넘어 태초의 아기 같은 순
          수함으로 뛰어놀 수 있는 동산. 바로 베이비 힐이다!
옥주만(E) 지금 뭐하는 거야!

          순백회관으로 씩씩대며 들어오는 옥주만, 다짜고짜 조형물
          밀어 넘어뜨린다.

'와장창' 깨지는 순백 조형물들. 놀라는 신도들.

옥주만	부정 탄다고 모이지 말라 그랬지! 왜 말을 안 들어 왜!
간증녀	(독기 품은) 사이비 무당이나 따라다니는 주제에 무슨 짓이야!
옥주만	(일갈) 우리 법사님을 모욕하지 마! 네깟 게 만나려면 최소 3년을 기다려야 하는 분이야!
간증녀	뭐야. 완전히 미친 거야?
옥주만	미쳐? (간증녀 머리끄덩이 잡아당기는) 내가 준 대본도 제대로 못 외운 주제에! 어머니 좋아하네!
간증녀	(같이 붙들며) 아파!! 이거 안 놔?

갑자기 머리채 잡고 싸우는 두 사람. 단상 주변이 점점 엉망이 된다.
박 주임, 조용히 리모컨 버튼 누르자, 술렁거리는 신도들.
서로 머리채 잡고 싸우는 두 사람 뒤로 프로젝트 화면 속에 병원 진료 받는 옥주만이 나온다.
옥주만과 간증녀, 뒤엉켜 싸우느라 화면에 뭐가 나오는지 안중에도 없다.
화면에 고급 음식점에서 밥 먹고 있는 옥주만과 간증녀가 나온다.

간증녀	그러다 진짜 죽으면?
옥주만	원래 죽을 사람 죽는 건데 왜? 법적으로도 잘못이 없어.

멍하게 보고 있는 백 단장과 신도들.

옥주만   믿음이란 게 만들기까지가 어렵지. 일단 만들고 나면 게임 끝
          이야.

최선을 다해 간증녀 머리채 잡아 흔드는 옥주만.

옥주만   우리 법사님 모욕하지 마!

신도들, 멍하게 보고 있다.
굿판에서 신심을 다해 치성 드리는 옥주만의 모습이 화면에
나온다.

플래시 인서트 인사동 거리. 낮
토속 상점에 옥으로 만든 항아리 '톡톡' 쳐 보는 도기.

고은(E)   이러면 우리가 데리고 나와도 소용없는 거 아니에요? 또 들
          어갈 텐데.

도기   그렇겠죠. 옥주만이 직접 나가라고 하면 몰라도.

고은(E)   그게 가능해요?

도기   그 교주도 한낱 사리사욕에 눈먼 나약한 인간이라는 걸 보여
          줘야죠. 그 다음 선택은 각자가 하겠죠. 남을 것인지. 떠날 것
          인지.

수족관이 넘어지며 '와장창' 깨진다.
여전히 물고 뜯고 하며 아귀다툼 하고 있는 옥주만과 간증녀.

옥주만   기도하지 말라 그랬지! 부정 탄다고!!

뒤엉켜 싸우는 두 사람 옆에 어느새 백 단장과 단원들이 서
있다.

옥주만   (백 단장 보며) 넌 뭘 보고 서 있어! 빨리 사람들 다 내보내!
백 단장   (분노 어린) 지금까지… 우리를 속이고 있었어요?
옥주만   내 말 안 들려! 다 내보내라고!
백 단장   (붉어진 눈시울) 모든 게 다 거짓말이었어…?
간증녀   (겁먹고) 난 아니야! 이 사람이 다 시키는 대로 했을 뿐이에요!
옥주만   (심장 철렁) 어허! 나 너희들 아버님이야!

멍하게 보고 있던 신도 하나가 일어나 나간다.
그 뒤를 이어 하나 둘 일어나 밖으로 나가는 신도들.
진선, 고개 들어 출입문을 돌아본다.
분노한 백단장과 신도들에게 파묻히는 옥주만, 간증녀.
벽에 붙은 순백동산과 열차 그림이 뜯겨져 떨어진다.
'잘못했어요!', '다신 안 그럴게요!', '사람 살려!'

S#27.   순백회관 앞·낮

출입문 열고 밖으로 나오는 신도들.

문 앞에 서 있는 가족들과 서로 부둥켜안는다.

고은, 진희와 함께 문 앞에서 기다리고 있다가 밖으로 나오는

진선을 본다.

진희에게 알려 주는 고은.

돌아보는 진희, 달려와 진선을 '와락' 안는다.

진희   언니…

진선   (눈가 그렁) 미안해. 내가 뭐에 씌었었나 봐…

고은, 두 사람 흐뭇하게 보며 조용히 눈가 훔친다.

순백회관 문이 열리며 박 주임이 나온다. 문 앞에 최 주임이

기다리고 있다.

최 주임   (와락 끌어안는) 진언아…

박 주임   (눈물 글썽) 행님…

S#27-1.   진하해수욕장. 낮

              햇살에 반짝이는 따라 모래사장을 걷고 있는 진선.

              진희, 진선의 팔짱을 끼고 함께 걷는다.

진선   함께 걸으니까 좋다.

진희   건강해져서 내년에도 여기 또 오자.

| 진선 | (다정하게 고개 끄덕이는) |

멀리서 두 사람 모습 보고 있는 도기.

| 도기 | … |

담담하게 돌아서서 가는 도기.

| S#28. | 컨테이너 항. 밤 |

인적 없는 부둣가. 택시 한 대가 컨테이너 앞에서 멈춰 선다.
가방 하나씩 들고 내리는 간증녀와 옥주만, 둘 다 몰골이 말
이 아니다.

간증녀	어디 가는 건데! 우리 순백 건물들 다 어떡하고!
옥주만	그 귀신 들린 집 줘도 안 가져! (두리번) 법사님이 말씀하신 데
	가 여기 맞는데…

모자를 눌러 쓴 누군가가, 플래시 비추며 두 사람에게 따라오
라 손짓한다.
서둘러 모자 남 따라가는 옥주만, 간증녀.
컨테이너 문 여는 모자 남. 서둘러 들어가라고 손짓한다.
옥주만, 냉큼 들어가는데, 간증녀, 선뜻 들어가지 못한다.

| 옥주만 | (재촉) 빨리 안 들어오고 뭐해! 다른 것들 따라 들어오기 전에! |
| 간증녀 | 다른 것들? |

옥주만의 성화에 어쩔 수 없이 컨테이너 안으로 들어가는 간증녀.
모자 남, 서서히 컨테이너 문을 닫는다.
컨테이너 문 닫고 있는 모자 남의 얼굴이 달빛에 비친다. 장 대표다.

| 옥주만 | 어??? |

씨익 웃으며 컨테이너 문 '퉁' 닫는 장 대표.
장 대표, 입구에 자물쇠 채우고는 유유히 자리를 뜬다.
지게차가 컨테이너 들어 올려 어딘가로 가져간다.

| 옥주만(E) | 잠깐 문 열어 봐요. 얼굴 좀 다시 한 번 봅시다. |

대형 기중기, 컨테이너를 대형 화물선 맨 꼭대기에 옮겨 싣는다.
뱃고동 울리며 출항하는 컨테이너 화물선.

| 옥주만(E) | 확인할 게 있어서 그래. 문 좀 잠깐 열어 봐요. 문 좀 열어 보라고! |

벌써 항구와 꽤 멀어지는 컨테이너 화물선.

S#29.   컨테이너 안 / 부둣가. 밤

한 치 앞도 안 보이는 컨테이너 안. 핸드폰이 울린다.

전화 받는 옥주만의 얼굴만이 핸드폰 불빛에 비친다.

옥주만   법사님!

도기, 부둣가에 서서 멀어지는 화물선 보고 있다.

도기   법사는 무슨. 김도기라고 불러. 다시 부를 일 있을까 모르겠지만.

옥주만   아니에요. 제가 어찌 법사님 이름을 함부로. 근데 그 귀신 또 봤어요.

도기   왜 무서워?

옥주만   (몸서리치는) 부정 타서 여기까지 쫓아왔나 봐요.

도기   네가 강제로 갈라놓은 가족들 마음에 비하면 이건 아무것도 아니지 않나?

옥주만   (무섭다) 법사님 저 어떡하면 좋죠?

도기   많이 무서운가 보네. 그럼 종교를 한번 믿어 봐.

옥주만   네? 종교요?

도기   종교가 원래 힘든 사람들한테 마음의 위안과 용기를 주거든. 진짜 종교는 그런 거더라고.

옥주만   법사님 갑자기 그게 무슨 말씀… (툭 전화 끊기는) 여보세요? 법사님. (핸드폰 보곤) 아씨. 신호가 왜 또 안 잡혀. 법사님. 그 잡귀가 다시 나타났다고요 법사님!

절규하는 옥주만 뒤로 하며 모범택시 타는 도기.

S#30.　　　도로. 낮
　　　　　시원하게 도로를 달리는 모범택시. 그 뒤로 하나씩 합류하는
　　　　　콜 밴. 장 대표 차.
　　　　　도기, 운전대 옆 수신기 집어 든다.

도기　　　운행 종료합니다.
장 대표　　다들 고생 많았어.
고은　　　신도 분들 치료 병동으로 다 옮겼다면서요? 돈 많이 들어갈
　　　　　텐데.
장 대표　　그 귀신 들린 집. 귀신 내쫓고 나니까 가격이 좀 나가더라고.
최 주임　　배고프다. 다들 순두부 어때요?
박 주임　　(도리도리) 아니. 당분간 흰색은 피하고 싶어. 짜장면 어때?
장 대표　　검은색도 피해 줘.
최 주임　　아… 그렇다면 또 어쩔 수 없이 한우인가.
장 대표　　(생각난 듯) 아, 그런데 까마귀들은 도대체 어떻게 한 거야?
최 주임　　(갸웃) 무슨 까마귀요?
장 대표　　(허허허) 볼수록 신기하던데. 무섭기도 하고.
박 주임　　(표정 굳는) 그거 저희가 한 거… 아닌데요…
장 대표　　(허허허) 아니라니 무슨 소리야. 지금도 내 머리 위에서 계속…

서서히 웃음기 걷히는 장 대표. 하늘을 올려다보면, 까마귀

떼가 하늘에서 '까악까악' 울며 음산하게 맴돌고 있다.

갑자기 굉음 울리며 모범택시와 콜 밴 추월하며 도망치듯 내 달리는 장 대표 차.

콜 밴도 뒤늦게 모범택시 앞지르며 도망친다.

까마귀들 '까악까악' 하며 멀어지는 모범택시 멤버들 본다.

S#31.   택시 회사 안. 밤

일반 택시 타고 시동 거는 도기.

누군가 창문을 '똑똑' 두드린다. 장 대표다.

장 대표, 항공 우편물 도기에게 건넨다.

도기   (받으며) 해외 소포네요?

장 대표   코타야에서 보내온 자료들인데, 현장에 있었던 김 군이 먼저
            확인해 봐.

도기   (우편물 수취인 확인하며) 디텍티브 장?

장 대표   (미소) 있어. 아주 유능한 수사관.

도기   …?

S#32.   도기 집 옥상. 밤

옥상에서 철봉 운동 하고 있는 도기.

내려와 땀 닦으며 루틴처럼 단백질 음료 마시는데, 핸드폰이
울린다. 발신자 '고은'이다.

도기	네. 고은 씨.
고은(E)	김도기 기사님 집이에요? 최 주임님이 치킨 쏜다는데 나오실 래요?
도기	아뇨. 난 괜찮아요.
고은(E)	최 주임님이 쏘는 날이 흔치 않은데… 근데 김도기 기사님 뭐 마셔요?
도기	단백질 음료요.
고은(E)	아아. 운동 끝나고 먹는다는 그거요?! 기사님 그거 디게 오래 먹네요. 쏘는 맛이 있지 않아요?
도기	(미소) 부담 없이 즐겨 마시기 좋아요.

"김도기 기사 얼른 나와. 내가 쏘는 거야.", "나와. 나와." 전화
너머로 소리치는 최 주임과 박 주임. "아휴, 쫌!!" 짜증 내는
고은.

고은(E)	(도기에게) 혹시라도 맘 바뀌면 무지개통닭으로 와요. (끊는)

도기, 전화 끊고 집에 들어가려는데, 온하준, 양손에 편의점
비닐봉지 들고 옥상으로 올라온다.

온하준	도기 형님. 운동 중이셨네요? 이따가 다시 올까요?
도기	아니요, 마무리하는 중이었어요.
온하준	(봉지 들어 보이며) 맥주 좀 사왔는데, 형님한테 고민 상담 받으 려고요. 시간 괜찮으세요?

도기   …

S#33.   도기 집 안. 밤
             집 안으로 들어온 온하준, 해외 우편 봉투를 본다. 발신지 '코
             타야'

온하준   …

             서류들 하나씩 넘겨 보는 온하준.
             여러 가지 사진들 중 흐릿한 CCTV 사진 한 장이 나온다.
             모자를 푹 눌러쓰고 선글라스를 낀 온하준의 옆모습이다.

온하준   (피식) 이런 걸 또 어디서 구하셨대. (표정이 싸해지며) 우리 도기
             형님 선을 쎄게 넘으시네.
도기(E)   화장실 찾는데 오래 걸리네요.

             온하준, 돌아보면 현관 앞에 도기가 서 있다.
             말없이 마주 보는 온하준과 도기. 날카롭게 부딪히는 두 사람
             의 눈빛.

                                                              8화 끝.

명대사 모음

죽지 말고 전화하세요.
대신 해결해 드립니다.

우리는 당신의 억울함을 듣고 싶습니다.

도움이 필요한 사람이 눈앞에 있는데

그냥 참고 있으면··· 우린 왜 거기에 앉아 있는 거죠?

원칙이니까.

할 수 있다고 해서 원칙 무시하고 선을 넘어 가면

그때부턴 경찰이 아니라 범법자지.

그리고 또 하나 잊지 말아야 할 원칙.

우린 직장인이야.

해고 조심. 감봉 조심. 인사 고과 점수 조심.

꼭 감옥 같구먼.
본인의 욕심이 만든 감옥.

볼 수 있냐고 하지 말고
보여 달라고 해주세요.
꼭 못하는 게 있는 사람처럼
들리잖아요.

땅속에 숨겨진 일확천금을
찾아내는 것만이 현실을 벗어나는 유일한 방법이죠.

현실이 절망적일수록
보물의 유혹과 욕망은 더 강렬해질 테니까…

우리… 친구 아니였냐…

친구는 무슨.
체급이 비슷해야 친구지.

모범택시 II 상권

초판 1쇄 인쇄
2023년 4월 17일
초판 1쇄 발행
2023년 4월 25일

글
오상호

펴낸이
백영희

펴낸곳
㈜너와숲

주소
04032 서울시 금천구
가산디지털1로 225
에이스가산포휴 204호

전화
02-2039-9269

팩스
02-2039-9263

등록
2021년 10월 1일
제2021-000079호

ISBN
979-11-92509-56-3(04680)

정가
22,000원

ⓒ스튜디오S 주식회사

이 책을 만든 사람들

편집
전혜영
마케팅
배한일

제작처
예림인쇄

디자인
글자와기록사이

배유람

김의성

박주영 02.

이제훈

장혁진

혁진.

표예진

표예린

모범택시2 II